MINERVA社会福祉叢書 ㊸

対話的行為を基礎とした地域福祉の実践
――「主体−主体」関係をきずく――

小野 達也 著

ミネルヴァ書房

対話的行為を基礎とした地域福祉の実践
——「主体-主体」関係をきずく——

目　次

序　章　対話的行為という考え方 …………………………………… 1

第1章　地域福祉の主流化と隘路 ………………………………… 7
　1　地域福祉の主流化の言説と実態 ………………………………… 8
　　（1）2000年代の地域福祉の動向　8
　　（2）地域福祉の主流化　9
　　（3）地域福祉に関連する報告書　10
　2　近年の地域福祉研究 ……………………………………………… 13
　　（1）地域福祉の主流化と地域福祉研究　13
　　（2）分析の進め方　14
　　（3）地域福祉研究の傾向　15
　　（4）研究内容の6つのカテゴリー　17
　　（5）近年の地域福祉研究の性格　26
　　（6）研究の限定　30
　3　地域福祉の主流化と隘路という課題 …………………………… 30
　　（1）地域福祉の主流化と隘路　30
　　（2）2つの課題への対応　32

第2章　地域福祉でのハーバーマス理論の活用可能性 ……… 35
　1　なぜハーバーマス理論か ………………………………………… 36
　　（1）ハーバーマスに着眼する理由　36
　　（2）ハーバーマス理論の構成　38
　　（3）ハーバーマス理論の基本概念　40
　2　ハーバーマス理論に対する批判 ………………………………… 43
　　（1）語用論・コミュニケーション的合理性への批判　44
　　（2）社会理論のプログラムへの批判　45
　　（3）討議倫理学や政治理論のプログラムへの批判　47
　　（4）ハーバーマスに対する批判に対して　47
　3　ハーバーマス理論の活用状況 …………………………………… 49
　　（1）教育分野　49
　　（2）医療・看護分野　56

　　　　（3）　社会福祉・ソーシャルワーク分野　61
　4　地域福祉での活用についての考察 ………………………………… 67
　　　　（1）　対人援助関係分野でのハーバーマス理論の活用現況　67
　　　　（2）　ハーバーマスの理論活用現況の要因　68
　　　　（3）　地域福祉とハーバーマス理論　70

第3章　対話的行為による地域福祉実践の転回 …………… 75

　1　対話的行為 ……………………………………………………………… 76
　2　地域福祉の隘路と対話的行為 ……………………………………… 78
　　　　（1）　実践での客体化を生まないために　78
　　　　（2）　コミュニケーションと行為　79
　　　　（3）　内発的な動機づけと行為　81
　　　　（4）　合意できない場合　84
　　　　（5）　コミュニケーションによる「主体－主体」関係の形成　85
　　　　（6）　実践での客体化を生まない条件の検討　86
　3　地域福祉実践のコミュニケーション的転回 ……………………… 88
　　　　（1）　地域福祉実践と成果　88
　　　　（2）　コミュニケーション的転回による正しさの生成　88
　　　　（3）　正しさと意味に基づく地域福祉実践　94
　　　　（4）　コミュニケーション的転回をめぐる課題　96
　4　地域福祉実践のための条件整備 …………………………………… 97
　　　　（1）　地域福祉実践と対話的行為の親和性　97
　　　　（2）　言語能力と行為能力を前提とするコミュニケーション的行為　100
　　　　（3）　コミュニケーション的行為と支援　101
　　　　（4）　支援を前提とした対話的行為　102
　5　対話的行為の基本ユニット ………………………………………… 103
　　　　（1）　合意と了解に基づく共同の行為調整　103
　　　　（2）　対話的行為を基礎とする地域福祉実践モデルの構想　104
　　　　（3）　対話的行為の3つの影響　106
　　　　（4）　対話的行為の限界性　107

　　　　（5）主流化と隘路の先へ　108

第4章　対話的行為を用いた地域福祉援助の構想 …………… 113
　1　地域福祉援助の着想 …………………………………………… 114
　2　地域社会での生活 ……………………………………………… 115
　　　　（1）地域社会　116
　　　　（2）地域生活　120
　　　　（3）地域生活把握をめぐる議論　121
　3　生活問題の発生機序と構成 …………………………………… 123
　　　　（1）包摂型の植民地化　124
　　　　（2）排除型の植民地化　124
　　　　（3）生活世界への沈潜　125
　　　　（4）生活世界での排除　125
　4　地域福祉援助の視座 …………………………………………… 126
　　　　（1）生活世界とシステムの視座　126
　　　　（2）地域福祉援助の視座形成　127
　5　地域福祉援助の進め方 ………………………………………… 128
　　　　（1）対等性の確保　129
　　　　（2）生活世界のイニシアティブ　129
　　　　（3）現実性の原則　130
　6　援助のプロセスと機能 ………………………………………… 131
　　　　（1）対話的行為を基礎とする地域福祉援助　131
　　　　（2）援助プロセスでの対話的行為の3側面　133
　7　地域福祉援助のレベル ………………………………………… 135
　8　構想の限定 ……………………………………………………… 137

第5章　地域でのソーシャルワークと対話的行為 …………… 139
　1　地域福祉実践としてのコミュニティソーシャルワーク ……… 140
　　　　（1）コミュニティソーシャルワークの出現　140
　　　　（2）日本への導入　140
　　　　（3）コミュニティソーシャルワークの実践的な展開　141

2　対話的行為の位置づけの理論的検討 …………………………… 142
　　　（1）コミュニティソーシャルワークの性格と特徴　142
　　　（2）対話的行為を位置づけたコミュニティソーシャルワーク実践
　　　　　プロセスモデル　144
　3　コミュニティソーシャルワークの事例検討 …………………… 145
　　　（1）コミュニティソーシャルワークでの対話的行為の位置づけ
　　　　　145
　　　（2）大阪府下の取り組みの事例分析　146
　　　（3）コミュニティソーシャルワークに関する先行研究　147
　　　（4）コミュニティソーシャルワーク実践を捉える観点と枠組み
　　　　　148
　　　（5）対話的行為のための事例の分析方法　148
　　　（6）分析対象とその妥当性　151
　　　（7）分析プロセス　152
　　　（8）対話的行為の活用の全体的傾向　153
　　　（9）対話的行為の活用分類　155
　　　（10）対話的行為の活用に関する考察　159
　　　（11）コミュニティソーシャルワークの事例検討の限界性　164
　4　対話的行為の定着に向けて ……………………………………… 165

第6章　地域アセスメントとソーシャルクオリティ ………… 169

　1　地域アセスメントの現状と課題 ………………………………… 170
　2　ソーシャルクオリティという考え方 …………………………… 171
　　　（1）ソーシャルクオリティの経緯　171
　　　（2）ソーシャルクオリティの哲学と社会観　173
　　　（3）ソーシャルクオリティの2つの軸　174
　　　（4）ソーシャルクオリティの4つの領域　177
　　　（5）4領域の関連　179
　3　ソーシャルクオリティに関する検討 …………………………… 181
　　　（1）日本の地域社会での活用　181
　　　（2）地域福祉との関わりでのソーシャルクオリティの特性　181

（3）　地域福祉で活用するための批判的検討　182
　4　地域福祉実践のための地域アセスメントの提案 …………… 184
　　　（1）　対話的行為を用いた地域アセスメント　185
　　　（2）　ソーシャルクオリティによるアセスメントから実践へ　185
　5　アセスメントと対話的行為 ……………………………………… 189
　　　（1）　新たな地域アセスメントへ　189
　　　（2）　対話的行為への示唆　190

第7章　岡村理論と対話的行為 …………………………………… 193

　1　岡村理論をめぐる動き ………………………………………… 194
　　　（1）　再注目される岡村理論　194
　　　（2）　対話的行為からみた岡村理論　194
　2　社会関係の主体的側面と対話的行為 ………………………… 199
　　　（1）　岡村理論での社会関係　199
　　　（2）　社会関係の主体的側面に立つとは？　200
　3　主体性と社会制度 ……………………………………………… 204
　　　（1）　主体性という主題　204
　　　（2）　主体性発揮のために　205
　　　（3）　主体化の契機の基盤となるもの　206
　4　福祉コミュニティでの活用 …………………………………… 208
　　　（1）　福祉コミュニティ論　208
　　　（2）　福祉コミュニティ構造と対話的行為　209
　　　（3）　福祉コミュニティ機能と対話的行為　211
　　　（4）　対話的行為からみた福祉コミュニティの課題　213
　5　岡村理論と対話的行為の対照 ………………………………… 214
　　　（1）　現代的課題への対応　214
　　　（2）　岡村理論での対話的行為の活用の成果と限定　216

終　章　対話的行為の具体化に向けて …………………………… 219

　1　対話的行為の可能性 …………………………………………… 220
　2　ハーバーマス批判に対する応答 ……………………………… 222

　　　　　　　　　　　　　　　　　　　　　目　次

　　3　対話的行為の活用に関する研究の到達点と課題 …………… 225

おわりに
参考文献
巻末資料
索　引

序　章　対話的行為という考え方

地域福祉への関心が高まっている。日本社会の変動に伴い，さまざまな問題が地域社会で顕在化している。このため，地域での取り組みへの期待が日増しに高まっている。

　こうした時代背景にあって，地域福祉の実践をどのように進めるべきか，というのが本書の問いであり，地域福祉実践の基礎に「対話的行為」を置くべきである，というのがその応えである。もう少し詳しく述べれば，現代の地域福祉の課題を切り抜けるためには地域福祉実践の基礎に対話的行為を置くべきである，ということである。

　現代の地域福祉の課題とは何か。それは「地域福祉の主流化」の推進と同時に「地域福祉の隘路」への対応が求められていることである。地域福祉の主流化とは武川正吾による用語であるが，社会福祉で，あるいは，地域社会で地域福祉が中心的な位置を占めてきた状況を示す。これを実質化するには，地域福祉の推進のための成果が求められる。他方で，地域福祉の隘路とは地域福祉の主流化に伴って生じる逆機能によって，かえって地域福祉の可能性を狭めてしまう現象を示す。地域福祉の政策によって民間性や自発性への関与が生まれたり，地域社会が地域福祉を進めるための資源と位置づけられることはその表れである。そこでは地域福祉実践の担い手が，その実践から実質的に疎外される「実践での客体化」が生じる。地域福祉実践が，「主体－主体」の関係ではなく「主体－客体」関係になってしまう問題である。

　地域福祉の主流化と地域福祉の隘路に対して，いかに地域福祉の可能性を示し，新たな展望を切り開いていくのかが問われている。本書は地域福祉の隘路を第1課題，地域福祉の主流化を第2課題として，社会理論を用いて検討を行う。なぜ理論的な方法を取るのか。地域福祉は実践からの学びが重要であることは論を待たないが，難解で複雑な時代状況を越えるためには実証的なアプローチだけではなく，社会論や認識論という基礎部分を視野に入れた理論的なアプローチの必要性があると考える。参照するのはドイツの社会哲学者，ユルゲン・ハーバーマス[1]（Jürgen Habermas）の理論である。ハーバ

ーマス理論の地域福祉での活用可能性を検討し，その具体的方途を考察する。ハーバーマスは近代社会の可能性やそこでの合理性のあり方を追究してきた。目的合理性に終わらずに，潜在化されている意味を明確にしようとするその姿勢は，現在の地域福祉の置かれている状況を考えるための手引となる。

　しかし，その理論を地域福祉に直接に適用することはできない。本書の鍵概念は「対話的行為」である。本書中ではハーバーマスのコミュニケーション的行為に対して，あえて対話的行為と表記し使い分けている。ハーバーマスの理論を対話的行為と表記する理由は，コミュニケーション的行為が言語能力や行為能力を前提としているからである。援助行為である地域福祉実践では言語能力や行為能力に障害を抱えていることは特別なことではなく，むしろそれを前提と考える。したがって，コミュニケーションでの合意形成やそれに基づく行為遂行のための支援があることも当然と考える。コミュニケーション的行為を可能とする資源や支援を備える包括概念として対話的行為という用語を用いる。

　対話的行為は，単なる話し合いではない。あいさつや情報の交換，指示，親しさの共有に終わるものではない。対話的行為は，地域福祉の実践に関係する者たちが「何らかの事柄について妥当要求を掲げて話し合い，合意にもとづく了解をすることで相互主観性を形成し，それにより互いの行為を調整すること」である。つまり，何が起きているのか，また，何が問題なのかという確認や何をするのかという意思決定を対話によって進める。そして，そこで生み出された合意に従って地域福祉実践を進めるというものである。地域福祉でも法律や制度，政策に則って進められる部分はある。社会的排除が問題となっている時代に，公的保障の整備を欠かすことはできない。ただし，地域福祉はそうした公の領域だけで成り立っているものではない。これまでも民や私との関係が問われてきた。ここでは，新たな状況下での公私の関わり合いである地域福祉実践に焦点を当てて，そのあり方を探究していく。

　本書の構成は，3つに分かれている。第1は，地域福祉の問題の把握と社

会理論の活用についての基礎的作業の部分である。第2が，対話的行為を地域福祉で活用するための理論的整理をする部分である。そして第3は，対話的行為を地域福祉で応用する部分である。

具体的には，第1章で2000年代の地域福祉の動向を把握する。地域福祉の主流化の言説や地域福祉に係る諸報告書を確認し，2000年代の地域福祉の研究レビューをする。第2章では，ハーバーマスの理論が地域福祉実践で活用可能かどうかを検討する。ハーバーマス理論を概観して，それに対する批判を整理し，その理論を地域福祉で活用する上での留意点を確認する。続いて，教育，医療・看護，ソーシャルワークなどの対人援助関係分野でハーバーマスの理論がどのように活用されているかについて研究論文を精査する。ここまでが第1段階である。

第2段階として，第3章では地域福祉の主流化と地域福祉の隘路という課題に対応するために対話的行為の理論を整理する。地域福祉の隘路の象徴である実践での客体化を生まないことを目指すという第1課題に対しては，実践の関与者が納得してその実践を行うために，対話による合意形成とそれに基づく行為調整の必要性を述べ，その内容について検討する。地域福祉の主流化を進めるための実践の成果向上に関する第2課題に対しては，コミュニケーション的転回が「正しさ」を生み出すこと（この正しさは，真理性，社会性，誠実性から構成される），その正しさによって実践を進めることで成果が向上しうることを考察する。そして，ハーバーマス理論を地域福祉で活用するための条件整備である言語能力と行為能力を支援することを含む用語として「対話的行為」を用いる。ここで対話的行為の基礎単位となる「対話的行為の基本ユニット」を図化する。続いて第4章では，ハーバーマスの理論をさらに敷衍し，地域福祉援助での活用を論考する。地域社会や地域生活を生活世界とシステムから分析し，そこから生活問題が生じる機序を整理し，その問題を把握する地域福祉援助の視座を考案する。地域福祉援助プロセスへの対話的行為の位置づけを構想した上で，ミクロ・メゾ・マクロというさま

ざまなレベルでの生活世界とシステムや対話的行為を活用した援助の見取り図を作成する。

　これ以降が第3段階であり，第5章で対話的行為から見たコミュニティソーシャルワークについて考察する。コミュニティソーシャルワークに関する歴史や動向を概観した上で，その実践プロセスへ対話的行為を配置するための理論的整理をする。次いで，コミュニティソーシャルワークの事例集をもとに事例分析をして，対話的行為がどのように位置づけられているのかを検証する。第6章の主題は，地域アセスメントである。地域での生活問題の把握とそこへの対応への関心が高まるなかで，生活世界とシステムの枠組み持つソーシャルクオリティ（Social Quality）の考え方を地域アセスメントに用いるための検討を行う。欧州で生まれたソーシャルクオリティの考え方を概説し，これを日本の地域福祉で利用できるように再検討する。詳細な指標を用いる方法ではなく，当事者や住民による対話的行為を活用する方法を提唱する。最後の第7章は，その研究が地域福祉の基礎的な理論として影響を持つ岡村重夫をとりあげる。社会的排除等との関わりで岡村理論も再注目されているが，社会関係の主体的側面，個人の主体性と社会制度の変革，福祉コミュニティというテーマを取り上げ，対話的行為から捉えることを試みる。

注
(1) 日本語表記では「ハバーマス」や「ハーバマス」とされることもあるが，本書では「ハーバーマスとする。

第1章　地域福祉の主流化と隘路

1　地域福祉の主流化の言説と実態

(1) 2000年代の地域福祉の動向

　2000年代の地域福祉をめぐる動きは激しい。社会福祉基礎構造改革と称される一連の改革の中で、社会福祉法が制定され、地域福祉の推進が明記された（第4条）。介護保険が始まり、措置から利用へと制度が大きく転換し、地域生活を支える介護サービスが整えられてきている。地方分権一括法では、国と地方公共団体の役割が明らかにされ、地方公共団体は「住民の福祉の増進を図ること」が基本とされた（地方自治法第1条の2）。平成の市町村合併の動きは、基礎自治体の再編であり、地域福祉に影響している。また、市町村より小さな地域への分権化（地域内分権化）も進められている。あるいは、1998年の特定非営利活動促進法の施行により誕生した特定非営利活動法人（NPO法人）も地域福祉の新たな担い手となってきている。そして地域福祉を総合的に推進するものとして地域福祉計画がある。社会福祉法により規定された地域福祉計画は、自治体によって策定が進められている。行政が本格的に地域福祉に関わり始めたことを示している。

　高齢者分野では介護保険法の改正によって、地域包括支援センターが配置された。従来の在宅介護支援センターよりも一層地域での相談援助や組織化の動きが促進される基礎が生まれた。児童や障害の分野でも地域で各種の協議会がつくられてきている。要保護児童対策地域協議会、障害者の自立支援協議会等といった当事者、支援者や専門家たちが集まる場が形成されている。ホームレス、社会的孤立、引きこもり、防犯・防災等も地域の問題として取り上げられてきている。

　地域での社会福祉援助の具体的な取り組みとして、2004年に大阪でコミュニティソーシャルワーカー配置促進事業が始まった。全国的にもこうした動きは地域福祉に関わるコーディネーターとしてさまざまな活動が取り組まれ

ている（全国社会福祉協議会 2009；野村総合研究所 2013）。同時に，地域住民による福祉的活動への期待も高まり，全国校区・小地域福祉活動サミットの集会も2007年より始まった。

このような一連の動きに地域福祉研究は，いかに向き合っていくのか。本章では，「地域福祉の主流化」という用語に注目し，これを切り口に2000年代の地域福祉の特徴を考察する。はじめに地域福祉の主流化の意味内容を確認する。続いて2000年代の地域福祉に影響を与える各種報告書の概要を把握する。その上で，この間の地域福祉研究をレビューする。この論考を通して，地域福祉研究が取り組んでいくべき課題を明確にする。

（2）地域福祉の主流化

武川正吾は2000年以降の状況を「地域福祉の主流化」と定義している。2000年は日本の社会福祉の転換点であり，この時から日本の社会福祉は地域福祉の段階に入ったと主張する（武川 2006：2）。これは，2000年に社会福祉法が制定され，その中で地域福祉の推進が示されたことを象徴的に捉えた主張である。

武川の「地域福祉の主流化」には，次の3つの内容が含まれている（武川 2006：119-121）。ひとつは，社会福祉の中での地域福祉の主流化である。これは，前述したように2000年に策定された社会福祉法で地域福祉の推進が掲げられたことにあらわれている。2つ目は，地域福祉が地域全体で，また公私協働で取り組むものになったという意味がある。これは従来の，社会福祉協議会（以下，社協と略す。）は地域福祉，行政は社会福祉という区分けで捉えられていた段階から，地域福祉は社協や行政を含む多様な主体が取り組むものになったということを示している。3つ目は，地方自治，あるいは地方行政の中で福祉のウエイトが重くなったという意味での主流化である。以前は，社会サービスとして教育が特に重要だったが，人口の定住化や高齢化に伴い地域社会が変化した結果として福祉も重視されるようになってきたとい

うものである[(1)]。

　地域福祉の主流化は「まったく新しい事態」ではあるが突然出現したのではなく，旧来からの要素に新しい要素が加わり再編成されたことによって生まれたと武川は指摘している（武川 2006：25）。その要素が，地域組織化，在宅福祉，自治・参加，利用者主体である。地域組織化と在宅福祉は，岡村重夫や永田幹夫の地域福祉論から抽出した初期の地域福祉概念を構成するものである（岡村 2009；永田 1988）。自治・参加は，右田紀久惠の自治型地域福祉から取り入れたものであり（右田 1993），これを地域福祉概念の第1の拡張としている。最後の利用者主体は1990年代後半以降の動きの総称として示されたものであり，地域福祉概念の第2の拡張としている。

　武川の元来の問題関心は，福祉国家と市民社会の関係である。現代の地域福祉（計画）はそれをローカルなレベルで照らし出すものだと整理して，地方分権化やローカル・ガバナンスという点から地域福祉の主流化への関心が持たれているのが覗える（武川 2008）。

　この主流化論は無条件に受け入れられているわけではない。期待と同時にある種の憂慮が呈されている（宮城 2007：214-216）。近年になっても，地域福祉の定義が不明確なまま領域横断を強調することが問題視されたり（瓦井 2012），政府セクターなき地域福祉の主流化（藤松 2012）という批判がある。しかし，こうした応答が続いていること自体，この指摘が時代を形容するひとつの表現として意識されていることを表している。では，地域福祉の主流化は2000年代の地域福祉に関わる問題認識とどの程度シンクロしているものなのか。この間の主な報告書を取り上げて，この点を探りたい。

（3）地域福祉に関連する報告書

　地域福祉に関連する2000年代の5つの報告書がある。これらと地域福祉の主流化とのかかわりを検討しておこう。現状認識や対応の方向性を語る報告書をとりあげることで，地域福祉の主流化の要素がどのように意識されてい

表1-1 2000年代の地域福祉関連の報告書

	年	タイトル	関係官庁
①	2000	「社会的な援護を要する人々に対する社会福祉のあり方に関する検討会」報告書	厚生省
②	2008	これからの地域福祉のあり方に関する研究会報告書「地域における「新たな支え合い」を求めて ―住民と行政の協働による新しい福祉―」	厚生労働省
③	2009	新しいコミュニティのあり方に関する研究会報告書	総務省
④	2010	地域包括ケア研究会報告書	厚生労働省
⑤	2012	生活支援戦略　中間まとめ	厚生労働省

るかを知ることができる(2)（表1-1）。

　それぞれの概要は次の通りである(3)。

　①は，社会福祉分野の報告書としてわが国で最初に社会的排除を取り上げている。2000年は介護保険が施行された年であり，介護の社会化に人々の関心が集まっている時に，いち早く地域での孤立，虐待，自殺，若者の貧困，ホームレスなどの問題について指摘した。これらが解決しない理由として家庭，地域，職域でのつながりの希薄化，および，行政や福祉サービス提供側の課題を挙げている。対応として新たな「公」の創造や問題の発見から解決までの統合的アプローチに言及していることは注目される。これは新たな公（共）論や地域でのソーシャルワーク（コミュニティソーシャルワーク）の展開を促す起点の一つとなった。実際に2004年から大阪で取り組まれたコミュニティソーシャルワーカー配置促進事業に影響を与えた。

　②は，問題意識としては①の延長上に位置づけることができる。地域での諸問題に対して，公的サービスだけでは対応できないとし，住民と行政の協働を求めている。地域での住民による「新たな支え合い」（共助）の拡大，強化やボランティアやNPO，住民団体などによる地域での新たな公を創出することを目指している。また，地域福祉活動を支援するための地域福祉のコーディネーターの配置を求めている。

③は総務省によるものであるが，地域福祉にとって看過できない内容を含んでいる。地域の変動に伴い従来の地縁型の組織の課題を指摘し，新しい公共空間の形成や地域力の創造を求めている。問題を話し合うだけではなく，住民ニーズに対応した社会サービスを提供するために「地域協働体」の結成が必要だとしている。これは地域（まちづくり）協議会との両輪で，地域内分権化を進めるものである。活動に当たっては行政による一定の支援もあるが，その一方で，公的資金に依存しないことも重視されている。地域でこうした新たな組織が本格的に立ち上がり，機能し始めれば既存の住民の活動との調整が課題となる。

　④は，2025年の地域包括ケアの構築を目指すものである。団塊の世代が後期高齢者に到達する時期までに，日常生活圏域で多様なサービスを提供し，住み慣れた地域での生活を継続できる体制の構築を目指している。そのサービスは，居場所の提供，医療や介護の連携，また見守りや社会参加の機会の提供などの生活支援サービスを含むものである。供給体制として医療保険や介護保険などの共助，住民同士の助け合いである互助，さらに自助や公助を組み合わせたものとされる。地域での各種の資源や活動が有機的に連動することを求めている。

　2012年には，中間報告の段階であるが生活困窮者に焦点を当てる生活支援戦略が示された（表1-1⑤）。生活保護に陥る不安のある生活困窮者が経済的貧困と社会的孤立からの脱脚を支援するための体制の構築を目指している。生活困窮者を早期に把握し，初期段階から包括的かつ，伴走型で支援を行い，就労支援や生活支援を展開する。アウトリーチも重視した総合的な相談窓口を設け，官民協働で支援を進めていくものである。これは，生活保護と隣接する生活困窮問題に対しても地域での取り組みが求められるようになってきたことを表している。

　このように，この間の報告書では，社会的排除や生活困窮からケアまで取り上げられており，テーマの幅は広い。地域問題に焦点を当てるものもあれ

ば，個人が抱える生活問題を対象とするものもある。

　地域福祉の主流化との関係を見ると次のような点が挙げられる。まず，地域という場への注目である。地域を基盤にして，実践や対応が考えられている。地域は問題を生み出す場でもあるが，同時に，問題を解決する可能性を持つ場として期待されている。ただしこの地域は，市町村よりも身近な日常生活圏域までが含まれている。そして，実践や対応を具体的に進めるために，これまでの地域組織を再編成することやあたらしい仕組みづくりが考えられている。そうした仕組みは単一主体によるものではなく，多様な担い手による協働が特徴である。特に住民と行政，専門職との協働への意識は強い。こうした問題意識のもとに政策が進んでいくならば，地域はその政策が展開される舞台であり，かつ，政策推進のために働きかけられるターゲットである。

　これらの報告書からは，地域福祉を具体的に進めていくために成果が求められていることを読み取ることができる。

2　近年の地域福祉研究

（1）地域福祉の主流化と地域福祉研究

　地域福祉の主流化とされる時代に，何が研究されてきたのだろうか。それは時代を反映したものとなっているのだろうか。また，現在の研究にはどのような課題があり，今後どのような研究が求められているのだろうか。本節では地域福祉の主流化を補助線として，2000年代最初の10年の地域福祉研究を精査し，これからの研究の方向性への示唆を求める。

　方法として地域福祉の研究論文のレビューを行う。研究論文レビューに関しては，日本社会福祉学会の機関誌『社会福祉学』や鉄道弘済会発行の『社会福祉研究』で地域福祉分野の「回顧や展望」がなされている。これは包括的なレビューではあるが，単年のものであり，年をまたぐ期間の動向を見るものではない。本節では，10年という期間を対象とする。

文献レビューの方法は，厳密な規定があるわけではないが，一般的に，目的を明確にして，文献を集め，読んで分析，評価し，まとめるという展開である（Hart 1998；平岡 2006）。何のためのレビューなのかという目的については当然ながら，どのような文献を取り上げるか，それをどのように探すかも重要である。本研究は，地域福祉全般ではなく地域福祉の主流化と関わらせて動向を確認することに特徴がある。また，対象となる文献は地域福祉の専門誌に記載された投稿論文を扱う。具体的には，地域福祉分野の2つの専門誌を取り上げる。ひとつは日本地域福祉学会の機関誌である『日本の地域福祉』であり，もうひとつは日本生命済生会が発行している『地域福祉研究』である。ともに毎年1回，発行される年刊誌である。この2つを選んだ理由としては，双方とも全国を対象とする専門誌であり，投稿論文を掲載している。[5]レフリー付きであるため論文の一定程度の質の確保がなされている。2000年以前からの発行の歴史がある，ということをあげることができる。もちろんこのほかにも地域福祉に関する研究論文はある。大学の紀要や各種学会の機関誌もある。しかし，例えば日本社会福祉学会の学会誌に載ったものの中でどれを地域福祉の論文とするのか，その選択が難しい。また，査読がつかない論文の場合には，質の保証の手続きがない。そうしたことを勘案した結果，今回はこの2誌を選択した。[6]

（2）分析の進め方

　2つの専門誌の2001年から，20011年までに発行された巻号に掲載された公募の論文と研究ノートをレビューの対象とした。[7]『日本の地域福祉』では論文45本，研究ノート31本あり，『地域福祉研究』には論文27本，研究ノート9本あった。2誌の論文と研究ノートを合わせると合計で112本である。

　レビューでは論文と研究ノートは区別していない。一般に，論文と研究ノートの間には新たな知見の提示やその実証の程度といった差があるが，ここでは2000年代に行われた研究という意味合いで論文と研究ノートを一括して

扱っている。そこで以降，これらをともに論文と表記する。

　検討は次のように進めた。①まず，すべての論文を読み，内容を把握した。②次に論文の概要，研究の対象，研究の方法を論文ごとにまとめた。③研究方法や研究の対象分野については表を作成した。④内容の分析では，各論文のテーマや主張で地域福祉の主流化に関わると考えられるものをピックアップして抜き出し，類似のまとまりをつくった（サブカテゴリー）。地域福祉の主流化との対比を捉えるという狙いがあったため，内容的に関連があるかどうかを検討して選択を行った。地域福祉の主流化に関わるものとは，先にあげた，地域組織化，在宅福祉，自治・参加，利用者主体や社会福祉の中での主流化，多様な主体による取り組み，地域での福祉の中心化，そして分権化や地域福祉計画という事柄に関係するものである。⑤サブカテゴリーを比較して，共通するものをまとめて，カテゴリーとした。こうした作業を経て6つのカテゴリーができた。それが「地方分権化の動き」，「市場化・民営化の動き」，「活動主体への影響」，「サービス化への対応」，「当事者や住民の位置づけ」，「地域の援助技術」である。⑥続いて，この6つのカテゴリーの関連性を整理すると同時に，改めてカテゴリー内の個々の主張内容を検討した。⑦そこに当該のカテゴリーに対して懐疑的，批判的な主張も見られたので，この点についての考察を行った。なお，この研究については，日本地域福祉学会全国大会で発表をしている。

（3）地域福祉研究の傾向

1）地域福祉の論文数と研究方法

　表1-2は，年ごとの論文の掲載本数とその研究方法である。この期間では両誌合わせて年に10本前後の論文が発表されてきたことがわかる。年による本数の差はあるものの年代動向としてみて，この10年の間で潮流として大きく変わってきているとは言えない。

　研究方法には，大別すれば理論研究と実証研究がある（岩田 2006：15-17）。

表1-2 研究動向の概要(年別本数,研究方法)

年	理論	量的	質的	事例	複合	計
2001	2	3	1	2	—	8
2002	1	2	3	6	—	12
2003	3	2	4	5	—	14
2004	—	—	6	1	1	8
2005	3	5	4	5	—	17
2006	—	2	2	3	—	7
2007	2	3	2	1	—	8
2008	3	—	—	5	—	9
2009	—	2	3	1	1	7
2010	2	—	6	3	—	12
2011	1	7	2	—	—	10
計	17	26	33	32	4	112

注:『日本の地域福祉』と『地域福祉研究』の2001年から2011年までの掲載論文数。

実証研究は量的研究と質的研究に分かれる。質的研究の中には,事例研究が多くあったので,これを独立させた。さらに複数の方法を使った研究があり,これを複合とした。結果としては質的研究が6割程度を占め,これが地域福祉研究の主要な方法となっている。その中に事例研究が半分ほどある。量的研究も一定程度あるが,その数は質的研究の半数に満たない。理論的な研究の数は少ないが,ほぼ毎年のように発表されている。複合研究はわずかである。[11]

2)地域福祉研究の分野

表1-3は,分類項目別の論文数である。この分け方は日本地域福祉学会の分科会項目に沿ったものである。ただし,理論と歴史の項目は学会の分類では一体化しているが,ここでは分離させている。また,ひとつの論文が複数の分野に適合する場合は,それぞれの分野でカウントしてある。

分野的に多寡はあるものの,すべてにわたり研究が行われており,地域福祉研究が多様なものであることが確認できる。対象や活動組織,活動,方法

表1-3　研究動向の概要（内容別分類〔重複あり〕）

分類項目	本数	分類項目	本数	分類項目	本数
理　論	20	対象・対象者	64	地域福祉の問題	16
歴　史	12	地域福祉計画	7	福祉教育・人材養成	7
海　外	17	地域福祉の諸活動	55	福祉文化	4
関連制度・政策	20	地域福祉の方法	44	社会福祉等施設	13
活動・提供組織	63	アドミニストレーション	13		

など，分野共通部分の数は多い。

（4）研究内容の6つのカテゴリー

　地域福祉の主流化に関する6つのカテゴリーの内容は以下の通りである。

1）地方分権化の動き

　地方分権の動きには，「分権化の諸相」，「参加とローカルガバナンス」，「共助・互助」，「協働」というサブカテゴリーがある。

　「分権化の諸相」として，特徴のひとつに地域内分権がある。これは市町村などよりも小さい日常生活に近いエリアに自治体の機能，権限をおろしていくものである。これをコミュニティ制度化として地域内分権が取り上げられている（佐藤 2010）。コミュニティが法律や自治体政策により制度化される時，公共サービスとの協働だけでなく，公共的意思決定に関わる参加が重要だと指摘されている。そこでは行政によるコミュニティの包摂や行政事業の下請化が課題となる。こうした小地域への注目の一方で，地域福祉推進での都道府県のイニシアティブが論じられている（伊藤・平野 2005）。県レベルの支援には地域福祉計画策定への支援と地域福祉プログラムの事業化があるが，これを行うためには部局の統合化が課題であるとしている。これに対して，全般的に分権化が必ずしも順調に進んでいないという研究がある。地域福祉計画に関して田口は西日本を対象とした調査を行っている（田口 2009）。その結果，自治体の地域福祉関連の担当者の住民参加に対する認識が高まっ

ていない。次世代育成や障害福祉など各種計画のなかで，地域福祉計画の優先順位に対する意識が低く，分権化に伴い担当職員が混乱していることを指摘している。

「参加とローカルガバナンス」に関しては，英国のローカルガバナンスについての考察がある。佐藤は，英国の地域での計画づくり（パリッシュ・プラン）は，主体的な参加と自己決定による運営ができており，ローカルガバナンスの確立や向上につながっているとしている（佐藤 2006）。また，永田は，英国の地域戦略パートナーシップ（LSP）を取り上げて，ボランタリーセクターが政策決定にどうかかわったかを論考している（永田 2007）。LSP によってボランタリーセクターは政策策定への関与が強まり，ローカルガバナンスの具現化の可能性が生まれるとしている。

地域福祉計画の策定段階での住民参加が研究されている。荒川らは，地域福祉計画の策定過程自体を地域福祉の活動と捉えることを主張している（荒川ら 2003）。これにより住民や行政の主体性の確立を目指すとしている。最初の計画終了後の第2次計画の策定に関して朴は，1次計画の成果によって新たな主体を生み出し，その主体が2次計画以降の新たな目的設定を行うという循環を考察した（朴 2009）。

さらに地域自立支援協議会をローカルガバナンスの点から検証すると，多様な主体の参加や資源，情報の交換と継続的な協議については効果があるが，信頼関係や自治体との関係は十分なものではないとされている（笠原 2010）。障害を持つ当事者にとっては，こうした場に権力的な非対称性があり，形式的参加を越える実質的な参加ができていないという課題が示されている（笠原 2011）。

「互助・共助」に関しては，かつての共同体的な関係の残る地域での生活支援に関する調査がある（石田 2001）。こうした地域であっても，親族的な地域のネットワークでは日常的な支援は可能だが，それ以上の援助になると互助だけでは難しいことが論じられている。ただし田口は，互助レベルから

一歩進んで，住民と行政の共助を考える際に，両者の間に認識の齟齬があると述べている（田口 2011）。住民は互助の補完として行政との共助を考えるのに対して，行政は公助の補完として住民との共助を考えていると地域福祉計画に関する調査から考察している。

「協働」についての研究蓄積も生まれている。公私の協働による問題解決として，藤里町の自殺予防活動がある（庄司 2008）。住民だけではできないこと，行政だけではできないことを協働の取り組みによって可能にしていくプロセスが描かれている。その一方で田中によって，協働の形式として，行政が政策を立案しNPO等が実行するという方法に関して，それが実態としては行政主導になっている状況が分析されている（田中真衣 2010）。また，セーフティネットの形成に関する公私の協働関係の検討からは，両者が代替や補完という関係である場合が多いこと，同時に両者の間には依存的な面もあれば協力的な面もあることが示されている（室田 2008）。こうした分野での公私関係が単純なものではないことが明らかにされている。

2）市場化・民営化の動き

ここには，「公的責任」，「規制緩和」，「市場化」というサブカテゴリーがある。

「公的責任」について岡田は福祉の多元化という背景に対して，公的部門の責任を改めて検討している。その場合，行政責任が公的部門のすべての責任をカバーするものではなく，政治責任，説明責任，応答責任，司法責任を区別することが社会福祉では重要であることが論考されている（岡田 2001）。

吉岡は福祉分野の「規制緩和」の動向を研究している。構造改革特区の事例を取り上げて，規制緩和が，地方でのサービスの創出や制度の狭間への対応というメリットがある一方で，営利企業によるサービスの独占の懸念や調整する自治体の能力の問題を指摘している（吉岡 2006）。

こうした動きに対する批判的な見解もある。井上は，地域福祉計画の策定と市場原理の関わりを考察している。地域福祉計画は生活権保障がなされて

おらず総合計画とは言えない。そこでは社会福祉というよりも福祉サービスになっているとし、「市場化」への懸念を示している（井上 2003）。また、サービス論との関連で小國は、市民セクターの非力を指摘し、同時に、社会福祉サービス論に対しては否定的に捉え、これを変えるために市民福祉力の向上を目指すべく市民の活動拠点の必要性を主張している（小國 2006）。

3）活動主体への影響

地域福祉に関連する政策や制度、行政と活動主体との関係や影響が考察されている。ここには「政策のNPOへの影響」、「制度内の事業と制度外の事業」、「資金に関する課題」というサブカテゴリーが含まれている。

「政策のNPOへの影響」では自発的な活動主体と制度、行政との関係や民間性、主体性が問われている。海外研究として、スウェーデンのNPOと行政の役割分担の類型が示され、両者の長年培ってきた関係の強さが言及されている（吉岡 2005）。その一方で、福祉国家の変容に従ってボランティア団体の性格も変化してきたことが指摘されている（吉岡 2003）。また高橋は、英国での契約文化がボランティア組織に与えた影響について研究している。契約文化は、収入に関しては組織状況によって異なる影響を与えており、運営上の負担がある一方で、効率的になる面もあるとする。しかし、より影響を受けるのは、組織の自発性や自律性、そしてボランタリー組織ならではの特性の部分である（高橋 2002）。それでも英国ではNPOと行政が役割の違いを認めた上での関係を構築しており、こうしたパートナーシップが進んでいることが示されている（福岡 2005）。

日本に関する研究では、介護予防事業の全国調査をもとに、地域の人口規模に応じて行政と事業者の関係に類型があることが報告されている（川島 2004）。また、民間の施設づくりが行政との関わりで進展していくのに伴い、関係者の主体形成や運営への当事者参加が進む半面で、行政からの委託も多くなるという課題があげられている（渡辺 2003）。

制度と活動主体の関係の問題もある。自発的な性格を持っていた小規模作

業所が法制化される過程での，制度と実践の相互作用が整理されている（高橋 2010）。小規模作業所の数は法制化により増加したというよりも，元来，普遍性が内包されていたとし，開始時のハードルが高くないこと，利用者のニーズの可視化，支援者の組織化の優位性があげられている。石田は，制度外でありながらも増加する営利組織であるベビーホテルへの1980年代の政策的な対応を検討し，保育制度の抑制の課題を指摘している（石田 2008）。この時期は多様なニーズへの対応は制度的には可能になっていたが，既存の施設では受け皿にならず，ベビーホテルの利用へとつながったとしている。

「制度内の事業と制度外の事業」に関して，福祉施設やNPOによる介護保険外のニーズへの対応については見解が分かれている。制度外の社会的ニーズに対して，施設が独自に対応することは困難という意見がある一方で（朴 2008），住民参加型のNPOの場合では制度外のニーズにも応えられているという見解もある（安留 2002）。NPO法人がそうした介護保険の制度外のニーズに対応するためにソーシャルワーカーの配置が必要とし，配置状況が調査されている（本郷 2004）。

「資金に関する課題」では，戦前の施設に対する研究が行われている。公的資金は施設によっては欠くことのできない資金とされ（井村 2010），運営への影響については，あまり出ていない場合もあれば，出ている場合もあった（井村 2004）。ただし，公的資金だけでは施設の維持ができず，民間の資金の役割も示されている（井村 2002）。現代の問題に関しては，共同募金の供給概念を「配分」から「助成」へと転換させるべきという主張がされている（渡辺 2007）。これには福祉社会の形成に伴い，これまでより横の関係を重んじて支援するような方法を目指し，そこに市民も参加できるようにするという意図がある。

4）サービス化への対応

ここでは，「サービス供給」，「権利擁護」，「サービスの拒否」，「事業評価」というサブカテゴリーが挙がっている。措置制度から利用へと社会福祉の仕

組みが変わったことにより，福祉のサービス化が生じていることに対応する諸研究である。

「サービス供給」モデルに関する研究として，スウェーデンの福祉トライアングルモデルが取り上げられている。ペストフのモデルを活用した事例研究によって，介護サービスの供給に関して社会的企業の重要性が指摘されている（斉藤 2004）。また，日本での介護保険のサービスの質に関連する調査がある（須加 2005）。訪問介護計画がサービスの質向上に役立っているかどうかが調べられ，計画の作成とそれを利用者に見せている程度やサービス調整業務ができる程度が有効感に関連するとされている。

サービス化に伴って利用者の「権利擁護」が注目されることになった。松端（2002）は権利擁護はソーシャルワークの中心的概念であるが，施設ではそれを職員が行うと利益相反性があり，第三者的なオンブズマンが必要であるとする。ただし，その役割は利用者をエンパワメントし改善を求めるまでで，他の職種との分担のためにオンブズマンの機能を限定することを主張している。苦情が出された場合はその対応に移るが，齋藤は，社会福祉法の苦情解決制度が裁判以外の紛争解決（ADR）の手続きとして機能するかどうかを問うている（齋藤 2005）。そこでは，運営適正化委員会の可能性を認めつつ課題を指摘している。また，瓦井からは権利擁護については既存の構造の存続を前提とする社会システム論的に捉えるのではなく，ソーシャルワークの権利擁護としてクライエントの側に立って制度を変革できるように機能させるべきとする主張も出されている（瓦井 2003）。具体的内容について，地域福祉権利擁護事業の「利用拒否」事例の分析も行われている（根本ら 2003）。権利擁護事業に対する拒否的態度は起こりうることであり，利用につなげるためには当事者への継続的な関わりや本人が信頼する人を介することの重要性が指摘されている。

サービス化に関して「事業評価」も重要となる。社会福祉協議会の事業を期待度と満足度の差から評価し，事業の優先づけをする試みがなされている

(増子ら 2003)。

5）当事者や住民の位置づけ

　問題を抱える当事者や住民は地域福祉においてさまざまに位置づけられている。サブカテゴリーとしては「活動者」,「孤立する者」,「選好する主体」,「役割と本音」が含まれる。

　「活動者」としては社会活動に参加する高齢者について調査が行われている。女性の方が概ね活動的であるが，女性は地域のボランティア活動，男性は自治会活動という傾向が示されている（佐藤ら 2001）。

　「孤立する者」について，斉藤（2007）は，高齢者の社会的孤立の類型を検討している。孤立している場合の要因は多様であること，健康面と経済面の状態が同程度でも孤立群と非孤立群に分かれること，両群の間に充実感や否定的感情に差があること，などを指摘している。

　「選好する主体」としての高齢者を扱う研究もある。高齢者が望むケアの調査で，フォーマルケアとインフォーマルケアの選好を聞いている（山口ら 2007）。多くが両方のケアの組み合わせを望むが，そのパターンは地域により異なっているとし，そうした選好を考慮した地域ごとのケアの推進が課題としている。また，大都市の独居高齢者を対象としたフォーマルケアとインフォーマルケアの選好の研究では，男性，低所得の場合にフォーマルケアを選ぶことが多いとしている（山口ら 2011）。近隣や友人など非親族のケアを選ぶことには，性別，所得，地域活動への参加などの要因が影響している。

　障害問題に関して「役割と本音」が論考されている。知的障害を持つ当事者への調査からわかることは，彼・彼女らの自らの置かれた立場からの語りと，本当に話したいことの間にズレがあるということである（西村 2009）。障害を持つ者も普通の生活を望んでおり，そのための支援が考察されている。また，障害のある子どもの主養育者（多くは母親）の調査では，主養育者にとって日本の家族観や福祉制度からの役割期待にいかに応えるかが重要であり，そのために自らの個人的な余暇を楽しむ様子を見せないようにすると論

じられている（遠藤・平田 2009）。

6）地域の援助技術

ここに含まれるのは「個別支援と地域支援」，「地域援助技術」，「ボランティア支援技術」である。

地域を基盤とするコミュニティソーシャルワーカー養成の調査がある（川島 2006）。これによれば，従来それぞれ進められてきた個別援助と地域組織化の研究をつなぐことが課題となっている。また個別支援の中核でもあるケアマネジメントでの社会資源の選択についても検討されている（山井 2005）。ケアマネージャーが社会資源を選択する上で重視しているのは，供給者の機能や資格，そして利用可能性，信頼性，雰囲気などである。玉置（2005）は，個別の困難事例への地域でのソーシャルワークを考察している。困難事例には社会的排除がみられ，隣保館によるソーシャルインクルージョンは支援が重なり合って相乗的に機能していると論じている。

「地域援助技術」では，都市部のマイノリティ問題として沖縄出身者のインクルージョンが取り上げられている（加山 2005）。インクルージョンを阻害するものとして心理的な問題の他に，行政と地域独自の活動の交わりにくさが指摘されている。対応としてマイノリティ対策の明文化や政治力学の変化などを地域福祉計画のゴールに位置づけることを求めている。石川（2004）は，小地域でコミュニティ形成を行うマイノリティを支援する NPO 法人に焦点を当てている。そうした NPO 法人は従来の地域組織とは違った方法で地域をエンパワーしている。そのために，マイノリティのニーズ把握と対応，地域組織との協力，行政との協働が行われている。しかしまた石川（2005）は，単に技術論を重視するのではなく，セツルメントのコミュニティワークを生み出しているものは，細かな技法よりも原則としてのセツルメントの理念とそれに支えられたワーカーのコンピテンスだと主張している。海外の動向としては米国のコミュニティオーガナイザーが論考されている（室田 2010）。コミュニティオーガナイザーはさまざまに議論され，新しい社

会運動の影響も受けてきた。専門的援助と地域による援助の関係に関する葛藤や問題解決と構造変革の関わりでの葛藤を抱えている。そうした中でもコミュニティオーガナイザーにはシステムの内と外を連携させながら，システムの変革を図っていく役割があることが論じられている。

　援助技術での対話やコミュニケーションの重要性が指摘されている。中根（2008）は，福祉教育に関わらせて，福祉関係者が住民に対して丁寧な対話をすることを求める。対話や議論のなかに身を置くことでアイディアやその実現が生まれる。またこれは本来協議する場であるべき社会福祉協議会が市民的公共圏を生成するためにも必要であるとしている。守本（2011）は，地域社会とのかかわりが求められる福祉施設のボランティアコーディネーターは対話を重視すべきとする。ボランティアコーディネーションの理論としてソーシャルワーク理論が援用されてきたが，新たなアソシエーション形成のためには対話的行為が可能性をもつとしている。

　「ボランティア支援技術」には複数の研究がある。施設でのボランティアマネジメントが米国文献のレビューと日本のボランティア受け入れ担当者への調査により検討されている（妻鹿 2005）。調査からは日本でもボランティア採用には一定の実績があり，活動環境の質は担保されているが，ボランティア受け入れのための基盤部分，特に職員の意識が不十分で，コンサルティングや担当者のピアスーパービジョンを提言している。また，ボランティアコーディネーションの妥当性が理論的に検討されている（地主 2003）。地主は，ボランティア活動やその継続のための支援は，ボランティアコーディネーターの業務に含まれているが，一方で，ボランティアが持つ社会イメージやボランティアに対する社会イメージの転換への関与が不十分であると主張する。ボランティアコーディネーターの養成に関しては，資格化よりもさまざまな担い手に対応する研修の必要性が論じられている（守本 2008）。そこではコーディネーターの悩みとして，ボランティアプログラム，ボランティアの募集，ボランティアの継続的な支援があるとされている。

(5) 近年の地域福祉研究の性格

1) 多様さと偏重

2000年代の地域福祉研究について,まとめておこう。2誌の研究論文レビューからは次のことが言える。論文数の推移をみる限り,2000年代を通して,地域福祉研究は一定の蓄積を積み上げてきた。そこでの特徴は,まず研究の範囲の広さである。それは,人的な属性の多様さ,問題となるテーマの多様さ,実践・援助活動の多様さというものがある。当然のことながらこれは,地域福祉自体の広がりの大きさを反映している。この面は,あえてキーワード的に言えば,地域福祉研究の「多様さ」と言える。

これに対して研究方法の特徴としては,質的な研究の多さがある。その中でも事例研究が多いことは特筆できる。研究での質的方法の「偏重」と言えるかもしれない。地域福祉研究の多くが,地域の実践や援助活動という個別性の高い事象を対象としていることが要因として考えられる。貴重な個別的事柄を研究の対象にすることには価値がある。その点は今後も変わらないが,地域福祉研究を高めていくためには,個別性の追究だけでなく,普遍的な志向をどのように位置づけていくかが問われることになる。

2) 地域福祉の主流化の構成

地域福祉の主流化という点から浮かび上がってきた6つのカテゴリーの連関を図1-1のように示すことができる。

分権化(カテゴリー1)や市場化,民営化(カテゴリー2)は基礎部分に位置づくものである。これは地域福祉という領域だけにとどまらない社会全体の大きな潮流でもある。2000年代に急に始まったわけではなく,以前からの経緯があるが,それがこの時期に顕在化し明確な姿となってきた。特定非営利活動促進法の施行,社会福祉基礎構造改革,社会福祉法,地方分権一括法,介護保険制度の開始,平成の市町村合併等々,という一連の構造的な展開が地域福祉での分権化,市場化,民営化の促進要因として存在している。これは地域福祉の主流化の基盤を形成するものとなっている。

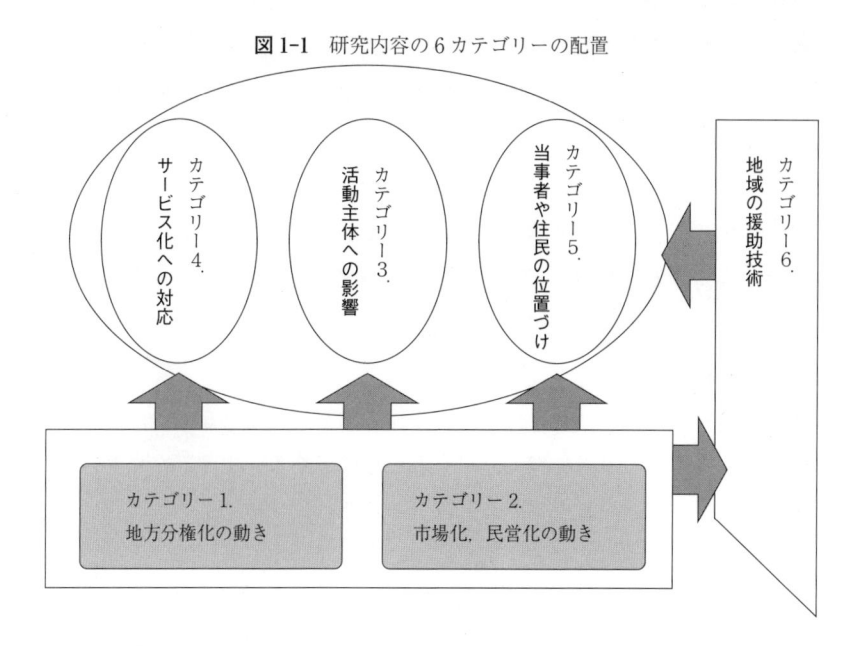

図1-1　研究内容の6カテゴリーの配置

```
┌─────────────────────────────────────────────┐  ┌──────┐
│   ⬭         ⬭         ⬭    カテゴリー5.  │  │カテゴリー6.│
│ カテゴリー4. カテゴリー3.  当事者や住民の  │◀─│地域の援助│
│ サービス化  活動主体へ   位置づけ       │  │技術    │
│ への対応    の影響                      │  │       │
└────▲───────────▲────────────────────────┘  │       │
     │           │                            │       │
┌────┴───────────┴───────────────────────┐    │       │
│ カテゴリー1.     カテゴリー2.           │───▶│       │
│ 地方分権化の動き 市場化，民営化の動き    │    │       │
└─────────────────────────────────────────┘    └──────┘
```

　分権化や市場化，民営化は，地域福祉活動の担い手に対して影響を与える（カテゴリー3）。地域福祉では，これまでも公私関係が重要とされてきたが，この間改めて，政府・行政と住民・民間の関わり方が問われている。また，措置から利用へという転換によって福祉のサービス化が進行する（カテゴリー4）。利用化，サービス化は同時に，利用者の権利擁護の必要性を生み出す。サービス化では権利擁護を視野に入れた対応が求められている。そして，この状況下で問題を抱える当事者や住民の位置づけが問い直される（カテゴリー5）。旧来からのステレオタイプの当事者像や住民像ではなく，この時代での新たな姿が求められている。

　このような時代の変動に応えることができる地域での援助技術が要請される（カテゴリー6）。地域援助技術は確かにこれまでの蓄積がある。ただし，この新たな状況を切り開くことのできる新たな質を持つ技術が喫緊の課題となっている。地域を基盤とするソーシャルワークは，そうした要請の下に構

築されてきていると見ることができる。

カテゴリーの関連からは，地域福祉の主流化に沿うように地域福祉研究も展開していると見ることができる。そうした視点に立てば，分権化や市場化という一連の政策の実現に向けて地域福祉研究の有用性が問われる。この側面は，地域福祉論の政策科学化ともいうこともできる。しかし，地域福祉の主流化が，研究でも全面化しているとするのは早計である。こうした研究の中に，もうひとつの方向性が存在している。

3）地域福祉の隘路

研究を個々に見れば，地域福祉の主流化に対して肯定的なものばかりではない。懸念を示したり，批判的立場を取るものもある。こうした点から，改めてカテゴリーごとに見直してみれば，それぞれに地域福祉の主流化に対する懸念や批判が示されている。例えば次のような論点をあげることができる。

「カテゴリー1．地方分権化の動き」では地域内分権の持つ課題（佐藤2010），住民と行政の考え方の齟齬（田口 2011），行政主導への懸念（田中真衣 2010），公私関係の複雑さ（室田 2008）が示されている。協議会への障害者の参加が形式的であるという指摘（笠原 2011）もこれに加えられよう。「カテゴリー2．市場化・民営化の動き」ではサービス供給への営利企業の参入への懸念（吉岡 2006）や福祉サービス化批判が出されている（井上 2003；小國 2006）。「カテゴリー3．活動主体への影響」としては自発性への影響（高橋 2002），委託の拡大（渡辺 2003），法制化に伴う行政関与（高橋 2010）という問題がある。「カテゴリー4．サービス化への対応」では権利擁護に関わって社会システム論批判が行われている（瓦井 2003）。「カテゴリー5．当事者や住民の位置づけ」では，当事者や住民が調査対象とされ，そうした中で，障害を持つ当事者やその親の複雑な思念が吐露されている（西村 2009；遠藤ら 2009）。「カテゴリー6．地域の援助技術」に関して，技術論への偏りに警鐘が鳴らされ（石川 2005），また既存の方法とは違う対話の重視が主張されている（中根 2008；守本 2011）。

以上の論点は，主流化のネガティブな面を明らかにするものである。量的に見れば，多くはない。しかし，だからと言ってここにあるような懸念や批判を無視できるだろうか。こうした懸念や批判を過小評価したり，看過してしまうことは，地域福祉研究の矮小化につながりかねない。地域福祉は両面的な性格がある。現実性と理念性，現状の肯定的見地と批判的見地，問題解決志向と合意形成志向，専門性と素人性，そうした両面のバランスの上に地域福祉が成立してきた。政策との関わりで眼前の課題に応えていく地域福祉の推進は確かに必要かもしれないが，その推進により生じる問題にも常に目を配らなくてはならない。

地域福祉の主流化に対する懸念や批判にどのように向き合っていくのかが研究には問われている。それができなければ，そこに待つのは「地域福祉の隘路」である。地域福祉の隘路とは，地域福祉が推進されながら，しかし，その進め方が内包する問題点への対応が適切でないために，結果的に地域福祉が先細っていくことである。地域福祉が進む中で，民間性や自発性が弱められたり，あるいは民間団体や住民が資源として利用され疲弊したり，問題を抱える当事者が問題解決システムの対象として客体化されていくという事態を含んでいる。こうしたことを通して地域福祉の意味が変容していく危惧がある。

地域でのソーシャルワークやケア，小地域のガバナンスをテーマとする研究を進め，実態を豊富化することは地域福祉の推進にとっての条件である。しかしそれは必要条件ではあるが，十分条件ではない。中央から地方へという「上」からの分権化や，官から民へという民営化の政策的な到達点として地域福祉があるのではない。中央から下りてきたベクトルが，生活の場である地域まで到達した時が地域福祉の完成，終着なのではなく，それを反転させる必要がある。現在の状態は，当事者，住民，地域を起点とした新たな地域福祉を構築するための条件が整ったことを意味するにすぎない。地域福祉の主流化が地域福祉の隘路に終わらないための地域福祉研究が求められてい

る。

(6) 研究の限定

2000年代の地域福祉研究の精査から，次のことが明らかになった。地域福祉研究の主題は多様であり，その研究では質的方法が中心である。内容面の分析からは，地域福祉の主流化という動向が確認できたが，同時に地域福祉の隘路という懸念も示されていた。地域福祉研究は，地域福祉の主流化と地域福祉の隘路という2つの課題に対応することが迫られている。

本書は，地域福祉研究誌2誌を分析したものである。より広範な地域福祉研究に関して触れられていないことは，本書の限界である。また，地域福祉の実態動向についても取り上げてはいない。研究と実践の関係が問われる中で，その連関を追究していくことは今後の課題である。

3 地域福祉の主流化と隘路という課題

(1) 地域福祉の主流化と隘路

地域福祉をめぐる2000年代の動きを地域福祉の主流化の言説や報告書類をもとに検討してきた。この間の地域福祉をめぐる実態的な活動や事業についての動きは激しく，新たな制度や試みが生まれてきている。近年の報告書からは，地域福祉の主流化の方向性や性格というものを知ることができた。さまざまな問題が地域で発生する中で，地域での問題解決が要請されている。

また，この間の地域福祉研究のレビューからは，確かに地域福祉の主流化を裏づける研究テーマが取り上げられ，研究の蓄積も進められていた。しかし，そこには懸念や批判も示されていた。そうした懸念や批判を等閑視してしまうことは，地域福祉研究の矮小化である。

地域福祉研究は2つの課題を突き付けられていることになる。ひとつは，地域福祉の主流化である。地域福祉の主流化自体，さらに検討が必要な概念

であり，これをそのまま肯定できるとは考えていない。しかし，その中に包含されている地域福祉を重視する意図は尊重されるべきと考える。これは地域福祉の推進を具現化していくことである。眼前にある地域での問題に対してその解決を図ったり，実践の成果を上げることである。もう一方に地域福祉の隘路がある。隘路をいかに抜けていくかという難問がある。地域福祉の主流化が生み出す負の影響に対して，その進め方を再構成して，地域福祉の可能性を実現していくことである。法律や政策を俎上にあげて検討する方法もあるが，ここで注目したいのは，地域福祉の基礎的な部分である地域福祉実践に関わる諸アクター（当事者，援助者，住民，行政，他多くの関与者等）である。こうした基礎的な部分にこそ問題が集約されていると考えるからである。地域福祉実践の進展に伴い，成果が志向される中で各アクターがどのような存在として位置づけられているか。先のカテゴリーでいえば，分権化や市場化，それに伴う援助技術の活用によって当事者や住民をはじめとする関与者にどのような影響が出てくるのかという点である。

　地域福祉の本格的な展開に伴って，実践に関わりながらもその実践から疎外される人々が発生することが懸念される。実践を担いながら，あるいはその実践の当事者でありながら，実践での位置づけで対象化され，本人の意思が実践に反映されなかったり，実践の成果を自らのものにすることができないことである。こうした状況は「実践での客体化」であり，地域福祉の隘路に伴う象徴的な課題といえる。なぜ，実践での客体化が地域福祉に隘路の象徴的な事象であるのか，第1に，客体化しうるのは，当事者や住民，サービス提供者，場合によっては援助者という実践に関わるすべての人に可能性があるからである。第2に，地域福祉は地域の住民との関わりで進めることに特徴がある。住民は実践の担い手として期待されており，例えば，地域の住民による福祉活動の拠点となる地区社協等（校区社協，等区福祉委員会等）は全国の半数以上の地域に組織されている。そうした活動での住民は，実践の担い手としての期待の中で，時に実践の客体となる。ただし，急いで付け

加えておけば，住民が地域福祉実践に関わることを問題視するのではない。ここでは実践への関わりの中で客体化してしまうことを問題にしているのである。第3にしたがって，実践での客体化を解決することで，地域福祉実践がそれに関わる全ての人に共有されるものとなり，地域福祉の新たな意味合いを生むからである。

このような理由で，地域福祉の主流化と隘路の2つの課題を本書は取り上げる。

（2）2つの課題への対応

こうした課題に対して，具体的な実践や事象を取り上げて実証的に分析していくアプローチもある。しかし，本書では，こうした事象を考察しうる基礎理論を検討し，そこから現状実態を考察するという理論的アプローチを取る。現代の地域福祉の置かれた多様で，複雑な状況に関して，理論的基盤を形成することが重要と考えるからである。

一方では地域での問題解決や成果が求められ，他方では，その解決方法や実践の進め方が課題となっている。この両方を視野に入れられる社会理論を論究の基本とすることで地域福祉の新たな方向を追究したい。地域福祉の方法や進め方について批判的に議論することを第1課題（地域福祉の隘路への応答），実際の問題解決を進め成果を上げることを目指すことを第2課題（地域福祉の主流化への応答）として，以下で検討を進める。

基礎理論として用いるのはハーバーマスの理論である。なぜ，ハーバーマスを使うのか，その理論は地域福祉実践においてどのような可能性と懸念を持つのかは次章で考察する。

注
(1) この点ついては，広井良典も同様の指摘をしている（広井 2009：第2章）。
(2) ただし，出典からわかる通りここで示されているのは政策的な問題意識である。

(3) それぞれのWeb上での所在は次の通り。
「社会的な援護を要する人々に対する社会福祉のあり方に関する検討会」報告書 (http://www1.mhlw.go.jp/shingi/s0012/s1208-2_16.html，2013年10月18日アクセス)。
「地域における「あらたな支えあい」を求めて：住民と行政の新しい共同による福祉」(http://www.mhlw.go.jp/shingi/2008/03/s0331-7a.html，2013年10月18日アクセス)。
「新しいコミュニティのあり方に関する研究会報告書」(http://www.soumu.go.jp/main_content/000037075.pdf，2013年10月18日アクセス)。
「地域包括ケア研究会報告書」(http://www.kantei.go.jp/jp/singi/kinkyukoyou/suisinteam/TF/kaigo_dai1/siryou8.pdf，2013年10月18日アクセス)。
「生活支援戦略　中間まとめ」(http://www2.shakyo.or.jp/zenminjiren/pdf/20120705_01.pdf，2013年10月18日アクセス)。
(4) 新たな「公共」ではなく新たな「公」であることに注意。これは「社会全体で」という公共ではなく，「おおやけ」，「官府」を意味している。ただし，地域福祉論では1990年代より，右田により「あらたな公共」がつかわれている（右田 1993）。
(5) 『地域福祉研究』の投稿論文の場合は，「社会福祉，並びに関連分野」に関する論文も受け付けている。
(6) 地域福祉の全国誌としては他にも『月刊福祉』(全国社会福祉協議会)や『コミュニティソーシャルワーク』(日本地域福祉研究所)等がある。前者は地域福祉の総合的な情報を扱い，後者は創刊が2008年であり，今回の条件に合致しなかったのでともに取り上げなかった。なお，日本地域福祉学会は2010年から，より実践に重点を置いた研究誌『地域福祉実践研究』を刊行している。
(7) 基本的には年度単位で発刊されている。例えば2000年度のものが2001年3月に発行されている。しかし，中にはこのようにはなっていないケースもあり，全体の統一が取れていない。したがってここでは，発行された年とした。
(8) 今回は，単に2000年代の地域福祉の研究動向ではなく，地域福祉の主流化がどのように研究に現れているかを確認するという目的であったのでこうした方法を取った。
(9) 日本地域福祉学会第26回全国大会。2012年6月10日発表。
(10) ただし，岩田は実証研究の中にも理論研究の要素は不可欠であることを強調している（岩田 2006：16）。
(11) 研究方法の分類として，他には例えば千葉（2007）は①フィールドリサーチ（ケーススタディ，その他のフィールドリサーチ），②サーベイリサーチ，③文献研究，④ライブラリーリサーチ，⑤歴史研究，という分け方をしている。

⑿ 2005年に行われた調査によると地域での住民による福祉活動の拠点である地区社協，およびそれに類する団体を合わせると，市町村社協単位では全国で約55％組織されている（全国社会福祉協議会 2006）。

第2章　地域福祉でのハーバーマス理論の活用可能性

1 なぜハーバーマス理論か

　2000年代の動向として，地域福祉の主流化と地域福祉の隘路を確認した。この状況に向き合い，新たな展望を切り開いていく理論と実践が求められている。本書では，理論的なアプローチによってこの課題に向き合う。参照するのはドイツの社会哲学者，ユルゲン・ハーバーマス（Jürgen Habermas）の理論である。なぜ，地域福祉の課題を考えるためにハーバーマスを取り上げるのか。その理論は地域福祉で活用可能なのであろうか。あるいは，活用できるとしてどのような活用の方法があるのであろうか。以下では，ハーバーマス理論を地域福祉で活用するための基本的な検討を行う。

　はじめに，ハーバーマスを取り上げる理由を整理する。次いで，その理論体系を概括し，またハーバーマス理論に対する諸批判を確認する。これを踏まえて，教育，医療・看護，社会福祉・ソーシャルワークという対人的援助分野の研究で，この理論がどのように活用されているのかを把握する。教育や医療まで範囲を広げているのは活用方法を多角的に捉えるためであり，近接領域での参考となる取組みを探索するためである。ここでは，ハーバーマス理論自体を論考するのではなく，それをどのように活用できるのか，その可能性の解明を目指す。最終的に，地域福祉での援用について考察する。

（1）ハーバーマスに着眼する理由

　ハーバーマスの理論によって地域福祉の課題が全て解決すると主張するのではない。しかし，現代の地域福祉の課題を扱う上で有効な参照点になるとは考える。[1]地域福祉を考えるために，なぜハーバーマスに着目するのかについて基本的な4点をあらかじめ挙げておく。これはあくまで地域福祉での活用可能性を考えるためであるので，一般的なハーバーマス理論の特性とは強調点が異なる。

第1に，ハーバーマスの理論は社会を根底的に捉えることを志向している。地域福祉の背景となる現代の複雑化した社会の問題を考える上で，基礎理論の役割は欠かせない。ハーバーマスは行為論からはじめて社会を生活世界とシステムによって包括的に把握する。これによって現在の社会特性，そしてそこでの生活の特徴が浮かんでくる。こうした社会理解の上に地域福祉の問題，および実践を考え得ることができる。

　第2に，ハーバーマスは生活世界とシステムを単に並立させるのでなく，その関わり方を検討し，そこでの生活世界の可能性を示唆している。これは，既存の社会のありように対して，もうひとつのあり方を考えさせるものである。その理論は社会の現状に対する批判的検討の視座を与えてくれる。

　第3に，ハーバーマスの理論が行為論から公共論までの広がりを持つことである。行為というミクロな場面の分析によって，行為が持っている潜在力を理解させてくれる。その一方で，公共圏についても研究対象となっている。個々の行為から公共圏へのつながりの道筋もある。こうした点は，一つひとつの地域福祉実践の個別性と同時に，その個別の中にある普遍性への展望を考えさせてくれる。

　第4に，ハーバーマスの理論は現状理解から，問題把握，そして，対応へという展開の見通しを与えてくれる。その理論は，現状を分析して理解するためにも役立つし，そこで何が問題となっているのかを抽出することにも貢献する。しかし，それだけでなく，問題に対する対応の方向性への含意もある。認識科学としてだけでなく，実践科学の基礎理論として活用が可能と考えられる。

　以上の理由で地域福祉を考えるための基礎理論としてハーバーマスを取り上げる。彼の論点の一つに，合理性の問題がある。われわれ人間の持っている合理性の可能性を追究して再構築しようとする意向である。これは，ハーバーマスの属するフランクフルト学派の先達であるホルクハイマーとアドルノによる『啓蒙の弁証法』の投げかけた議題に応えようとしたものである

(ホルクハイマー，アドルノ 2007)。同書は，人間の解放をめざした啓蒙の試みが，20世紀において，戦争をはじめとする野蛮な状態を生み出してしまったことを主題としている。ホルクハイマーとアドルノは，その行方に関してはペシミスティックな展望を持っている[2]。また，同様に近代合理性を考察したウェーバーは，近代の肯定的な面を捉えつつ「自由喪失」や「価値喪失」の問題にも気づいており，これに対して「耐える」という態度をとる（千葉1998）。これに対してハーバーマスは，合理性の可能性を検討して「未完のプロジェクト」としての近代を考察していく[3]。ここでのハーバーマスの所作を，地域福祉の課題を乗り越えていく志向に重ねることができると考える。つまり，地域福祉の主流化の持つ問題性を意識しつつも，同時にそこに内包されている可能性を探り出して，地域福祉のあり方自体を検討する。このような複眼的な観点を持つための基礎理論としてハーバーマスを用いる。

（2）ハーバーマス理論の構成

ハーバーマスの円熟期の理論を次のように整理することができる[4]。これはフィンリースンの分類をもとにしたものである[5]。

① 語用論的な意味理解
② コミュニケーション的合理性の理論
③ 社会理論のプログラム
④ 討議倫理学のプログラム
⑤ 民主主義の理論と法理論（政治理論のプログラム[6]）

ハーバーマスは『公共性の構造転換[7]』を著した後の研究の過程で，言語論的転回を行った。ただし，それは単なる言語論ではなく語用論的な転回であり，コミュニケーション的転回である。語用論は，その言葉が表す内容や考えである命題的な意味のみを対象とするのでなく，言語が何を行うかに焦点

を当てる。発話行為での語用論とは対話者たちがひとつの理解を共有できるようにし，相互主観的なコンセンサスをつくり出すことである。

　ハーバーマスは言語論に関する研究を社会理論に援用していく。社会理論のプログラムでは，行為分析が行われ，道具的・戦略的行為とコミュニケーション的行為が区別される。ハーバーマスの考えでは前者が後者に寄生している。それは，発話内的効果と発話媒介的効果の違いによっている。

　これらの行為によってつくられる社会が生活世界とシステムである。生活世界は，社会生活の非公式でかつ，市場化されていない領域・視座である。ここでは，コミュニケーションを介して文化，社会，人格が再生産されていく。これに対してシステムの主な機能は物質的な再生産であり，財とサービスの生産と流通を行う。近代社会では，システムが飛躍的に拡大し，システムによる生活世界の植民地化が進む。本来的にコミュニケーションを媒体としている領域にシステムが侵入することで生活世界の再生産が危うくなる。ハーバーマスが近代を未完のプロジェクトとしているのは，文化や社会的な発展がまだ完成の域に達していないからである。

　道徳的な発達が進むにつれて，よりコミュニケーションに頼った合意形成が求められるようになる。討議倫理学のプログラムでは，道徳の討議として何をなすべきかを検討するのではなく，それを考えるための条件の明確化が論じられる。ハーバーマスは討議原理と道徳原理を示している。

　社会秩序は道徳だけでなく，政治制度や法によっても生み出されている。しかし，政治や法は道徳なしには機能しない。政治には，議会や内閣など，さまざまな決定を下す正規の領域と，市民社会にみられる非正規の領域がある。政治システムがうまく機能するには，非正規の市民社会からのインプットを正規の領域がうまく受け入れる場合である。市民社会からの情報に開かれている政治制度が提出する法律は合理的なものであり，法的共同体のメンバーはそれに従う。

　以上が，円熟期のハーバーマス理論の柱立てである。

(3) ハーバーマス理論の基本概念

今後，言及する主要な概念をもう少し整理しておこう。コミュニケーション的行為，生活世界とシステム，そして討議である。

1) コミュニケーション的行為

ハーバーマスは行為の類型として，道具的行為，戦略的行為，コミュニケーション的行為 (das kommunikative Handeln) を挙げている（ハーバーマス 1981＝1986：21）。道具的行為は自然に対する行為であり，社会的行為ではない。社会的行為としては戦略的行為とコミュニケーション的行為となる。戦略的行為は，成果志向的行為であり「相手方の意志決定に与える影響の実効度を評価する」。これに対して，コミュニケーション的行為は「参加している行為者の行為計画が，自己中心的な成果の計算を経過しているのではなく，了解という行為を経て調整される」了解志向的行為である（ハーバーマス 1981＝1986：32）。

戦略的行為での媒体は言語の場合もあるが，多くは貨幣や権力である。「戦略的行為の場合には，…他者に対してサンクションの脅威か報償の望みを持って経験的に影響をあたえようとする」（ハーバーマス 2000：98）。これに対してコミュニケーション的行為は，言語を媒体とした相互行為であり，語用論を用いて整理される。「コミュニケーション的行為の場合には，ひとは他者によって応答行為へと合理的に動機づけられる。そしてこの動機づけは，言語行為提示の発話内的な結合力によっている」（ハーバーマス 1983＝2000：98）。

戦略的行為は，目的合理的行為であり，目的に応じて，定められた目標を達成することに方向づけられ，適していると思われる手段を選択する。コミュニケーション的行為には，コミュニケーション的合理性が備わっており，発話行為で掲げられる真理性，社会性，誠実性の妥当要求に対して，了解に基づく合意を形成し，互いの行為を調整する。

2）生活世界

　生活世界（Lebenswelt）という用語は，現象学（フッサール）や社会学（シュッツ）で使用されてきた。ハーバーマスはこれをコミュニケーション的行為にひきつけて彼の理論に導入した。彼にとっての生活世界は「『いつもすでに』そこにおいてコミュニケイション的行為がなされる地平」（ハーバーマス 1981＝1987：17）である。豊泉によれば，私たちは当事者として「社会」に生きており，社会を自分の「世界」として生きている。この世界は，孤独な自我の世界ではなく，まわりの人々との関わり合いによってつくられていく世界である。この世界が「生活世界」である（豊泉 2000：119）。言語や文化を共有する者によって共有されているものが生活世界である（遠藤 2007：24）。私たちが関わり合い，コミュニケーションで了解を求める時に，前提となる資源がある。その資源の源泉が生活世界である。生活世界が内包する資源によってコミュニケーションによる了解を成立させることができる。その資源とは，知識として伝統的に継承された文化，他の人との関係をつくる際の秩序となる社会，そしてアイデンティティが確立した人格である。文化，社会，人格という資源をもとにしてコミュニケーションでの了解が生まれる。そしてコミュニケーションによる了解によって文化，社会，人格が再生産されていく。

　ただし，生活世界の概念はあいまいであり，それ自体を知の対象とするとその確かさは失われてしまう。生活世界を主題化したり批判したりすることはできない。それは，自覚しないままに従っている背景的な想定や熟練（背景知）である（中岡 2003：171）。

　このように生活世界とは，私たちがコミュニケーション，やり取りをするもととなる場であり，かつそれによってつくり出される私たちが生きている世界である。この領域ではコミュニケーションによる了解にもとづいて行為の調整が行われる。

3）システム

　ハーバーマスは,「了解に志向した行為という概念視座のもとで現れる生活世界の概念は,社会論としては限定的な有効範囲を持つにすぎない」(ハーバーマス 1981＝1987：16) として,社会を生活世界としてだけでなく,システム (System) として捉えることを主張する。システムは観察者の視座のもとで得られる。その視座からは,社会は行為者の志向を貫徹する非意図的,機能的な行為連関による調整メカニズムである (豊泉 2000：135)。システムは社会の発展に応じて分化していくが,近代では,貨幣と権力を媒体とした経済と国家行政がサブシステムとして自立する。近代において市場経済のシステムが発達し,分化してくると租税の点でこれに依存する国家は再編成を求められる。機能的に特殊化された権力を制御媒体とする行政システムが現れる。これらの経済システムや国家行政システムはそれぞれ限定された社会的な機能を担う。人と人の間の行為調整を行う際,これらの領域の制御メディアは貨幣や権力である (中岡 2003：151)。

　社会の統合には,生活世界での社会統合とシステム統合がある。社会統合の場合は,行為の調整は行為志向を協議することで行い,システム統合では,交換や権力の下で行為が機能的に連結する。そこでは,個々の決定は相互主体的に調整されず,非規範的に制御されることで統合される (遠藤 2007：32-33)。

4）討　議

　ハーバーマスの討議 (Diskurs) とは「議論の参加者が問題となる妥当性の要求の意義を理解して,基本的に…合理的に動機づけられる了解が得られ,議論が公明におこなわれ,長期にわたって継続される」(ハーバーマス 1981＝1985：71) という性格を持つ。コミュニケーションがうまくいかず,妥当性要求が聞き手によって退けられる時,コミュニケーション的行為から討議の状況へと向かう。このように,討議は,妥当性の主張に対する批判から始まる (安彦 1985)。

フィンリースンは，ハーバーマスの討議はコミュニケーションに関するコミュニケーションであり，妨げられたコンセンサスを熟考，反省するようなコミュニケーションであるとし，次のような特徴をあげる。第1に討議とは，「合理的に動機づけられたコンセンサスに到達することを目標とする言語活動の反省的形式を表す術語」であり，実際にはすぐに達成できなくても，原理的に動機づけられたコンセンサスを目指している。第2に，「討議」は，哲学者が行う特異な発話形式を意味するのではなく，日常生活の中での論証や正当化の普及の営みである。ただし，社会生活である特別に重要な地位を占める。それは「日々生じる対立を規制するためのデフォルト・メカニズム」である。第3に，討議は妥当性要求ときわめて密接である。妥当性要求の3つのタイプ（真理・規範・誠実）に対応する討議の3つのタイプ（理論的討議・道徳的討議・美的討議）がある。そして第4に，討議は何でもありの言い争いではなく，「討議のルール」がある（フィンリースン　2005＝2007：67-68）。

2　ハーバーマス理論に対する批判

　ハーバーマスの理論に関しては多くの議論が巻き起こり，ハーバーマスは多くの論者との議論によってさらにその理論を深化させてきた。実証主義に関する論争，ガダマーとの解釈学に関する論争，システムをめぐるルーマンとの論争，デリダやフーコーというフランスの思想家たちとの論争などである。[8]これに対して，以下では，主に日本での批判を取りあげる。ハーバーマスの理論自体の検討が本論の目的ではないが，その理論が日本ではどのように評価され，何が問題だとされているのかをあらかじめ確認しておくことで，地域福祉で活用する上で考慮すべきことへの示唆を得たい。

　以下では，フィンリースンの柱立てを3つに再編成し，語用論とコミュニケーション的合理性，社会論，討議論・政治論を扱う。なおここでは，語用論とコミュニケーション的合理性に行為論を入れてある。これらがまとめて

言及されることが多いからである。

（1）語用論・コミュニケーション的合理性への批判

　語用論やコミュニケーション的合理性に関する批判や問いは，3つのレベルに整理できる。基本的レベル，分類レベル，運用レベルである。基本レベルは，コミュニケーションやコミュニケーション的転回の成否やそのあり方に関わることである。分類レベルは，社会や行為の分類に対する疑義の提起である。分類方法が否定されてしまえば，ハーバーマス理論はその性格が変化する。運用レベルでは，コミュニケーション的行為の進め方に対する現実的な問いが示される。

　基本的レベルでは，栗原彬（2000）は，異交通という概念を用いてハーバーマスは同一の市民的コードを強めるだけと批判している[9]。また，対話は必ずしも真理を保証しないという主張や相対主義者や懐疑主義者との討議による道徳性の成立に対する疑問が寄せられている（小山田 1995)[10]。

　分類レベルでは，行為の分類についての不十分さが挙げられている（栗原1986）。そこではより具体的な類型化が必要とされている。西阪（1987）や橋本（2010）も行為の分類の難点を取り上げるが，論点は異なっている。西阪はコミュニケーション的行為が基本で，戦略的行為が派生的であるということに対して異を唱える。西阪は「本気のもの」であるコミュニケーション的行為が「本気でないもの」である戦略的行為に理論的に先行するというのはおかしいと述べる。橋本は，コミュニケーション的行為と目的合理的行為に関して，この両者の帰属水準が異なっていると主張する。それを同列に論じることで合理性概念が不明瞭になるとしている。また，コミュニケーション的行為の内容に対して安彦（1990）や山之内（1991）が問いを発している。安彦は，反省という要素が入る狭義のコミュニケーション的行為と反省にとらわれない広義のコミュニケーション的行為があるとする。山之内は，コミュニケーション的行為には身体や自然（エコロジー）の問題が欠如している

と述べている。

　運用上の問題は，コミュニケーション的行為での合意の難しさや，合意とその後の行為の調整の連続性である。篠原（2000）は，市民社会は同質でなく，異なる意見を戦わせるが，合意は簡単に得られることはない。そこには合意のつけられないことを討議し続けることの重要性があるとする。コミュニケーション的行為の進め方に焦点化して安彦は，合意と行為調整は，一連か，分割できるのかと問うている（安彦 1985）。[11]

（2）社会理論のプログラムへの批判

　ハーバーマスの社会理論のプログラムは，生活世界とシステムという2層の社会把握にもとづいている。これに対する批判も，こうした二分法を認めるか，否か。また，認めるのであればどの程度認めるのかによって論点が変化していく。

　山之内（1991）は，システムから価値を排除したことを批判する。それによって生活世界による社会統合ではいかなる価値も平等に扱われ，対抗する価値の競合が生まれない。山之内はこのような生活世界とシステムの分割を問題としている。これに対して，横田（2010）は生活世界とシステムの位置づけの2つの考えに矛盾があるとしている。ひとつは，システムを生活世界は別とするもので，互いを互いの外にあると考える。もうひとつは，システム分化は生活世界の中で制度化されなければならないという考え方である。この2つの考え方は両立しないが，ハーバーマスはこれをこのまま使い，生活世界とシステムの概念が二義的になっていると横田は述べる。

　また，生活世界も一つのシステムであるという指摘もある。森元（1987）はルーマンによる批判を引いてこれを指摘し，なぜコミュニケーションに還元できるのかと疑問を発する。小山田は（1995），対話的な相互作用を重視して生活世界を守ろうとしても，生活世界もひとつのシステムであり，他のシステムに対してどうして優位に立てるのか，という批判を紹介している。

さらに山之内（1991）は，生活世界の植民地化という一方向だけのベクトルではなく，生活世界もシステムに対して侵入するという見解を示している。

生活世界とシステムという把握を認めたうえで，生活世界の抱える問題を指摘したり，生活世界からのアプローチに疑問を付す意見がある。宮本（1994）は，生活世界に問題があるとして，次の4点をあげる。①生活世界が因襲的で非理性的である，②生活世界の境界が変更するつど同一性と了解が主題化される，③馴染みのないことに対する許容がない可能性がある，④生活世界を共有しない者同士の了解ができるのか。佐藤（1995）は，家族はハーバーマスの言うようにコミュニケーションの場ではなく，家父長制の場であり，そこには，物質的再生産もあるが，女性の家事労働，消費者と女性，資本主義が持つ男性支配の問題がある，とする。永井（1986）は，コミュニケーションを出発点とすることによって行為を支える意味基盤（生活世界）を問うことができると肯定的に述べる。だが，生活世界論に当の生活世界に対する批判的視点が確保されていると言い切れるのかと問題視する。中野（1994）も生活世界に関する疑念を呈す。コミュニケーション的行為で合意しようとする際に知の貯蔵庫である生活世界が活用される。しかし，生活世界自体に問題がある時は既存の規範が問われている。そうなるとコミュニケーションの了解を支える根拠が危うくなる。生活世界の知のストックが活用できない時に，合意形成ができるのだろうか。飯島（2007）によれば，ハーバーマスは近代社会ではシステム進化よりも生活世界の合理化が先行すると考える。これによって生活世界の植民地化への対抗も構想される。しかし，こうした合理化した生活世界の考え方は矛盾をはらむ。すなわち，生活世界の危機を出発点としながら，結局その生活世界の無傷性を当てにしている。

生活世界とシステムは，実体なのか，あるいは抽象的概念や視座なのかという問いがある。栗岡（1991）によれば，システムの視座からは2つの行為領域の相互交換過程と見えるものが，生活世界からは，役割によって機制される関係として現れる。つまり生活世界とシステムは同じ一つの実在の二様

の概念，あるいは視座，なのである。水上（1997）も生活世界とシステムは実体的な秩序概念ではなく，同一の社会秩序の分析の2つの側面であるとする。

（3）討議倫理学や政治理論のプログラムへの批判

ここでは，討議倫理のあり方自体の矛盾の指摘やその進め方での課題が示されている。

向山（2000）はラクラウとムフに依りながら次のように述べる。ハーバーマスは民主主義を哲学的に基礎つけようとするが，それはその基準に疑義をはさむ者を排除してしまうのではないか。合意モデルの民主主義は，多元主義的民主主義における紛争の統合的役割を見落としている。堀内（2010），はホネットの論を引きながら，討議倫理学の討議が成立するための社会構造的関係がなくてはならないとする。討議倫理学では，その進め方の形式があらかじめ示されているが，これは規範的内容を伴うものであり，そうしたことを議論に先立って決めることは理想的発話状況と首尾一貫しない。

この討議倫理に関しては，日暮（2005）が，討議倫理学は，生活世界における相互行為の分析であるコミュニケーション的行為論に依拠しているとしたうえで，討議規則はどの程度満たされる必要があるかと問うている。公開性，平等性，強制のなさなどの討議規則は現実の討議では完全に満たされているわけではなく，近似的なところで満足しなければならない，としている。

（4）ハーバーマスに対する批判に対して

ハーバーマスの理論に対する疑問や批判の一つひとつを吟味して論考していくことは，本書の目的ではないし，筆者の力量を越える。むしろ，これらの指摘をハーバーマス理論を地域福祉で活用する際の考慮点としていくことができる。ハーバーマス自身自らの理論をさまざまな論者との論争を通して作り上げてきた。他の論者から批判を受けつつ，時にはそれを取り入れなが

ら，理論構築をしてきた。

　上記の批判を，地域福祉でハーバーマス理論を活用する際の考慮点と組みかえて整理する。語用論・行為論，社会論，討議論・政治論の3つの柱の中で，特に地域福祉実践と関わると思われる批判的論点を挙げる。

　語用論やコミュニケーション的合理性については，①基本的レベルから，コミュニケーションができない場合への対応をどのように考えるか。なぜ，コミュニケーションが正しさを生み出すといえるのか。②分類については，地域福祉での戦略的行為とコミュニケーション的行為の関係，また発話内行為と発話媒介行為の関係はどのようなものか。コミュニケーション的行為の内容と課題（限界）はどのようなものがあるのか。③運用上では，地域福祉実践の際の合意についてどのように考えるか。合意できない場合はどうするのか。コミュニケーション的行為を，合意形成までの部分とその後の行為調整という具合に分割できるのか。

　社会理論のプログラムに関して，④生活世界とシステムによる2層の社会把握を地域社会でどのように描くことができるのか。それは地域社会を捉えるのに有効なのか。生活世界もシステムではないのか。⑤地域社会での生活世界とシステムの位置づけ，関係はどのようなものか。生活世界からもシステムへの侵入が行われているのか。⑥生活世界自体が問題を抱えているのではないか。生活世界が高次化していけるのはなぜか。⑦生活世界やシステムを実体と捉えるのか抽象的概念と捉えるのか。

　討議倫理学や政治理論に対しては，⑧討議の合意モデルが見落としている点はないのか。価値の多元化を担保できるのか。⑨理想的発話状況の想定と規範的内容の禁止は矛盾するのではないか。地域福祉実践で理想的発話状況は可能なのか。討議倫理は，どこまで満たされる必要があるのか。

　ハーバーマスの理論を地域福祉で活用するにあたってこれらの点がどのように関わってくるかを考慮していく。これに対して応答ができる状況であれば応答を行いつつ，どのように，どの程度応えられたのかについては，本書

の最後に省みたい。本章はハーバーマス理論の持つ地域福祉に対する可能性を検討するが，同時にその理論の課題や限界性を無視するわけではない。そうした課題，限界を持ちながらも「差異に敏感な普遍主義」（三島 2011：189）[12]を志向するハーバーマスを取り上げるのである。

3　ハーバーマス理論の活用状況

　ハーバーマスの理論は，対人援助諸分野での研究でどのように用いられているのだろうか。対人援助に関連する分野として，社会福祉・ソーシャルワークの他に教育と医療を取り上げる。各分野での研究を吟味して，ハーバーマス理論の活用を整理する。教育や医療については，基本的に概観することを目指し，社会福祉・ソーシャルワークについてはできるだけ詳しく把握することを目指す。ともに，日本語論文と英語論文を対象にしている。[13]

（1）教育分野

　教育でのハーバーマス理論の活用について整理する。概括的に言えば，英語圏や日本の教育分野でハーバーマスの理論が脚光を浴びているとは言い難い。[14]2010年にハーバーマスと教育に関する書籍が発刊されている（Murphy and Fleming eds. 2010）。本の編者らはブルデューやフーコーという他の著名な理論家と比べて，教育でのハーバーマスの普及がそれほどないとし，その要因としてハーバーマスの教育への言及が乏しいことをあげている。ハーバーマス自身は，幅広い学びを取りあげ，また成人教育など特定の教育分野での発言はしてきた。しかし，ハーバーマスの考えを教育に広く導入していこうとする協調的な試みは生まれてきていない，と述べている。

　日本でも，ハーバーマス理論と教育学の相性はよくないという指摘（今井 2004）があり，教育学におけるハーバーマス研究が極めて少ないと述べられている（加賀 2007）。

表2-1 社会理論の活用の比較

	福祉	教育	医療・看護	―(名前のみ)
ハーバーマス (Habermas)	37	175	172	1950
ブルデュー (Bourdieu)	55	538	284	2782
フーコー (Foucault)	116	510	764	4760

注：探索ワードは，人名に加えて，福祉（"social work" or welfare），教育（education），医療・看護（medicine or medical or nurse or health）。
出所：Scopus（http://www.scopus.com/home.url，2013年1月17日アクセス）

　それでも，実態としては教育の分野でのハーバーマス理論の活用は一定程度の蓄積がある。以下では，英語論文と日本語論文に分けて活用の傾向を捉える。整理方法は，マトリックスレビュー方式を用いた（Klopper et al. 2007；ガラード 2011＝2012）。これは，もともと保健科学領域の文献レビューの方法として始まっているが，他分野でも活用できる。電子文献目録データベースを活用する実践的な文献レビューの方法である。文献の研究方法や考え方などを一覧（マトリックス）に整理して検討を行うことで，当該分野での研究状況の把握ができると考えた。

　最終的にリスト化された英語論文は10本となった。発行年は1991年から2011年にかけてである。その概要をまとめたのが表2-2である。表2-2では，著者，発行年の他に，論文のテーマ・領域，論文のスタイル・研究方法，ハーバーマス理論の活用方法，主な論点，を示している。

　また，日本語論文のリストを表2-3のように作成した。リストアップした著作は12本，1999年から2009年までとなっている。リストの構成は，テーマ，研究方法，ハーバーマス理論の活用，主な論点と英語論文と同じ枠組みである。

　以下に，1）教育でのテーマ，2）教育での研究方法，3）ハーバーマス理論の活用の3点について結果を示す。

第 2 章 地域福祉でのハーバーマス理論の活用可能性

表 2-2 教育でのハーバーマスを活用した英語論文

	著者（発行年）	テーマ	研究方法	ハーバーマスの活用	主な論点
1	Sandberg and Andersson (2011)	高等教育での事前学習	調査研究，質的研究（文書資料，観察，インタビュー）	コミュニケーション的行為／分析枠組み	高等教育の認識的事前学習プログラム（PRL）は批判的に検討すると，その認定に関して問題があり，生活世界を植民地化する。
2	Mabovula (2010)	学校管理への学習者の参加に関する教育者	調査研究，質的研究，グループインタビュー	コミュニケーション的行為，合意／理論枠組み，分析枠組み	教育者は，学習者が学校管理に参加することに対して熱心ではない。学校ガバナンスには多くの声を聞くべきで，そうすれば考え方も変化する。
3	Lovat and Clement (2008)	教育方法	論説（事例）	コミュニケーション的知識／論点提供	質的な教育では単に事実を学ばせるのではなく，コミュニケーション能力や自己反省の技能を学ばせることで教師の概念を広げる。これは価値の教育にもつながり，教育の力や積極的な効果を思い起こさせる。
4	Crick and Joldersma (2007)	シチズンシップ教育	論　説	生活世界とシステム／理論枠組み，分析枠組み	シチズンシップを教えるために学校は現在のアカウンタビリティの言説からケアの言説を含むものに転換する必要がある。そのために教育は，戦略的な関心だけでなく，解釈的，解放的関心に立つべきである。
5	Englund (2006)	教育での熟議的コミュニケーション	論　説	熟議的討議／理論枠組み	伝統的な教育方法に変えて，教育の中心的な学びを熟議的コミュニケーションによる意味の創出活動とする。熟議的コミュニケーションの性格を5点示す。
6	Carleheden (2006)	価値，規範の教育	論　説	法と民主制／理論枠組み	規範や価値はその意味を学ぶだけで終わるのではなく，それを信じ，それに従うことで成就する。学ぶことは政治的な社会化である。西洋社会は現在規範の転換の最中であり，学校では民主的市民の規範的な形成を根本的に理解しなければならない。
7	Huynh (2005)	Eラーニングの学習成果	論　説	認識論／理論枠組み	紙媒体から電子文化への変化に伴いEラーニングの効果の規定が問われている。ハーバーマスの理論をもとにすれば，多くの成果は道具主義的なものに焦点を当てている。しかしEラーニングでは，共同の理解に達することや制約からの解放が強調されなければならない。
8	Singh (2002)	大学教育，教師と学生の関係	論　説	コミュニケーション的行為／理論枠組み	学生による教員評価は，学生を消費者とする。学生の教育経験の商品化である。こうした生産性の評価アプローチは不十分でゆがんだものである。教育の質を維持するためには教師と学生の学びのコミュニティにするコミュニケーション的行為が必要。
9	Gosling (2000)	成人教育	論説（一部比較）	コミュニケーション的行為／分析枠組み	学習に関して現象学の理論では教育者と学習者の関係が低く見積もられている。ハーバーマスのコミュニケーション的行為の特に理想的発話状態により可能性を見出すことができる。
10	Masschelein (1991)	教育でのコミュニケーション的転回	論　説	コミュニケーション的転回／理論枠組み	ハーバーマスの考えを活用しようとする初期の試みは失敗した。それはコミュニケーション的転回について自覚していなかったから。社会的実践としての教育はコミュニケーションの弱さに対して応答するもの。

1）教育でのテーマ

英語論文に関して，リストされた論文のテーマは多様である。これらを学校内の教育か，否か，生徒や学生向けか社会人向けか，教育内容そのものか教育に関連する事項か，という軸で分類した。

学校教育の論文のテーマは教科よりもむしろコミュニケーションに焦点が

表 2-3 教育でのハーバーマスを活用した日本語論文

	著者(発行年)	テーマ	研究方法	ハーバーマスの活用	主な論点
1	長井理佐(2009)	美術鑑賞	論説(実践事例)	生活世界/理論枠組み,実践枠組み	対話的な鑑賞は、日常知を組み替える場である。そこは他者性との関係から自分を捉えなおす場でもある。鑑賞する学生同士の意見交換やその後の作者自身の見解、時代的なコンテクストの提示により新たな考えに触れる。
2	渡邉満・福田史江(2009)	教育での話し合い活動	実践研究	コミュニケーション的行為/理論枠組み,実践的枠組み	話し合いのルールにのっとった道徳やホームルームを行うこと、つまり単に意見交換するのではなく、意見の根拠の妥当性を追求し、メタレベルの合意を目指す。個人の完成から社会関係の改善を行うのでなく、社会関係の改善から個人の完成を目指す。
3	谷口直隆(2008)	コミュニケーション学習	論説	コミュニケーション的行為,ディスクルス/理論枠組み	コミュニケーション学習では、妥当性要求を含む発話の奨励はできない。話し合いの前提が問題となり、そこではディスクルス原理のみが求められる。
4	小瀬絢子・手塚裕(2007)	道徳教育	論説	コミュニケーション的行為/理論枠組み	子どもが主体の道徳の時間にするために、コミュニケーション的行為から一歩進んでディスクルス倫理を使い、葛藤場面での規範を討議による集団の力で吟味する。そうすれば相互行為の質と社会的観点の構造が変化する。
5	加賀裕郎(2007)	教育学	論説	コミュニケーション的行為/理論枠組み,批判的検討	現在の教育政策は成果志向にあり、これを再構築するために了解志向であるコミュニケーション的行為が考えられる。しかし、そこに構成的要素(美的側面)を取り入れる必要がある。
6	田代見二・橋迫和幸(2007)	道徳教育	論説	コミュニケーション的行為,ディスクルス倫理/理論枠組み	ディスクルス倫理原則と普遍化原則に基づいた話し合いがあれば、相互主体的な子どもたちの姿が表れる。教師と子どもの関係を主体-客体から主体-主体に変えていくこと。理想的発話状況が教室につくりだされなければならない。
7	野平慎二(2007)	ハーバーマスの教育での活用	論説	コミュニケーション的行為,公共性/理論枠組み	コミュニケーション的行為により世界と主体のありようが生成し、事後的に意識化される。これは啓蒙された教育者が啓蒙されていない被教育者に働きかけるという構図からの転換。
8	増井三夫ら(2005)	保健室の会話記録	調査研究	コミュニケーション的行為/分析枠組み	養護教諭と生徒の間の食い違いをコミュニケーション的行為によって分析、合意形成の可能性を示唆する。ただし、教育での主体-主体関係への転換は依然として難関である。
9	藤井佳世(2002)	道徳教育	論説	コミュニケーション的行為,ディスクルス/理論枠組み	コミュニケーション的行為は、目の前にいる個体の生活世界と向き合うことだが、合意がなされない時に、ディスクルスが必要となる。その際、生活世界が危機にさらされるが、それはディスクルスによって相互主観的に承認された道徳によって補完される。
10	村松賢一(2001)	教育での対話能力	論説	コミュニケーション的行為/理論枠組み,実践活用	ハーバーマスが合意を目指すのに対して、結論がまとまらなくても、話し合いによりお互いが高次の認識を共有したり、解決に向けてスタート台に立てれば、それだけでも十分意義があるとし、新たな「共同性」の構築を考える。
11	渡邉満・田野武彦(2001)	道徳教育,話し合い	論説(実践)	コミュニケーション的行為/理論枠組み,実践枠組み	主体-主体関係を構築するため、ハーバーマスのコミュニケーション的行為、特に妥当性要求を掲げた話し合い活動が重要。また、それによる生徒の意識変化が生じる。
12	津留一郎(1999)	理解と説明の結合	論説(モデル)	コミュニケーション的行為/理論枠組み,実践枠組み	理解は学習者の主体性と、説明は認識の客観性と関わる。コミュニケーション的行為による間主観性によってこの両者の結合をはかることができる。トゥールミンモデルを対応させることで間主観的知識形成が促される。

ある。Lovat and Clement（2008）は事実に関する教育だけではなくコミュニケーション能力を学ぶことを強調している。Carleheden（2006）も，価値や規範の意味を知るだけでなく，それを実践することの重要さを指摘する。Crick and Joldersma（2007）はシチズンシップ教育のために学校が戦略的な関心から解放的，解釈的な方向へ変化することを主張する。さらに，教育方法に関してMasschelein（1991）は，教育でのコミュニケーション的転回の重要さを示し，Englund（2006）は，伝統的な教育方法に変えて熟議的コミュニケーションを提案している。

直接的な学校内教育とは異なるものとして，事前学習やEラーニングといったテーマがある。Sandberg and Andersson（2011）は，高等教育の事前学習プログラムを批判的に取り上げ，Huynh（2005）は，電子文化の進化を背景としたEラーニングの動向を確認するとともにそこでの課題を指摘している。成人教育については，Gosling（2000）の論文がある。ここでは成人教育に関して現象学的なアプローチではなくコミュニケーション的行為の持つ意義が述べられている。

教育内容以外のものとしては，学習者の学校管理への参加（Mabovula 2010）や学生と教師の関係に焦点化した考察（Singh 2002）がある。

日本語論文については，リストアップされているテーマは，道徳など教育に関するもの，具体的な授業の進め方に関するもの，基礎的なコミュニケーションに関するもの，教育全体に関するもの，学校の社会的事象を扱うもの，となっている。

教育の項目では道徳を扱っているものが圧倒的に多い。渡邉・田野（2001）は，妥当性要求を掲げる話し合いによる生徒の意識変化，渡邉・福田（2009）はルールにのっとった話し合いによる合意形成が主題である。藤井（2002）も道徳教育がテーマで，合意が生まれない際のディスクルス（討議）の役割を論じている。田代・橋迫（2007）は理想的発話状況を教室につくりだすことを目指し，小瀬・手塚（2007）は葛藤場面での討議に焦点を当

ている。このテーマでの研究の多さは，ハーバーマスの理論が持っている合意形成志向，規範形成志向を考えれば了解できる結果である。他の教科では，長井（2009）が，美術鑑賞のこれまでのいくつかのアプローチを整理しつつ対話的方法をその中に新たに位置づけようとしている。理解と説明をキーワードに沖縄の米軍基地問題を素材にしてコミュニケーション的行為を用いて授業の展開まで触れているのが津留（1999）である。

教育の基礎ともなるコミュニケーションという観点からの研究もある。村松（2001）の著作は教育での対話能力が主題だが，そこではハーバーマスの言うような合意に至らなくても意義があると主張されている。谷口直隆（2008）はコミュニケーション能力は教育されるものではなく学習するものであるとし，その場合にディスクルス原理のみが求められるとする。

教育でのハーバーマス理論の活用という広いテーマを持つものが野平（2007）や加賀（2007）である。野平は，ドイツの教育学会の動きも追いながら，ハーバーマスの教育学での意義を検討し，コミュニケーション的行為が啓蒙の理念を再構成することを主張する。加賀は，コミュニケーション的行為を引き合いに出して，成果志向の教育政策を批判する。そこに構成的要素を取り入れることを目指している。増井ら（2005）は教育というより学校内の出来事の社会学的分析であり，養護教諭と生徒の食い違いが分析されている。

2）教育での研究方法

英語論文の研究方法の傾向として，実証的な研究が少ない。それも量的な研究は含まれていない。

Mabovula（2010）は，解釈的なアプローチを用いるために南アフリカの学校で教育者に対してフォーカスグループインタビューを行い，その自然な意味のまとまりを分析した。Sandberg and Andersson（2011）は，スウェーデンの事前学習プログラムについて観察，インタビュー，資料・報告書分析といういくつかの手法を組み合わせた質的研究をしている。この2本を除けば，

他には調査論文はない。一部に事例の紹介（Lovat and Clement 2008）や比較（Gosling 2000）があるのみである。

　日本語論文の研究の方法についても英語論文とほぼ同様に，実証的研究がほとんどされていない。調査研究は増井ら（2005）のみである。保健室における養護教諭と生徒の会話分析の手法が用いられている。これは教育実践そのものではなく，どちらかといえば相談場面の分析である。渡邉・福田（2009）は話し合い活動および道徳の時間の教育実践が報告され，分析されている。渡邉・田野（2001）や長井（2009）でも一部に実践や事例が紹介され検討されている。他の研究は理論的なアプローチである。ただし，津留（1999）は実践には至っていないが，詳細な授業プランを提示している。また田代・橋迫（2007）や小瀬・手塚（2007）などは，理論的な整理であるが，授業や教室に引き付けて考察されていて，教育現場での実践をかなり意識したものである。

3）教育でのハーバーマスの活用

　ハーバーマスの理論活用で多いのは熟議的コミュニケーション，コミュニケーション的行為など，コミュニケーションに関するものである。ほとんどの論文がこの点を取り上げている。また，生活世界，生活世界の植民地化に言及しているものも少なくない。Sandberg and Andersson（2011）や Crick and Joldersma（2007），また Singh（2002）などである。しかし，その一方で法や民主制に関わる政治理論を取り上げたもの（Carleheden 2006）や認識論を用いている論文（Huynh 2005）もある。

　では，どのようにハーバーマスは活用されているのか。調査を含む論文では，事前の理論整理の枠組みや結果の分析に関してハーバーマス理論が使われている。Sandberg and Andersson（2011）は，主に調査結果の分析，Mabovula（2010）では，事前の理論整理と調査後の分析で用いられている。論説的論文では，論点提供に用いているものがある。Lovat and Clement（2008）は，ハーバーマスの考え方を用いて教育の概念の拡張を試みている。

あるいは，議論の全体的枠組みがハーバーマスの理論を下敷きにするケースがある。例えば熟議的コミュニケーションを論じる Englund (2006) であり，教育でのコミュニケーション的転回に着目する Masschelein (1991) である。現象学との対比においてコミュニケーション的行為を強調する Gosling (2000) も枠組み的活用といえよう。理論的検討の上での提言は複数の論文で見られたが，理念的なものであり実践的な提言とまでは至っていない。

日本語論文では，ほとんどのものでコミュニケーション的行為が用いられている。そのほかには，ディスクルスや生活世界である。活用の仕方としては論文全体の理論的な枠組みとなっているのが多い。増井ら (2005) は調査結果の分析に活用している。

ひとつの特色は，実践的な枠組みとしての活用である。長井は，美術鑑賞の場を生活世界を組み替える機会として位置づけようとしている。渡邉・福田 (2009) や渡邉・田野 (2001) も実践的な枠組みとして活用している。津留 (1999) の授業プランは，学習過程という長期的なものと具体的な授業へのコミュニケーション的行為の組み込みを目指す。

中にはハーバーマスの理論を批判的に検討し，自らの問題意識，あるいは領域に引き付けてその修正的活用を図ろうとするものもある。谷口直隆 (2008) は，コミュニケーション学習でコミュニケーション的行為ではなくディスクルスをとりあげ，加賀 (2007) では，教育に美的側面を取り入れることを主張する。

（2）医療・看護分野

2001年にハーバーマスと医療をテーマとした論文集（書籍）が英国で出されている (Scambler 2001)。これは医療社会学に属するものである。編者である Scambler は，ハーバーマスの業績が英米系の学者の中ではそれほど議論されていないし，他の思想家よりも実態的な調査で検討されることも少ない，と述べている。その上で，当該書がハーバーマスの業績を医療社会学で

無視してきたことを償うものであると，懺悔めいた内容を書いている（Scambler 2001：1）。英語圏の医療研究の中でのハーバーマスの位置づけをうかがわせる。この本自体は，8本の論文で構成され，患者と医師の関係から，公共的な医療政策まで幅広く社会学的観点から扱ったものである。ただし，各テーマを総覧的に論説したものであるため，今回の分析対象とはしていない。

表2-4が，医療・看護分野でのハーバーマスの活用論文リストである。英語論文と日本語論文を一括にしてあるが，日本語論文は1本，それも1990年代半ばのものしかない。論文の採集方法は基本的に教育分野と同様である。探索エンジン（Scopus）へアクセスし（2013年2月4日），全体で173件が示され，そのうち論文は137本であった。次いで，タイトル，アブストラクトを読み，ハーバーマスの活用が明確と思われるものを37本選んだ。さらにそれらの本文を読む中で，リストされていないが重要と思える論文も加えた。その際，同じテーマ，内容で複数の論文がある場合は本数を絞った。日本語論文は，探索エンジンで出てきたものではなく，ハーバーマス関連の論文を読むなかで見出したものである。

リストアップした論文は19本，1996年から2012年までとなっている。ここには前述の日本語論文1本を含んでいる。リストの構成は，これまでと同じく，テーマ，研究方法，ハーバーマス理論の活用，主な論点，である。

1）医療・看護でのテーマ

医師，患者，看護師など医療に関わる各アクターを取り上げた研究，リハビリテーションや介護など関連の各分野を扱った研究，そして，管理や医療技術などより広範な視野を持つものに大別できる。医師と患者との関係については，Barry et al.（2001）やWalseth et al.（2011）がある。前者は医師と患者のコミュニケーションパターンを分析し，4つの類型を見出している。この論文は，その後の患者と医師のコミュニケーション研究で，何度も参照されている。後者は，日常の生活スタイルに関する相談に関する対応を論考

表 2-4 医療・看護でのハーバーマスを活用した論文

	著者(発行年)	テーマ	研究方法	ハーバーマスの活用	主な論点
1	Brisset et al. (2012)	通訳者,医療での通訳	文献調査,システマチック・レビュー	生活世界とシステム/調査分析,結果分析	ヘルスケアでの通訳者の課題を既存論文からのシステマチック・レビューにより抽出。3つのテーマの把握：通訳者の役割,困難さ,コミュニケーションの性格。医療での通訳者の役割にもっと関心を払うべき。
2	Flatt (2012)	代替医療	論説	生活世界/理論枠組み,理論的分析	エビデンスベースの代替医療は,代替医療の文化を損なう可能性がある。エビデンスベースよりも調査者や実践者の生活世界や価値を考慮に入れて使用するべき。
3	Brown (2011)	医療での管理	調査研究,質的調査（インタビュー）	生活世界/分析枠組み	NPMによる管理に対する,医療の専門職の抵抗と黙従。規定を通して侵入するシステムへの抵抗のためには生活世界が重要な砦となる。
4	Froggatt et al. (2011)	高齢者終末期の医療介護	論説	生活世界とシステム,コミュニケーション的行為/理論枠組み	終末期のケアホームではシステムとのダイナミクスで生活世界の植民地化が進んでいく。コミュニケーションの空間をつくることで生活世界とシステムを結ぶことができる。
5	Walseth et al. (2011a)	第一次診療でのカウンセリング	調査研究,質的調査（12の事例）	生活世界とシステム/理論枠組み,分析枠組み	日常のライフスタイルに関する相談診療で,医師は,一般的アドバイスだけを行うよりも患者の生活世界に即して,価値や規範に関する議論を取り上げた方がよい。
6	Walseth et al. (2011b)	一般診療での生活スタイルへの介入	論説（事例）	コミュニケーション的行為/理論整理	生活スタイルへの医療の介入に関して,コミュニケーション的行為の理論を活用し,第一次医療での意思決定を進める上での,実践的ガイドラインの構築。個人の選好を反映させる。
7	Leanza et al. (2010)	医療での通訳者	調査研究,質的調査（事例分析,16の診察記録）	生活世界/調査枠組み,分析枠組み	医療で訓練された通訳者と家族の通訳の場合に違いがある。医師が生活世界からの声を阻害するのは訓練された通訳者の場合に顕著となる。しかし,家族の通訳の場合も自らの議題を持ち出すなどの課題がある。通訳に関する組織だった支援が必要。
8	Sandberg (2010)	看護教育	調査研究,質的調査（インタビュー,観察）	行為論,生活世界とシステム/理論枠組み,分析枠組み	看護師になるための事前教育では,ケアのイデオロギーの作用により生活世界が植民地化されている。権力,ジェンダー,階級という要素が考慮されない。より内省的で,解放的な教育のプロセスが必要。
9	Pearce et al. (2009)	第一次診療での看護師	調査研究,質的調査（インタビュー,観察等）	生活世界とシステム/理論枠組み,分析枠組み	看護師の役割の性質には外部決定要素と内部決定要素がある。外部的な要素は健康や安全を保つために仕事を規定するプロセスであり,これはシステムである。内部的な要素は,看護師が知覚する患者のケアをよりよくするもので構成され,これは生活世界に相当する。現状では看護師の貢献が認知されていない。
10	Mikkelsen et al. (2008)	ガン患者のリハビリ,病院とGPの比較	調査研究,質的調査（フォーカスインタビュー）	生活世界とシステム,コミュニケーション的行為と戦略的行為/理論枠組み,分析枠組み	病院では戦略的行為が優勢だが,GPは生活世界の視座も重視している。入院時の植民地化の体験により退院後のリハビリテーションのニーズが異なる。
11	Greenhalgh et al. (2006)	医療での通訳	調査研究,質的調査（インタビュー,フォーカスグループ）	戦略的行為とコミュニケーション的行為/調査枠組み,分析視点	通訳者の存在は,状況にかなりの複雑さを加える。家族が通訳をする場合には,これらが改善される。通訳者には多様な社会的役割がある。通訳の専門性は,役割の対立を賢明なものに変化させていくこと。
12	Hyde et al. (2005)	看護師教育	調査研究,質的調査（インタビュー,グラウンデッドセオリー）	生活世界とシステム/理論枠組み,分析枠組み	看護師の遠距離教育プログラムの経験で4つのカテゴリーを抽出：悲しみの生活世界,経験された生活世界,割譲した生活世界,システムの中での学び。これらのカテゴリーは,教育での生活世界の要素とシステムの要素とのかかわりを反映したもの。
13	Hyde et al. (2005)	看護実践	調査研究,質的研究（ドキュメントの言説分析）	生活世界の植民地化/理論枠組み,分析枠組み	看護実践では目的合理性が優勢である。自律や自己決定という価値合理に関わるものはほとんど認められない。それは,生命科学による社会文化的な生活世界の植民地化。看護と患者という主体の間の緊張を指摘。

第 2 章　地域福祉でのハーバーマス理論の活用可能性

	著者（発行年）	テーマ	研究方法	ハーバーマスの活用	主な論点
14	Hyde and Roche-Reid (2004)	助産師の役割	調査研究（インタビュー）	コミュニケーション的行為，システム／理論枠組み，調査枠組み，分析枠組み	近代化の中で助産師の役割が出産の科学というシステムにより妨げられている。助産師はコミュニケーションの行為をする一方で，選択的な会話も行う。助産師と出産の科学の間のコミュニケーションがクライエントとの関係にも影響する。
15	Fredriksen (2003)	医療技術	論説	生活世界とシステム，生活世界の植民地化／理論枠組み	医療技術の発展により，自覚なしに深刻な病気になっていることも暴かれる。これは医療技術による生活世界の植民地化であり，感覚を越えた技術により，われわれすべてが原患者状態となる。
16	Barry et al. (2001)	医師と患者のコミュニケーション	調査研究，質的調査（インタビュー，ドキュメント分析）	生活世界／調査枠組み，分析枠組み	4つのコミュニケーションパタン―厳密な医療，相互の生活世界，生活世界の無視，生活世界のブロック。医師が，状況に応じてコミュニケーションの切り替えを行い，生活世界を適切に扱うことで良い治療成果が生まれ，患者にとってもより良いケアとなる。
17	Rocha, Semiramis M. M., Lima, Regina A. G. and Peduzzi, Marina (2000)	看護の仕事	論説	コミュニケーション的行為／理論枠組み	看護において「治療」と「ケア」が 2 分化しており，その科学性と社会性をつなげていく必要がある。この点に関して，コミュニケーション的行為が新たな視点を提供する。
18	Fulton (1997)	看護師とエンパワメント	調査研究，質的調査（フォーカスグループ）	批判理論／調査枠組み，理論枠組み	看護師の抑圧された行動についての 4 つのカテゴリー，①エンパワメント，②個人的なパワーをもつこと，③学際的なチームの関係性，④自分自身に対する正しい感覚。看護師自身も抑圧されており，批判的社会理論を教えることが看護師教育に有効。
19	栗岡幹英 (1996)	医療全般	論説	生活世界とシステム，植民地化，コミュニケーション的行為／理論枠組み	医療でのシステムの進展が患者の生活世界を植民地化している。しかし，単に医療が悪で患者が善なのではない。生活世界とシステムは実体ではなく，分析概念として活用すべき。

したものである。

　看護師に関する研究は，むしろ数的には医師を扱ったものよりも多い。Fulton（1997）は，看護師とエンパワメントをテーマにして，看護師の行動について 4 つのカテゴリーを抽出したうえで，看護師教育への提言も行っている。Rocha et al.（2000）は，看護師の仕事が治療とケアに 2 分化していることを示し，この 2 つをつないでいくことを求めている。Hyde et al.（2005）は，看護実践で目的合理性が優勢であることを問題視し，看護と患者の間での緊張について指摘する。Pearce et al.（2009）は，看護師の役割をシステムに連関する外部決定要素と生活世界に連関する内部決定要素を調整するものとして論考している。また，看護教育に関する研究も少なくない。Hyde and Murray（2005）は，看護師の遠距離教育プログラムの分析で 4 つのカテゴリーを抽出した。Sandberg（2010）は看護師の事前教育において作用しているケアのイデオロギー問題を分析している。助産師の役割に関しては

Hyde and Roche-Reid（2004）が，出産の科学との関係を扱っている。

この分野の特徴が現れているのが医療での通訳である。通訳に関しては，Brisset et al.（2012）のようにレビュー論文が書かれるほどの研究蓄積がある。Greenhalgh et al.（2006）は，通訳の持つ複数の社会的役割を取り上げており，Leanza et al.（2010）は，家族の通訳と専門家の通訳を対比して考察している。

パラメディカルの領域では，ガン患者のリハビリテーションに焦点を当て，家庭医（GP）と病院の違いを示しているのが Mikkelsen et al.（2008）である。代替医療については Flatt（2012）が，エビデンスを基礎とすることを批判的に検討している。医療介護の領域では，高齢者の終末期のケアホームでコミュニケーションの重要さを指摘した Froggatt et al.（2011）の論文がある。

最後により広範な文脈の研究として，医療の管理について新たな管理手法の導入をテーマとした Brown（2011）や医療技術の発展の裏での課題を示している Fredriksen（2003）の論考がある。栗岡（1996）も広く近代的な医療が患者に対して持つ問題を検討している。

このように，急性期の緊急的介入よりも第1次診療や看護師を中心としたパラメディカル，あるいは通訳といった人々に関連する事象が多くテーマとなっていることが分かる。

2）医療・看護での研究方法

研究方法については，実証研究が多い。この点は，教育とは異なる傾向が示されている。ただし実証研究は，そのすべてが質的方法である。調査方法は，インタビューが最も多く，フォーカスグループを用いているものも少なくない。そこではグループダイナミクスを用いて同一のテーマに対して複数の人の意見を得やすい調査設計としている（Fulton 1997；Greenhalgh et al. 2006）。また，診療記録などの事例を分析したものや，各種資料のドキュメント分析をしたものがある（Leanza et al. 2010）。こうした調査方法は単独で用いられるばかりでなく，インタビューと観察やインタビューとドキュメン

ト分析などと複合して用いられる研究もある（Barry et al. 2001）。論説の中には一部の論文で事例が取り上げられている。

3）医療・看護でのハーバーマスの活用

ハーバーマス理論で活用されている部分は，コミュニケーション的行為と生活世界，システムがほとんどである。ただし，その中でも妥当性要求の点にアクセントがおかれたり（Sandberg 2010），生活世界の植民地化の問題が焦点化されたり（Fredriksen, S. 2003）と，重点のかけ方は異なっている。他には，合理性の問題（Hyde and Murray 2005）や批判的理論（Fulton 1997）を用いているものがある

活用のしかたについては，理論整理や理論の視点として使っているものに，Rocha et al.（2000）や Walseth et al.（2011a）をあげることができる。論文の理論的枠組みとして活用しているのが Flatt（2012）や Froggatt et al.（2011），Mikkelsen et al.（2008），Fredriksen（2003）である。また，Brown（2011）や Brisset et al.（2012）は，課題となる事象や調査結果を分析する場合にハーバーマス理論を適用している。調査研究では，調査設計で使われることがある。Fulton（1997），Barry et al.（2001），Greenhalgh et al.（2006），Leanza et al.（2010）である。理論枠組みと調査枠組みなど重複して用いられることもある。

分析に終わらず，実践への援用を具体的に展望するもの（Fulton 1997; Sandberg 2010）や実践のためのガイドラインを示すもの（Walseth and Schei 2011b）もあったが，実際に実践した上での検討という研究はない。

（3）社会福祉・ソーシャルワーク分野

社会福祉やソーシャルワークとハーバーマスの関係について「英語圏でのソーシャルワーク論文でハーバーマスを参照することはかなり少ない。またハーバーマスの考え方にシステマチックに関心が払われることは大変僅かしかない」(Lovelock and Powell 2004：185) と指摘されている。このように教育，

医療・看護，社会福祉・ソーシャルワークとそれぞれの分野で同様の言い回しがされている。ただし社会福祉・ソーシャルワーク分野では，確かに教育や医療と比較しても少ない。

表2-5～6が，社会福祉・ソーシャルワーク分野での活用論文リストである。論文の採集方法は基本的にこれまでと同様に，英語論文はマトリックス方式を下敷きにして，検索エンジンを活用してタイトルやアブストラクトを読み，ハーバーマスの活用が明確であると考えられたものを選び，本文を入手した。[18]この段階での英語論文数は，37本。同時に，そうした論文を読む中でリストにはないが重要と思われる論文を精査に加えた。教育や医療の分野の場合との違いは，同じ論者の論文が複数あっても掲載していることである。書籍中の論文も含まれている。社会福祉・ソーシャルワークの場合は，教育や医療の場合と異なり，ハーバーマス理論の活用が明確な論文をほぼ網羅的にリスト化した。日本語論文についても，これまでと同様に探索エンジンの活用や論文から論文へとたどることで収集を行った。

最終的にリストアップした著作は英語論文21本，日本語論文7本。英語論文は1995年から2012年まで，日本語論文は1999年から2011年までとなっている。リストの構成は，これまでと同じく，テーマ，研究方法，ハーバーマス理論の活用，主な論点，である。

1）社会福祉・ソーシャルワークでのテーマ

英語論文では，属性による対象分野別に分類できる。高齢者についてはBaur et al.（2011；2012）の2つの論文がある。高齢者施設の運営に入居者が関わる問題である。子どもについての論文は5本と最も多い。Spratt and Houston（1999）やHouston（2010）はソーシャルワーク全般と子ども，Houston et al.（2001b）は，演劇との関係で子どもの問題を考える試み，Houston（2003）は子ども家庭ソーシャルワーク，Hayes and Houston（2007）は「子ども家族グループ会議」の実践，という主題である。特定の論者（Houston）が多くの論文に出てきている。他には女性に関してWillette

(1998) が，保護施設を扱っている。障害者に関わる論文はない。人の属性とは異なるテーマとしては，Cooper（2010），Morrow（2011）の福祉の教育や Yassour-Borochowitz（2004）の調査がある。Morrow（2011）は福祉政策の授業の中に理想的発話状況や生活世界の観点を取り入れた実践を紹介している。Yassour-Borochowitz（2004）は，ソーシャルワークでの4つの調査のジレンマを検討している。

そのほかの論文は，社会福祉やソーシャルワーク全般を対象にしているものである。ソーシャルワーク実践を扱うものが多いが，Houston et al. (2001a) のように，ソーシャルワークの国際比較の枠組みをつくる試みもある。社会福祉政策を正面から扱うものは見られない。

もうひとつの特徴として，ハーバーマス理論をめぐる論争がある。これは Houston と Garrett の間のもので，2009年から2010年にかけて，ソーシャルワークでのハーバーマスの位置づけに関してより積極的に支持する側（Houston）とそれに批判的な側（Garret）で応酬が行われている[19]。

日本語論文では，地域関連のテーマが多い。末永ら（2004）は，地域福祉保健をコミュニケーションや公共圏に引き付けて論じている。岡崎（2006）は地域福祉実践での住民参加に関わるコミュニケーションに焦点を当て，「主体－主体」関係形成を論じている。小野の2つの論文は，地域福祉のより広い領域を対象としている。小野（2009）は生活世界とシステムの概念を使って地域福祉の再検討を目指しており，小野（2011）は生活世界の視座から地域福祉のミクロ，メゾ，マクロでの援助を論考している。

他には，衣笠（1999）は社会福祉援助を論じ，社会福祉がシステムとして生活世界に侵入し植民地化することを批判し，コミュニケーション的行為のモデルの援用を主張する。新田（2001）は介護の法制化に関して植民地化概念で分析を行い，さらにハーバーマスの市民概念をケアのクライエントと対比させ批判的に検討する。崔（2011）は福祉国家の再構築を対話との関わりで論考している。

表 2-5 社会福祉・ソーシャルワークでのハーバーマスを活用した英語論文

	著者（発行年）	テーマ	研究方法	ハーバーマスの活用	主な論点
1	Baur et al. (2012)	高齢者・入居施設，入居者協議会交渉	調査研究，質的調査	コミュニケーション的行為／分析枠組み	クライエントと専門家の真のコミュニケーションは情緒や葛藤を共有し，体験と価値を前提にすることで起こる。その際に，権力性や合理性の違いを考慮に入れる。そして熟議では合理的な議論だけでなく情緒的な表現も必要。
2	Baur et al. (2011)	高齢者・専門職－入所者，入所者参加	調査研究，質的調査	コミュニケーション的行為／分析枠組み	高齢者施設の居住者協議会と管理者間にコミュニケーションはあるが，それは戦略的行為に圧倒される。居住者の参加と運営に対する影響のためにはコミュニケーション的行為の空間を設置すべきである。
3	Morrow (2011)	福祉教育	調査研究，授業実践	コミュニケーション的行為，討議倫理／実践枠組み（教育，ロールプレイ）	福祉政策の授業での生活世界と理想的発話状況を取り入れたロールプレイ。政策の正当性や政策の質を学生に考えさせるためのもの。結果は，理想的発話状況はかなり影響し，生活世界の方はある程度の影響があった。
4	Cooper (2010)	ソーシャルワーク教育	論説	生活世界とシステム，コミュニケーションの行為／理論枠組み，分析枠組み	ソーシャルワーカーはシステムに対する批判的観点を学ぶことは効果的であるが，同時に，生活世界の言語的にもたん身につけるべきである。戦略的合理性をソーシャルワークの教育に無批判に受け入れることは，専門職の価値や目的の意味に対して脅威となる。
5	Garrett (2010)	ソーシャルワーク全般	論説	理論全般／理論枠組み，理論批判	ハーバーマスはフェミニズムの問題をみくびっている。また，政治や経済の影響がソーシャルワークの対話実践にいかに浸透しているかという課題が捉えにくい。
6	Houston (2010)	ソーシャルワーク全般，子ども	論説	権力論／理論枠組み，概念枠組み	ハーバーマスの示す権力は4つに分類できる。コミュニケーション権力，病原となる権力，管理的権力，植民地化権力。これは，イネーブリングにつながる権力と制約する権力に分かれる。これに対してブルデューの考え方では人間の有能さが乏しくなってしまう。
7	Garrett (2009)	ソーシャルワーク全般	論説	生活世界とシステム，権力，理論枠組み，理論批判	ハーバーマスの理論は権力の違いに対する考え方が十分でなく，特に制約なき対話の強調には問題がある。生活世界に属する家族の優位を言うことはネオリベラル的であり生活世界とシステムの2分法も単純である。むしろブルデューやグラムシなど他の社会理論家がこうした点を明確にする。
8	Houston (2009)	ソーシャルワーク全般	質的研究，事例検討	討議倫理，承認論／理論枠組み，分析枠組み	ソーシャルワークでの支援においてハーバーマスの討議倫理の課題をホネットの承認論で補強する。しかしホネットの承認論の不十分さもあり，それは逆にハーバーマスの討議倫理が補強する。
9	Lovat et al. (2008a)	ソーシャルワーク全般	論説	均衡主義／理論枠組み	原理主義でもなく状況主義でもない均衡主義は重要である。ハーバーマスは，単純な技術主義や実証の考え方を批判し，倫理，価値の必要性を主張。均衡主義者としてのハーバーマスは考えること（思想）と実践が一致する。
10	Hayes et al. (2007)	子ども家庭・援助実践	論説（事例）	討議倫理，承認論／理論枠組み，分析枠組み	ハーバーマスの『事実性と妥当性』では生活世界とシステムの関係が変化して補完的となっている。「子ども家族グループ会議」の実践は生活世界とシステムを媒介する試みとして評価できる。しかしここでも，権力の問題があるために討議倫理やホネットの承認論が重要となる。
11	Lovelock et al. (2004)	ソーシャルワーク全般	論説	コミュニケーション的行為，討議理論／理論枠組み	実証や管理重視の中でハーバーマスの理論は重要。ポストモダンの問題点も批判理論で補える。ニード解釈の政治に対しても公共議論が求められる。ただし，会話は理想的でなくても，合意に達しなくてもよい。これはハーバーマスの否定ではなく多様性の中での活用のため。
12	Yassour-Borochowitz (2004)	ソーシャルワーク調査	論説	コミュニケーション／理論枠組み	ソーシャルワークの調査には4つの倫理的ジレンマがある。調査の同意，参加者との関係性，調査からの利益者，方法論的適合性である。決定に先立つコミュニケーションの重要さ。

	著者（発行年）	テーマ	研究方法	ハーバーマスの活用	主な論点
13	Houston (2003)	子ども，計画	論説	生活世界，コミュニケーション的行為／理論枠組み	生活世界とシステムはソーシャルワークの枠組みに相関している。子ども家庭ソーシャルワークでは規則や管理，権威の活用が求められるがコミュニケーションの重要性を指摘。コミュニケーションの公平性のためのハーバーマスの3つの基準の指摘。
14	Thompson (2002)	ソーシャルワーク，社会運動	論説	社会理論／理論枠組み	ソーシャルワークは個人を支援するだけでなく社会も変えられる可能性はある。ただしソーシャルワーク自体は社会運動ではない。同時に単に国の政策の一部でもなく，それに影響を与えることができる。
15	Houston et al. (2001a)	ソーシャルワークの各レベル（ミクロ・メゾ・マクロ）	論説（事例）	生活世界とシステム／理論枠組み	ソーシャルワークの国際比較の枠組みをつくる上で，既存の方法は機能的で技術的であり，ポストモダンも相対主義的で脱人間的である。そのため批判的理論は重要となる。北アイルランドの例では，システムよりだった実践が生活世界の方向に向いてきている。
16	Houston et al. (2001b)	子ども家庭，教育的援助	実践事例研究	批判理論，討議理論／実践枠組み	演劇に途中で観客が加わり，問題状況をともに考え，討論型演劇プロジェクトの実践研究。いじめ問題を素材にして，生活世界に根づいた討議倫理の活用や，気づきからの社会変革を促す。
17	Ife (1999)	ソーシャルワーク全般	論説	批判理論／理論枠組み	ポストモダンは保守主義や相対主義につながる危惧がある。また，従来の普遍主義も西洋，男性中心，個人主義の問題がある。それに対して知識と行動を会話でつなぐ批判理論に可能性がある。
18	Spratt et al. (1999)	子ども（全般レベル）	論説	イデオロギー批判，コミュニケーション論／理論枠組み	ソーシャルワークの分野にもイデオロギーがあるがそれに抵抗することは可能。ソーシャルワーク自体が植民地化を生み出す面もある。それに対して解放や革新は日々のコミュニケーションから生まれる。
19	Willette (1998)	女性，保護施設	調査研究，質的，実践検討	コミュニケーション倫理／実践枠組み，分析枠組み	女性保護施設の運営上のジレンマに関する話し合いについてコミュニケーション的行為を修正しつつ活用。話し合いによりスタッフ間の領域についての意見交換ができた。
20	Blaug (1995)	ソーシャルワーク全般	論説	コミュニケーション的行為／理論枠組み，分析枠組み	ソーシャルワークでの官僚制の進行に対してハーバーマスの理論が貴重である。コミュニティワーク実践での様々な場面で，道具主義的方法ではなくコミュニケーションの方法を活用すべき。
21	Kondrat (1995)	ソーシャルワーク全般	論説	行為論，認識論／理論枠組み	エンパワメントの考え方を活用することで専門職の実践ばかりでなく知識についても捉えなおすことができる。フォーマルな知と個別の知の統合，専門的な実践知の理解を高めること，洞察と自己覚知の役割などが論じられる。

2）研究の方法

英語論文では経験的データによらない論説が，全体の7割を占めている。調査は，質的な方法である。Baur et al.（2011；2012）の2論文は，施設への参加型調査である。Willette（1998）は女性保護施設の運営，Houston et al.（2001b）は，演劇という実践，Morrow（2011）は授業実践をもとにしている。またHouston（2009）は，社会福祉援助でのジレンマについて3つの事例を検討した論文である。

日本語論文は，すべてが論説である。調査をもとにした論文はない。岡崎（2006）は，事例として小地域の福祉活動を引いているが，新たに行ったも

表 2-6 社会福祉・ソーシャルワークでのハーバーマスを活用した日本語論文

	著者（発行年）	テーマ	研究方法	ハーバーマスの活用	主な論点
1	崔先鎬（2011）	福祉国家	論説	合意形成／理論的検討	福祉国家の危機に対応することは社会正義と再配分の問題である。社会の構成員による合理的な合意をつくっていくことが必要となる。
2	小野達也(2011)	地域福祉	論説	生活世界／理論的検討	生活世界の視座を用いることで、ミクロレベル、メゾレベル、マクロレベルでの現状把握の枠組みと、そこからの援助実践の展開を考察している。
3	小野達也(2009)	地域福祉	論説	生活世界／理論紹介	社会福祉が地域生活レベルまで降りてきた状態が、地域福祉の完成ではなく、そのベクトルを反転させて生活世界の視座から地域福祉を再構築することを主張している。
4	岡崎仁史(2006)	地域福祉	論説（事例）	コミュニケーション／理論紹介	ソーシャルワーカー（社会福祉士）と住民は主体と主体の関係であるべきであり、住民を客体としてはいけない。ワーカーに必要なのは住民が発達変化していくという確信を持って働きかけ続けること。
5	末永カツ子, 上埜高志(2004)	地域保健福祉	論説	生活世界／理論紹介	法による生活世界の植民地化、それを公共圏の討議で解決すべき。そのためにコミュニケーション的行為の意義がある。ノーマライゼーションのためには対等なコミュニケーションが成立する間主観的な討議による公共圏を構築すること。
6	新田雅子(2001)	介護	論説	生活世界／理論的検討	介護の法制化を生活世界とシステムから検討できる。しかし、ハーバーマスの市民像ではケアの相互的な公共性を捉える事ができない、修正の必要。クライエントは一方的に物象化されるだけの存在ではない、生活形式をかけて制度を再構築しようとする力を持っている。
7	衣笠一茂(1999)	社会福祉援助	論説	コミュニケーション的行為／理論的検討	社会福祉実践が生活世界に介入する時、システムの維持、統合を目指す機能を発揮する。これに対して、コミュニケーション的行為を活用することで、多様な社会福祉援助の可能性を広げることができる。

のではなく既存の取り組み例である。衣笠は，課題として，コミュニケーション的行為の理論の有効性を「現実の援助場面から機能的に見出していくこと」をあげ（衣笠 1999：73），新田も「実証的に探究」する志向は示しているが（新田 2001：92），実証研究は行われていない。

3）ハーバーマスの活用

　調査や実践紹介を含む場合には，調査枠組みや実践枠組み，また結果に対して分析枠組みとしてハーバーマス理論が活用されている。Baur et al. (2011；2012) は，分析枠組みとしての活用という性格が強い。Morrow (2011) では，授業の実践の進め方として理想的発話状態などが取り入れられ，さらにその授業の評価の観点にもハーバーマスの概念を用いている。

　論説では，Houston の一連の著作や Blaug（1995）に典型的に見られるように全体的な理論枠組みとしていたり，Garrett（2009；2010）のように批判

の対象としている。また，Yassour-Borochowitz（2004）のように部分的な分析に用いることや，Thompson（2002）のように，問題整理で取り上げる例もある。さらに，Willette（1998）やLovelock et al.（2004）はハーバーマス理論の修正を検討したり，Hayes and Houston（2007）のように他の理論（この場合はホネットの承認論）との組み合わせが論究されたりしている。

　日本語論文ではハーバーマス理論の活用部分について，コミュニケーション的行為が多く（岡崎2006；末永・上埜2004；衣笠1999），他に生活世界，植民地化（小野2009；2011；新田2001）という概念が活用されている。活用方法としては新田（2001）のように問題分析に適用しているものもあるが，理論紹介的，論点提示的な内容が中心である。

4　地域福祉での活用についての考察

（1）対人援助関係分野でのハーバーマス理論の活用現況

　教育と医療の両分野ではともに，ハーバーマス理論の活用は少ないと認識されていた。確かに，ハーバーマスの理論活用は盛んとは言えないが，その実態から見れば一定程度は研究蓄積が積まれてきている。活用されたテーマとしては，教育分野ではコミュニケーションが多く，医療分野では患者と医療者の関係を扱うものが多い。教育の日本語論文では，教育内容として道徳が多く取り上げられている。医療で多いのは，医師よりも看護師などのパラメディカル（paramedical）スタッフを対象とするものである。さらに，急性期の医療よりも第1次診療や慢性期の課題が扱われていた。研究のスタイルとしては，実証研究は少なく，実証研究の場合でも質的な研究であり，量的な研究は行われていない。ハーバーマス理論の活用の部分は，コミュニケーション的行為が主で，生活世界とシステム，植民地化の考え方も相当あった。活用方法については，理論枠組みや分析枠組み，あるいは，検証時の解釈枠組みとして先の概念が使われていた。実践での活用を図る試みは少なかった。

社会福祉・ソーシャルワークでは教育や医療分野に比べても本数も少なく，ハーバーマス理論の活用は進んでいるとはいえない。テーマとしては子ども，高齢者，女性，そして対人援助から，組織，国家レベルと多岐にわたっている。問題を抱える当事者と援助者の関係を取り上げるものが多い。また，教育や医療と同様に実証的な研究は少ない。それも量的調査はほとんどない。とくに日本でのハーバーマスの活用は十分とはいえない。理論紹介レベルの論文が多く，せいぜい分析枠組みに用いる程度であり，本格的な活用には至っていないということができる。実践的な活用についても課題と言える。

（2）ハーバーマスの理論活用現況の要因

　教育，医療，社会福祉・ソーシャルワークの分野ではハーバーマス理論の活用が盛んに行われているという状況ではなかった。その要因は何か。確かに，ハーバーマス理論の難解さは言及されていた。また，基本的に哲学的な理論であるので，教育，医療，社会福祉・ソーシャルワークという実践的な科学領域でそのまま活用することの難しさはある。英語圏などではハーバーマスの主著の翻訳が遅れ，それが普及するまで時間がかかったという事情も考えられる[20]。

　ハーバーマス理論の理論的特性とその使いこなしにくさに言及しておきたい。ハーバーマスの理論の中心概念であるコミュニケーション的行為は，基本的に話者同士の対等性が前提とされている。理想的発話状況や討議倫理が求められている。しかし，教育，医療，社会福祉・ソーシャルワークで現れてくる人間関係の基本は，教える者－教わる者，治療する者－治療を受ける者，援助する者－援助を受ける者という，非対称的な性格である。ハーバーマスのコミュニケーション論が想定する対等性と各分野での非対称的な性格をどのように接続させるかに苦慮することは想像できる。こうしたことはハーバーマス理論の活用を考える上での障壁となる。そして，ハーバーマス理論の難解さは，その理論を後追いすることにエネルギーが割かれて，それを

柔軟に使いこなすというまでは至りにくい。論点提示，問題指摘，理論枠組みの活用はあっても，これを調査研究に活用する研究は少なくなる。しかも，その調査の結論は，ハーバーマスの理論的な射程を越えることはまれである。似たような結論が多くなり，論理的な広がりに乏しくなる。こうしたことも，ハーバーマス理論の活用に二の足を踏ませる結果に影響するといえる。

　これは，ハーバーマスの理論を活用した研究の方法の偏りにも関連する。研究の多くが論説的なものであり，実証研究が乏しいこと，実証研究でも多くが質的方法であり，量的な方法がほとんどないこと，これがこれまでに見た特徴であった。質的な方法が多いということは，ハーバーマスの理論が探索的な問題意識の追究に活用されていることを示す。その場で何が起きているのか，それをどのように解釈したらよいのか，そうした問いに導かれるものである。これは，ハーバーマスの理論が各分野の中の社会的な関係性や権力性という研究実績が積まれていない問題に向けられた場合，そうした事象の把握に役立つともいえる。では，量的な方法がなぜほとんど行われていないのか。確かに，ハーバーマス自身は実証主義批判を行ってきた過去はあるが[21]，だからといってその理論が量的調査に活用することができないとは思えない。この点については，今後の検討課題として残る。

　しかし，ハーバーマス理論の活用が多くないということがその理論の可能性が乏しいということを意味するものでもない。ハーバーマスと教育学の相性の悪さを指摘した今井は，「ハーバーマスのコミュニケーション論が教育学的な問題設定に対するかなり根本的な批判を含み持っている」と，むしろ根本的に教育のあり方を検討する上でのハーバーマスの可能性を示唆している（今井 2004：172）。他の社会理論家よりも活用が少ないからと言って，それがそのまま理論的潜在力の少なさに一致するのではない。それが，より深層部を剔抉する理論であるために，そこから実践的な活用を図るまでの距離が遠く，その結果としてこうした状況が生まれているとも考えられる。

　ハーバーマスの理論を活用できる方法を探究していく必要がある。活用の

仕方を見れば，その活用レベルにはいくつかの段階があることが確認できる。紹介的なレベル，分析等に用いるレベル，実践的活用というレベルである。紹介的レベルでは，ハーバーマスの理論の紹介，論点提示にとどまっている。ここでは，その具体的適用や批判的検討はほとんど行われない。分析等に用いるレベルでは，自らの論の枠組としたり，調査を組み立てたり，社会事象や調査結果の考察，分析の枠組みに活用する。ハーバーマスの理論を活用しながらそれを通して，モノを考える枠とするものである。この場合には批判的検討も含むが，それはハーバーマスの枠を出るものではない。最後の実践的活用は，ハーバーマスの理論をある程度相対化し，その重要な部分を意識しながら，実践で活用できるように条件を整えていくというレベルである。

　それぞれの学問領域，また，その中での問題関心に応じたハーバーマス理論の活用が求められる。表面的な単純な活用では単純な結果に終わる危惧がある。活用するための理論的検討や活用を可能とする条件づくりが求められることになる。

（3）地域福祉とハーバーマス理論

　では，最後にハーバーマスの理論が地域福祉領域で活用できうるかどうかを検討しよう。

　社会福祉・ソーシャルワークを含む対人援助の諸科学では，ハーバーマス理論の活用は盛んではない。しかし，教育分野では，さまざまな話し合いで用いられたり，道徳教育での活用が目立っていた。医療分野では，医師と患者間の検討もあったが，それよりも看護師などのパラメディカルな領域での活用が多かった。さらに急性期よりも第1次診療や慢性期で使われる傾向があった。ソーシャルワークでも危機介入的な現場よりも，制度の影響を検討したり，話し合いを分析するために用いられていた。これは，ある特定の性格や条件を備えていれば，その領域ではハーバーマスの理論を活用しやすい可能性があることを示している。このようにみると，対人援助の諸科学，あ

るいは教育や医療，社会福祉というくくりは大きすぎるかもしれない。さらに条件を加えたものの中に，ハーバーマスの理論がより使いやすいサブ領域があると考えた方がよい。

　その性格や条件は，ここまでのことを勘案すれば次のようなものである。まず，コミュニケーションが人々の関係をつくる上で前提となっている領域である。また，話者間の力関係が一方的なものでありすぎず，特に強い専門性の発揮が必要な場面が総体的に少ないような場であることである。問題に対する所定の方法が確立されていなかったり，考慮すべき不安定な要素が多かったり，合意形成が目指されることである。その上で，合意形成で終わらずに実践までが求められるということである。こうした性格や条件を持つ領域には，ハーバーマスの理論が活用しやすいと考えられる。

　以上のことは，地域福祉の性格と重なってくる。地域福祉は法律や制度など所定の方法だけで動くのではなく，また，多様な実践者が関わる中でのコミュニケーションが求められる。さらに，合意形成だけでなく合意したことを実行することが求められている。

　このようなことを勘案すれば，地域福祉はハーバーマス理論，特にコミュニケーション論に関しては適した領域ではないかとここでは想定できる。ハーバーマス理論を活用するにあたって地域福祉は適合性を持つと考えられる。ただし，そのためにはハーバーマス理論を地域福祉の領域で用いることができるように条件を調整する必要性がある。それは，分析枠組みや解釈枠組みとしてだけではなく，実践のレベルでの援用を目指すための条件整備となるべきである。

　こうした点を踏まえて次章では，ハーバーマス理論を地域福祉実践で用いるための基礎的な理論検討を試みる。

注
(1) ちなみに尾関は，相互援助行為としてのコミュニケーション的行為という指摘をし

ている（尾関 1995：75）。
(2) ただし，これはハーバーマスの見方であり，かなり批判的な観点である。
(3) ハーバーマスが，1980年にフランクフルト市のアドルノ賞を受章した際の記念講演で示されたのが，この「未完のプロジェクト」としての近代である。ここでハーバーマスは，このプロジェクトを「失敗としてあきらめるのか，あきらめないのか」と問うている（ハーバーマス 1980＝2000：23-24）。ハーバーマスは，ポストモダンの持つ保守性を批判する一方で，近代の持つ目的合理性（道具的合理性）に終わらない合理性の可能性を支持している。
(4) ハーバーマス理論の整理については，時期的に区分する方法もある。堀内（2007）は，コミュニケーション的転回前の1968年までと，社会的実践の基礎づけコミュニケーション的行為が関わる1969年から1990年まで，そして生活世界そのものをコミュニケーション的行為の中に主題化する1990年以降という3区分を主張する。
(5) フィンリースンの本の解説者である木前（2007）が，フィンリースンの整理に対していささか批判的なのに対して，高田（2011：272）は，ハーバーマスの「考え方の大枠を理解するというレベルでは，この本だけで十分」と賛辞を送っている。
(6) これらは，ハーバーマスの著書で分類すれば，主に①，②，③が『コミュニケーション的行為の理論』（1981＝1985，1986，1987），④が『道徳行為とコミュニケーション行為』（1983＝2000），⑤が『事実性と妥当性』（1992＝2002，2003）にあたる。
(7) 『公共性の構造転換』の原著は1962年に刊行された。中岡はハーバーマスのコミュニケーション的転回を1970年代以降としている（中岡 2003：13）。
(8) こうした論争の一端については，中岡（2003）を参照のこと。ルーマンとの論争（第3章），ポストモダンの論者との論争（第5章）が取り上げられている。
(9) 栗原彬（2000：13）は非決定の存在同士による「差異を保ったまま，その存在を相互に受容し合う関係」を異交通と表現している。ハーバーマスのコミュニケーション的行為については双交通的として，「同一の市民的コードを強めるだけ」と批判する。
(10) Outhwaiteも同様に指摘する。「理由を理解したり，述べたりすることと，それらを評価したり，受け入れたりすることの間には，ハーバーマスが考えるほどの直接的なつながりはない」（Outhwaite 2009：107）。
(11) 安彦の問いの具体的内容は次の通り。本来的には，コミュニケーション的行為は合意にもとづいて行為調整を行うものである。その過程は，①意味の理解，②要請を「受容」あるいは「拒否」，③義務に行為を合わせる，に分割できる。前半が合意形成あるいは拒否にあたる部分であり，後半は合意にもとづく行為調整である。だが，③が直接的に求められていれば，「公然な戦略的な行為」であり，間接的にのみ存在す

⑿　同様のことを中岡も述べている（中岡 2003：まえがき）。
⒀　ハーバーマスの研究であれば，ドイツ語の論文も対象にすべきかもしれないが，ここでは英米，および，日本での活用を中心に取り上げた。
⒁　ドイツでの活用については野平（2007）に整理されている。
⒂　この場合の英語論文は，単に英国や米国での研究のみを指すのではない。オーストラリアやニュージーランドなどの英語使用国はもちろん，スウェーデン，南アフリカなどでの研究論文も含まれる。つまりここでの英語論文は，英語で書かれた研究論文という意味である。
⒃　文献検索の手順は次のように進めた。

　　まず，論文検索エンジンで，論文リストとそのアブストラクトを入手した。使った探索エンジンは Scopus で，検索語は Habermas AND education である。その結果175本の索出があった。そのアブストラクトを読んで，ハーバーマス理論の活用が明確なものを選んだ。「活用が明確」とは，単にハーバーマスの名前に触れたり，言及するレベルではなく，ハーバーマスの概念や理論をその論文の構成や分析に用いていると考えられるものである。それらの本文を取り寄せ，読んだ。また，レビューの過程で，リストにはないが重要と思われる著作が見出された場合は，それも入手して読んだ。その上で，ハーバーマス理論の活用の明確性が確認できたものを残していった。テーマが重なっている類似の論文が複数ある場合は，特徴的な差がなければ数を絞り込んだ。

⒄　ただし，英語論文のように文献収集をシステム的には進めていない。探索エンジンも活用したがそこで取り上げることができた論文は多くなく，論文を読み，そこから重要な他の論文をたどるという方法が中心となった。したがって英語論文の収集方法とは異なっている。これは以下の，医療や福祉・ソーシャルワークの日本語論文の収集でも同様である。同一の著者の作品は同じような内容であれば絞り込んだ。具体的には渡邉満は，単著の他に数多くの共著論文を産出している。ここではそのうち共著の，初期のころのものと近年のものの2本を取り上げた。また，村松（2001）と野平（2007）は書籍であるが，一人の著者によるものであるのでここにあげた。
⒅　英語論文に関して検索エンジンは，Scopus（http://www.scopus.com/home.url，2013年1月17日アクセス）。検索語は Habermas and "social work" or welfare である。
⒆　ただし，内容的にみると，互いの主張を出し合うというレベルに終わっている。Houston らはハーバーマスを支持し，Garrett はそれに対して疑問を投げかける。
⒇　ハーバーマスの初期の主著である『公共性の構造転換』は1962年に発行されたが，英語訳が出たのは1989年である。ちなみに日本語訳は1973年である。ただし，英語圏

でも他の主要著作の場合は出版後，数年程度で訳出されている。
(21) ハーバーマスがコミュニケーション的転回をする以前の1960年代の実証主義論争のことである（中岡 2003：52-59）。

第 3 章　対話的行為による地域福祉実践の転回

1　対話的行為

　これまで見てきたように，地域福祉の主流化と地域福祉の隘路という主題がある。地域福祉の主流化では，地域福祉実践での成果が求められ，地域福祉の隘路では，地域福祉実践を形骸化しないための処方箋が求められる。以下では，地域福祉の隘路への対応を第1課題，地域福祉の主流化を第2課題として，この相反する課題の克服方向を検討する。ここでの地域福祉実践とは，特定の事業や活動，援助行為を指すものではない。またフォーマルな事業だけを指すのでもなければ，インフォーマルな活動だけを指すのでもない。それらを含みこむ地域福祉に関わる諸事業，活動，援助，行為を指している。したがってその担い手は，住民，ボランティア，地域で働く専門的援助者（ワーカー），福祉関係サービス提供者，行政職員，他分野の事業者，時には，問題を抱える当事者自身，その家族等さまざまである。

　第1課題である地域福祉の隘路は，地域福祉の主流化の負の側面から発するものである。地域福祉の進展に伴って「主体－客体」関係が形成され，人々が対象化，客体化されることによって地域福祉のもつ可能性が狭まっていく状況を指す。特に，実践の関与者が，実践の過程で周辺化されてしまい，実質的な参加や成果の享受から排除されてしまうことを実践での客体化と称する。第2課題の地域福祉の主流化では，実践による実績や業績という成果が求められる。地域福祉の推進がどれだけ図られたのか，という問いに関わる。地域福祉計画の立案や必要な事業の立ち上げ，提供されたサービスの量や対応したケース数などが指標となる。地域福祉の主流化を実質化するためにはこうした成果の向上を欠かすことはできない。

　この2つの課題は広範な内容を持っており，そのすべてに応えていくことは困難である。そのため，地域福祉の隘路に対しては「実践での客体化」をいかに生み出さないか，地域福祉の主流化に対しては，その成果を高めるた

めにいかに「正しさ」に基づいて実践を進められるか、という点に議論を限定する。「実践での客体化」を生まない状況になれば、実践からの疎外がなくなる。「正しさ」に基づく実践ができれば問題解決や目的実現の可能性が高まると考えるからである。

　以下ではこの両課題に対して、ハーバーマスの理論を援用した対話的行為を地域福祉実践の基礎に置くことを検討する。これによって地域福祉の隘路を抜け、かつ、地域福祉実践の成果の向上を果たすことができるのではないかと考える。コミュニケーションは、社会福祉学や地域福祉においても欠かすことのできない概念である。ただし、その方法がこの領域で十分に発達しているとは言えない。「ソーシャルワークの各場面で求められるコミュニケーション技法と、現実に実践されているレベルを比較すると、広さにおいても深さにおいても、まだまだ不足している」という指摘がある（塩村 2006）。理論的な面でも同様と考える。本章で言及するのは一般的なコミュニケーションではなく、ハーバーマスの理論に着想を得たコミュニケーション理論である。このコミュニケーション理論を地域福祉で活用できるようにするための方法を検討する。本章では、ハーバーマスの理論を示す場合には「コミュニケーション的行為」とし、これを地域福祉で活用する場合には「対話的行為」と区別して表現している。

　ここで言うコミュニケーションや対話とは、単なる挨拶や情報伝達を指すのではない。発話行為によって、合意（Einverständnis）と了解（Verständigung）をすること、そして、その合意に基づいて互いの行為を調整することを指す。互いが納得する合意形成と、その合意をもとに行為が行われることである。

　展開として、はじめに地域福祉の隘路に関わっている第1課題を取り上げ、実践での客体化を生まないためにコミュニケーション的行為を用いることを検討する。次いで、第2課題に対して地域福祉の成果を上げる正しさに基づく実践を行うために、コミュニケーション的転回[1]の考え方を地域福祉実践に

導入する。その上で第3に，ハーバーマスのコミュニケーション的行為を地域福祉で活用するには条件の整備が必要であることを明らかにして，これを対話的行為と表現する。そして第4に，地域福祉実践での対話的行為の基本ユニットを示す。

2　地域福祉の隘路と対話的行為

(1) 実践での客体化を生まないために

　地域福祉の隘路から生まれる象徴的な問題が，実践での客体化である。地域福祉の隘路を抜けていくためには，実践での客体化を生まない展開を考察する必要がある。これが，第1課題である。実践での客体化とは，地域福祉の実践に関わらない者，あるいは実践の外にいる者に生じることではない。地域福祉実践に関わりながらも，その過程で周辺化され，実践の内実から疎外されてしまう状況を指す。「参加」していながらも客体化されてしまう状況である。こうした状況はある目的の実現のために他者を手段化することで生じる。意識的に手段化する場合も，無意識的に手段化する場合もある[2]。これは，社会福祉援助一般でも生じるが，特に地域福祉実践の場合には地域社会が資源とされていたり，また，インフォーマルな活動が地域福祉の特徴とされており，そうした際に実践での客体化が生じやすい。

　実践での客体化を生まない状態とは，関係論的には「主体－客体」関係ではなく，「主体－主体」関係を構築，維持することである。地域福祉に関わる者同士が，互いに主体となり，実践に取り組むことである。「主体－客体」構図を逆転させることがここの目的ではない。例えば「主体（援助者）－客体（当事者・住民）」という関係を，「主体（当事者・住民）－客体（援助者）」と単に入れ替えることを主張するのではない。それは状況によっては何らかの意義があるかもしれない。しかし，入れ替えでは再び実践の他者を生み出し続けるだけである。ここで目指すのは，「主体－客体」構図を「主体－主

体」構図に再構築することである。問題は，それをどのようにして可能にするかという理論的整理とそれに基づく実践である。その際に，この構図に入るのは援助者と当事者，住民だけではない。地域福祉実践に関わるすべての者が，この構図のどこかに配置される可能性がある[3]。実践での客体化を生まないためには「主体－客体」構図によらない，あるいは，これに陥らない方法が示されなくてはならない。どのようにすれば「主体－主体」関係を生み出すことができるのだろうか。

　実践での客体化とならないための条件は，互いが納得した実践をしていることである。その実践に対して合意が取られ，各自が内的に動機づけられている状態である。これは単に何事かをどう行うのか，あるいはどう成功させるのかというレベルの納得や合意ではない。その実践をそもそもなぜ行うのか，なぜ自分はそれに関わるのかという基本的な目的や設定レベルも含めての納得や合意である。参加者が目的を既定のものとしてただ技術や労力を提供するというものではなく，納得がいかなければ目的にさかのぼって問い直す道が常に開かれていなければならない。

　ここで注目するのは，こうした実践を生みうるコミュニケーション的行為の一側面である。ここには，コミュニケーションと行為の両方を視野に収めた考え方が求められる。ハーバーマスはこの点を語用論に求めていく。

（2）コミュニケーションと行為

　ハーバーマスのコミュニケーション的行為（das kommunikative Handeln）の考え方をもとにして，コミュニケーションと行為のつながりを把握し，どのように納得した行為を生み出して「主体－主体」の関係を実現するかを検討する。まず，コミュニケーションと行為の関係を語用論によって明らかにし，どのようにしてコミュニケーションによる合意形成から行為調整が進められるのかを見る。その過程で，合意できない場合への対応についても検討する。さらに，コミュニケーション的行為による「主体－主体」関係の整理を行い，

表 3-1 ハーバーマスの行為類型

行為状況＼行為志向	成果志向型	了解志向型
非社会的	道具的行為	—
社会的	戦略的行為	コミュニケーション的行為

出所：ハーバーマス（1981＝1986：21）。

最後にこうした進め方への考察を付す。

　ハーバーマスは行為を成果志向と了解志向で分類している（ハーバーマス 1981＝1986：18-22）。成果志向のうち，自然を対象とする非社会的な行為は道具的行為であり，人を対象とする社会的な行為を戦略的行為としている。これに対して人を相手とする了解志向型の行為がコミュニケーション的行為である。特定の目的実現を目指す戦略的行為では，他者の手段化，客体化が生まれる。そこにあるのは主体と客体という関係である。これに対して，主体と主体が関係し合う相互行為がコミュニケーション的行為である（表 3-1 参照）。

　行為とコミュニケーションの双方を射程におさめる論究として語用論がある。語用論とは言語論の 1 分野であるが，その特徴は発話の命題的な内容だけを取り上げるのでなく，発話が何事かの行為を生み出す側面を追究することにある。ハーバーマスは，日常言語学派のオースティンを取り上げて，戦略的行為とコミュニケーション的行為の区別を精緻化している（ハーバーマス 1981＝1986：23）。

　オースティンは，発話行為，発話内行為，発話媒介行為を区別している。発話行為は話し手が何かを語り，事態を表現するものである。発話内行為は，話し手が何かを語ることで，何らかの行為を遂行するものである。発話媒介行為は，話し手は聞き手の側にある効果を達成する。発話行為によって，結果的に世界に何らかのことを引き起すのが発話媒介行為である。特に発話内行為と発話媒介行為の区別が重要となる。

　発話内行為では，話者同士が話し合った内容自体が行為として遂行される。

この場合は，何が話され，何が行われるのかをお互いが直接に確認することができる。これに対して発話媒介行為は，話し手の内容を前提とするが，それがどのような成果を生み出すかについては，話し手が目標としているかもしれないし，偶然に発生するかもしれない。いずれにせよ聞き手にとっては，どのような成果を生むのかは了解の範囲ではない。もしも話し手が発話内的でない目標を持って発話媒介行為をすれば，聞き手を客体化して特定の成果を上げるための方法となる。すなわち「発話媒介行為は戦略的相互行為の一特殊クラス」である（ハーバーマス 1981＝1986：32）。

発話内行為と発話媒介行為の関係では，発話内行為の方がより基本的である。発話媒介行為を起動させるには，発話内行為が成功裏に展開されなければならないからである。発話媒介行為は，その上で，どのような成果が生まれたのかが課題となる。(4) ここまでのことでいえば，発話内行為のみによって生じている実践は，その内容自体をその実践に関わる者同士が確認でき，実践の他者を生まないための条件となる。次には，それがいかに互いの行為を調整できるのかが問題となる。

（3）内発的な動機づけと行為

発話内行為は行為調整をどのように行うことができるのか。了解志向のコミュニケーション的行為が，それにより話者同士を内的に動機づけ，行為の調整を進めるプロセスはどのようなものだろうか。ハーバーマスは，発話行為の調整能力を3つの段階で示す（ハーバーマス 1981＝1986：36）。

第1に，聞き手は話し手の発言を理解する。これは，発言の意味を理解するというレベルである。第2に聞き手は，発言によって掲げられた要求に対して，イエスかノーの態度を決める。意思決定であり，同意が成り立ち了解が形成される段階である。第3に，達成された同意に従って自分たちの行為を方向づける。理解し，意思決定（合意形成）し，その合意に基づく互いの行為の調整という展開である。

1）理 解

　発話行為による行為の調整は意味の理解が出発点となる。ハーバーマスは，発話を理解するということを，その発話が聞き手に受け入れられるための条件を知っている，ということへ還元する（ハーバーマス 1981＝1986：37）。発話者は，自らの発言を妥当なものであると表明する（妥当要求）。われわれがその発話行為を理解するのは，その発話行為を受容可能にしているものをわれわれが知っている場合である。発話行為の受容可能性は，客観的に観察者の観点から定義されるものではなく，コミュニケーション参加者の行為遂行態度から定義される。また，その条件は，話し手と聞き手のどちらが一方だけに満たされているということではなく，相互主観的に満たされている。

　ここは，実践での客体化を生じさせないための実践にとって重要な点である。発話行為の理解は客観的なものではない。話し合いの参加者がともにつくっていくことを示している。では，何があれば同意が形成されるのか。ハーバーマスは，妥当さが合意を生み出すという主張をする。フィンリースンはこのことを簡潔に次のように示す（フィンリースン 2005＝2007：72）。

　　　V　→　C：Vは妥当 valid をあらわし，Cは同意 consensus をあらわしている。

　つまり，「どのような発話に対しても，発話が妥当であれば，発話は合理的に動機づけられたコンセンサスを得られる」ということである。話し手の内容が妥当であると聞き手が認めた場合に，そこに同意が成立するという考え方である。これは，理に適うという意味で，合理的な性格である。ただし，この合理性は単に認識として判断されるのでなく，そこには，社会性や発話者の態度という面も含めての妥当性の判断である。この点は，後に触れる。

2）合意形成

　合意形成の段階では，話し手によって掲げられた妥当要求を聞き手が認め

るか否かの態度表明がなされる。認めるということは受容可能な条件を了解すること，つまりそれが妥当であるということを了解したことである。そこでは内的に動機づけられた状態となっている。聞き手が妥当要求を認めない，拒絶するということは，その妥当性に疑問があり，納得できないことを示している。ここでは，この両方の態度に常に開かれていることが重要であり，態度決定は権力や金銭的誘因，あるいは習慣等によるのではなく，妥当性の判断のみによって決定されることが求められる。ここで合意するか，否かが互いに納得した実践となるかどうかの分岐点となる。

3）行為遂行・調整

　話し手と聞き手の間で合意が形成されれば，その内容に基づいて各自の行為が調整される。この合意内容は時には，行為を規制する約束事となる。この行為は各自が個々に設定したものではなく，合意に基づいてお互いの間で調整された行為である。したがって，なぜそれを行うのかを互いに理解している。合意により，内的に動機づけられた行為である。もしも，この調整された行為の場面で状況の変化が生まれたり，実践への疑問が生じた場合は，その都度コミュニケーション行為が繰り返されることになる。調整された行為は，狭義の実践段階である。この実践は，これまでの手続きを経ることで納得したものとなる。

　この一連の展開を，コミュニケーション的行為の基本ということができる。すなわち発話内行為による調整の3要素である。

　　発話行為（理解）　―　合意形成　―　行為遂行・調整

　これが表しているものは，発話内行為による，納得した行為を生み出すための手続きである。しかし，合意できず了解が成り立たない場合は，以下に見るようにそのこと自体の議論が行われる。

(4) 合意できない場合

　対話をしても合意に至らない場合がある。話し手によって掲げられた妥当性を聞き手は承認できない場合である。そうした場合は，一度コミュニケーション的行為を中断して，その事項に関する討議を行うことになる。その討議に関して，ハーバーマスは討議倫理として整理している。

　　① 言語・行為能力あるすべての主体は，ディスクルスに参加してよい。
　　② a 誰もが，どんな主張を問題化してよい。
　　　　b 誰もが，どんな主張をもディスクルスに持ち込んでよい。
　　　　c 誰もが，自分の立場や希望や欲求を表明してよい。
　　③ どの話し手も，ディスクルスの内外を支配している強制によって①と②で確定された自分の権利を行使するのを妨げられることはない
　　（ハーバーマス　1983＝2000：143）。

　①では，討議に参加する者について明らかにしている。この点については，地域福祉に引き付ければ慎重な検討が必要であり，それは後に触れる。その点を除けば，すべての主体が参加するという前提である。②は議論のテーマ，内容に関することである。何をテーマ化してもよいし，どんな考え方も示してもよい，さらに自分を基点に希望や欲求を出してよい。つまり，何らかの実践を想定する場合，そもそもの目的から問うことができる。自分基点で発言してよいということは，声の大きな者にとって利するものかもしれないが，同時に弱い立場の者の声を同じく認めるものである。そして③が，強制を排除するという条件である。議論が，議論以外の要素で影響されないためのルールである。

　この倫理に則って討議を行い，そこで意見の一致が見られれば，またコミュニケーション行為に戻っていくのである。これはコミュニケーション的行為を再始動させるためのメカニズムである。

このハーバーマス討議倫理は，倫理の内容を定めたものではなく，討議のルールを示すものである。この考え方について，批判があることは前に見たとおりである。つまり，議論によってモノゴトを決めると言いながら，そのルールについてはすでに決まっているということに対する批判である。しかし，このルールの内容をみると，そうした批判自体を討議に持ち込んでよいことになっている。このルール自体に対する疑義についての話し合いに関しても開かれているのである。

　そして，さらにこの討議においても合意が得られない場合がある。そうなるとコミュニケーション的行為自体，完結しない。その際に，完結しないコミュニケーションをどうするのかという問題が残る。例えば合意できないとしても互いの理解が深まったという意味で良しとするのか，つまり合意ができないことの理解ができたことで一定の目標は達成できたとするのか。あるいは，理解の問題ではなく，何かを行うことが求められているのか。どれを選択するかは置かれた状況によって異なる。何かを行うことまで求められているのであれば，コミュニケーション的行為のアプローチを拡張するか，その他の方法が模索されなければならない。そこに位置するのが，妥協（日暮2006）や闘争（向山 2000）という方法となる。これは，地域福祉実践での現実的な選択肢として考えることができる。

（5）コミュニケーションによる「主体 – 主体」関係の形成

　ハーバーマスは，「実践哲学の言語学的転回は，パラダイムの転換を呼び起こしはしなかった」としている（ハーバーマス 1985＝1990 Ⅱ：553）。実践哲学では主体は変化せずに，自分の用いる言語システムの主であるか，その守り手のままである。これだと，「主体 – 主体」関係となる相互主観性は生まれない。話し手が世界の外，つまり観察者の視座に立つと，客観的世界に対して事実確認をするか，命令的指令を出して事実を要請文に一致させる，という関係しか持てない。「話し手を世界の外に立たせてしまう」とは，主

体が世界の実態に対して観察者となって超越的に向き合うことである。観察者の視座は，外部を対象化し，やがて自らも対象化してしまう。

　コミュニケーション的行為では，話し手と聞き手の間で妥当性の審理や相互主観性承認のダイナミクスがある。世界内の何かについて相互に了解し合っている（ハーバーマス 1981＝1986：68）。コミュニケーション的行為では，聞き手を外の世界とするのではなく，話し手と聞き手によって世界をつくっているのである。互いが主体となり，世界内の何かについて相互に合意し，了解し，それに基づいて行為を調整し合っている。話し手（「私」＝一人称）は，聞き手（「あなた」＝二人称）の立場から相互作用参加者としての私に目を向けることができる。相互的態度では，一人称は，二人称の視角から自分自身を振り返る（ハーバーマス 1985＝1990 Ⅱ：525）。また，聞き手（あなた）は，理解する際に話し手（私）の妥当要求を，話し手（私）が示すであろう保証の可能性によって動機づけられる（ハーバーマス 1981＝1986：42）。これにより「わたしたち」として合意する。そこでは，話し手と聞き手はともに主体であり，実践での客体化は生まれない。

（6）実践での客体化を生まない条件の検討

　地域福祉の隘路の象徴的事象である実践での客体化を生まないためにどうすればよいのか，という問いを検討してきた。ここでは，コミュニケーション的行為によって合意し，合意した内容に基づいて互いの行為を遂行することで，実践での客体化を生まないことができる，という主張に至った。これは，ハーバーマスのコミュニケーション的行為の持つ一側面を活用している。コミュニケーションの相互の合意を生みだす力，さらにそれが行為を調整するという側面である。

　ここで重要な点は，話し合い（発話行為）と実践（行為遂行）が一連のものとしてつながっていることである。実践のない話し合いではなく，話し合いのない実践でもない。決める人と，実行する人の間に分断があれば，実践で

の客体化が生まれてきてしまう。たとえすでに決定があったとしても，それを別の誰かが行う場合には，その内容に納得していることが必要であり，それがない場合には対話的に問い直すことができなければならない。話し合いと実践が一連のものとなることで，実践の意味が共有され，納得した共同的行為となる。

　しかし，コミュニケーション的行為を成立させる条件については留意しなければならない。納得した状態をつくるための話し合いでは，「自由に」話し合えることが必要であり，その話し合いの内容によってのみ互いの行為を調整することが求められる。そうした話し合いができる状況を，ハーバーマスは「理想的発話状況」としている（ハーバーマス・ルーマン 1971＝1984：164）。これは，権力的な制約から自由な状態で話し合うことができる状況を指す。この状況を理念的に想定することは可能で，また，長い歴史的な時間軸を取れば，そうした方向が見えてくることはあるかもしれない。しかし，いま，ここでの地域福祉実践ではそれを指摘するだけでは不十分である。地域福祉実践にも多くの権力的な影響がある。これを完全に逃れるのは難しい。理想的発話状況に近似した状況を求める，ということが現実的選択肢であろう。地域福祉実践にはエンパワメントなどにより権力の影響の少ない発話状況をつくる援助を開発できる余地がある。コミュニケーション的行為を実現する条件を生み出せるかどうかに，この行為の成否がかかっている。

　また実践者が納得した実践であっても，実践での客体化を生んでいないということは確定されない。実践者が納得していても手段化，客体化されていることはありうる。納得した状態は，実践での客体化を生まないための必要条件である。しかしある人が手段化，客体化されているかどうかは，不透明な場合がある。それに対する疑念が生じた時，常に確認できることがより重要となる。したがって，コミュニケーション的行為は，実践のどのプロセスにおいても使用できるという条件が確認されなければならない。

3　地域福祉実践のコミュニケーション的転回

(1) 地域福祉実践と成果

　対話的行為を基礎に置く地域福祉実践の第2の課題は，実践の成果を上げることであった。これは地域福祉の主流化で求められているものである。地域での問題解決がいかにできるのか，サービスの質量を高められるのか，ネットワークづくりや住民参加は進むのか。地域福祉実践に関わる成果を求められる項目は多様である。実践での客体化を生じさせないという第1課題への対応がいかに優れたものであっても，その方法で実践の成果が上がらない場合にはコミュニケーション的行為への信頼を保ち続けることは難しい。

　本節では，コミュニケーション的行為によって，実践の成果も上げることができることを主張していく。なぜならば，コミュニケーション的行為は真理性，社会性，誠実性という基準によって，正しさ生み出していく方法だからである。正確な事実認識や社会規範，表自性をもとにした方が，不明確で非社会的で不誠実な根拠よりも的確な対応を生み出すだろうことは想像できる。そうした正しさにもとづいて実践を進めることによって，成果も上がると考える。ここでの「正しさ」とは，単に正義や倫理性を言うのではない。この場合の正しさとは，真理性＝「その認識は正しい」，社会性＝「その行いは正しい」，誠実性（表自性）＝「自分の気持ちを正しく述べる」という内容を含むものである。

(2) コミュニケーション的転回による正しさの生成

　高田（2011）によると，正しさを追究する学問である哲学は，何度かの転回（turn）を経てきた。転回とはある方向を向いていたものが，別の方向に向き直ることである。これには，カントによる「超越論的転回」，次いでソシュールやウィトゲンシュタインらによる「言語論的転回」，さらにガダマ

ーらの「解釈学的転回」そして「コミュニケーション的転回」という4つがある。超越論的転回は存在から認識への転回であり、「モノそのもの」を向いていたそれまでの世界観からモノの「認識」、「知覚」への向き直りである。言語論的転回では、モノが世界認識の中心であった状態から言葉を中心とすることへの転回が起こった。解釈学的転回では意味や価値の発生を作者の側から、解釈の側へと転換した。この解釈学的転回は、「私からあなたへ」という視点の転回でもあると指摘されている(7)(高田 2011：34)。そして、言葉の意味や正しさが解釈からではなくコミュニケーションから生まれるとしたのがコミュニケーション的転回である。ここには「作る」という側面が含まれ、それを「みんな」で行うことになる(高田 2011：260-264)。このコミュニケーション的転回の中心的な論者の一人がハーバーマスである(8)。

では、なぜコミュニケーションは正しさを生み出せるのか。この問いはいくつかの設問に分かれる。なぜひとりの思考よりもコミュニケーションなのか。なぜ、目的合理性だけではないのか。そこでの正しさとはどのような正しさなのか。特に、なぜ、個人の思考（認識）よりもコミュニケーションの方が正しさが生み出せるのか、という問題は正しさの追究と同時に、実践での客体化を生まないためにも重要な検討点である。

偉大な個人の思惟は確かに優れたものがあるが、それにも限界がある。認識論への転回を拓いたカントについて、田中朋弘 (2000) は次のように問題を提起する。カントの定言命法の「手続き性」(9)問題は、個人の判断の普遍化可能性に関することである。すなわち、道徳的な判断が独断的（モノローグ）なものに陥らないためにどうすればよいのかという問いである。これは、私の判断と他者の判断について、私が両者の立場で判断する、という方法では限界があるということである。それではあくまでも私の思考内部を出るものではない。本当に他者の立場について知っているのかという問いが残る。一方の者がいくら考えても、そこには一定の限界性がある。

では正しさは、どのように得られるのか。舟場 (2000) によれば、カント

の問題は，方法的独我論であることにある。ひとつの行動原理が普遍的妥当性を持つかどうかは，どのようにすれば分かるのか。カントは，人は自ら問いを立ててそれに答えられる存在とする（自問自答）。しかし，そこにはいくつかの難点がある。①個々人はいつも，すでに歴史的‐共同体的伝統の中に生きている，そこでの習慣的な規範と関わらざるを得ない。②ある行動原理が普遍的妥当性を持つかどうかは，一人だけで答えを出せる問いではなく，当事者同士のコミュニケーションにより答えられるものである。この点が，なぜ個人の思考ではなく，コミュニケーションなのかに応答する部分である。

　この点については，コミュニケーション的転回において最も重要な役割を担う哲学者であるアーペル（Apel）の議論がもとになっている。アーペルは，科学者の共同体に関わらせて整理を行う。

>　「認識の相互主観的な明証性に関する問いへの答えは，意識に対する個々の認識の明証性に頼ることによっては…与えられない。この問題の答えは，科学者から成る『解釈共同体』における論証的な論議に基づいて到達されるべき合意を要請することによってのみ，得られるのである。
>　しかし，他方…科学者から成る解釈共同体における論証的な論議に基づいて或る合意が形成される過程は，認識の明証性への訴えという認識論的な観点無くしては決して理解されえない」（アーペル 1975＝1984：223-224）。

これは，以下のようにパラフレーズできる。

① 正しさは，個人の認識だけからは明確にならない。私が主観的に考えていることが，他の人にとっても正しいという保証はない。
② 正しさは，解釈共同体の合意によって得られる。
③ しかし，その合意は，論議だけによって得られるものではない。論

議だけによっては正しさは基礎づけられない。
④　その論証過程に，個別の事実の明証性があることで，合意の正しさが基礎づけられる。

　このような枠組みで，アーペルは知識の根本的基礎づけが可能であると考えている（高田 2011：135）。すなわち，正しさの基礎づけは個人の認識のみからでは得られない。解釈共同体の合意，つまり論議による結論によってそれを得ることができる。しかし，その合意は議論だけで得られるものではなく，個別の認識による明証性に支えられる。つまり正しさを基礎づけるのは，解釈共同体の合意と個別の認識の明証性という相互構造である。
　そもそもアーペルは，正しさの基礎づけを探究してきた。そのアーペルが問題にしたのはアルバート（Albert）が示した「ミュンヒハウゼン・トリレンマ」である。これは，知識の基礎づけは不可能であることを主張する。すなわち，知識を基礎づけしようとする試みはどのようなものでも疑うことができ，そのために次の3つの状態に追い込まれるというものである（アーペル 1975＝1984：186-187）。

①　無限後退を行う。根拠づけが永遠に続く。
②　論理の循環論論法に陥る。根拠づけを続けた挙句に，もとの根拠づけに戻ってしまう。
③　探究の手続きの中断。

　これに対してアーペルは，ミュンヒハイゼンのトリレンマの理論は，論理によって基礎づけはできないという限定されたことを示すものにすぎないとする。そしてこの点についてはアーペルも同意する。「命題から命題を導き出す論理的演繹それ自体は，知識の妥当性を基礎づけるものではない」（アーペル 1975＝1984：206）。その上で，アーペルは，知識の妥当な基礎づけは，

2つの事前に基づくと述べる。ひとつは，個々の認識主体の意識の明証性であり，もうひとつが相互主観的規則である。「論証的な議論の文脈の中で，客観的妥当性についての主観的な証言にすぎない認識の明証性が，相互主観的な妥当性を与えられる」（アーペル 1975＝1984：209）。個々人の意識の正しさは，議論によって相互主観的に妥当なものとされる。高田はさらに，言語を用いて思考する以上言語のルールに従うこと，その際に，必ず誰もが尊守している基本的ルールの存在を想定しうること，そのルールを知識の基礎づけに援用できる，と整理している（高田 2011：108）。

個人の認識の限界性ということに対して，ハーバーマスも同様の立場である。そしてアーペルとハーバーマスは，コミュニケーションという切り札を提供することも共通している。アーペルとハーバーマスの違いに関して言及しておけば，同じ語用論でもアーペルは普遍的語用論なのに対してハーバーマスは形式的語用論という立場をとる（日暮 2004：3）。普遍的語用論の課題は，可能な了解の普遍的な条件を同定し再構成することである（遠藤 2007：59）。これに対して，形式的語用論は普遍的語用論の内容を含みつつ，社会学的な行為論となるように，かつ，より広い見地に立つものとされている（遠藤 2007：97）。

ハーバーマスの立場は，前述のように話し手と聞き手の間の妥当要求が正しさを生み出す，というものである。話し手の発話行為での妥当要求に対して，聞き手は，真理性，社会性，誠実性３つの点から妥当性を判断する。すなわち「その話は真かどうか」，「その話は社会的に認められるものかどうか」，「話し手は本心を話しているのか」という基準である。

妥当要求に対して，聞き手は疑義があれば，批判をすることができる。話し手の方はそれに対して自らの発話内容が妥当であることを証明する，という反駁を行なわなくてはならない。先にも見たこの手続きは，合意が成立すれば，納得を生むものであった。しかし，これは同時にその事項に関する正しさを話し手と聞き手が了解するプロセスでもある。

ここでは，話し手の個人の明証性に基づく妥当要求を聞き手が認めている，つまり，聞き手にとっても妥当であると聞き手の論理によって確認されている。話し手の個人的事実が聞き手にとっても事実として確認され，話し手と聞き手の間に相互主観性が生まれている。コミュニケーションによって，話し手と聞き手の間の正しさが生まれているのである。

　コミュニケーション的行為での，真理性（認識），社会性（規範），誠実性（表自）の理解について，ハーバーマスは次のように示す。規範に基づく要請文の場合には，発話行為の持つ内的な効果が問題となる。要請の指示を受け入れる条件は，発話行為そのものの発話内的意味から引き出すことができる。

　したがって，聞き手が規範的な要請文の意味を理解するのは次の2点からである（ハーバーマス　1981＝1986：42）。

① 聞き手が，望ましい状態を受け手がもたらすことができるための条件を知っている。
② 聞き手が内容①の要請を妥当だとみなすのに，充分なだけの納得のいく理由を話し手が持つことができるための条件を知っている。

　これにより，話し手は自分の発話行為の申し出を受け入れるように聞き手を合理的に動機づけることができる。ハーバーマスによれば話し手は，「自分の発話内効果の拘束力を，語られたことの妥当性に負っているのではなく，自分の発話行為によって掲げられた妥当要求を必要とあれば認証することに対して話し手が行う保証の調整効果に負っている」のである。つまり，聞き手から批判を受けた場合は，十分な理由をもってこれを反駁できると保証することである。

　この理解の条件は，表自的発話行為の場合や事実確認的発話行為の場合も基本的に同様である（ハーバーマス　1981＝1986：43）。表自的発話行為の場合

に，発言を理解するとは次のような状況である。

① 聞き手が，ある状態をどのように受け取るかについてありうる条件を知っている。
② 聞き手が，話し手は自分の思っている通りのことを語っており，それゆえ，話し手のその後の行動がこの告白と整合的であるだろうと保証する際の条件を知っている。

事実確認的発話行為の場合は，次の通りである。

① 聞き手が，ある言明が真であるようになる条件を知っている。
② 聞き手が，その言明を真と見なすのに充分な納得のいく理由を話し手が持つことができるための条件を知っている。

このような理解によって，聞き手が話し手の発話行為を受け入れれば，そこには，相互主観的な合意が形成される。ここでは発話的行為に参加している者同士が，お互いにこの場での正しさを生み出している。この正しさは，お互いによる妥当性の確認をしているので，それがなぜ正しいのかということを話し手と聞き手以外の人にも示すことができる。

（3）正しさと意味に基づく地域福祉実践

このように，正しさを生み出すのは個人の認識ではなく，既定の言語でなく，解釈からでもない。話し手と聞き手の相互によるコミュニケーションであるとするのがコミュニケーション的転回である。この立場からすれば，正しさを得るためにはコミュニケーション的行為が必要である。話し手が発話行為で掲げる妥当要求に対して，聞き手が承認すれば合意が生まれる。この合意は相互主観性を持ち，その内容についての正しさを共有している。

第3章　対話的行為による地域福祉実践の転回

　これを踏まえれば，地域福祉実践はコミュニケーション的行為によって状況に関する正しさ確認しつつ進めることができる。地域福祉の現場で状況をどう確認するかは，対応方法を左右する。例えば，ごみ屋敷やホームレスという社会事象は，以前から地域福祉の対象とされていたわけではない。以前からもごみ屋敷やホームレス状態はあったが，それは地域福祉の対象とされてこなかった。同じ事象を見ても，かつてと現在ではそれが対象であるかどうかの判断が違っている。その判断に基づいて対応も異なっている。現在でも，眼前の事態がしつけなのか虐待なのか，支援が必要な孤立なのか孤独の謳歌なのかということについて判断することが難しい場合がある。その場において正しさを確認していくことが求められている。地域福祉実践での正しさの判断を高めることで，地域福祉の成果が異なってくることは是認できるであろう。[11]

　もちろん，より正しい認識に基づいて行った実践が，必ずしも期待通りの成果を生むとは言い切れない。正しい認識は成果を上げる可能性を高めるが，結果を保障するものではない。しかし，だからと言って誤認された事実や希薄な根拠によって実践を進めたほうがよいわけではない。これは，一面的な認識に基づく実践に対して，懸念を表明することになる。コミュニケーション的行為では客観的な科学主義に基づくエビデンスだけではなく，社会規範性や個人の思いを表出する表自性なども合わせた妥当性を求めている。目的合理的な側面だけでなく，それを社会性という観点から評価したり，個人の思いからの問いを受け止めることも含めての正しさなのである。

　ここでの作業は実践に関わる者たちにとっての実践の意味を生み出し，確認していることでもある。正しさというと中立的，客観的な印象となるが，そうではなく，対話的行為によって正しさを生み出すことは関与者にとって意味を共有する行為なのである。これは，観察者の視座から捉えられるものではない。なぜ，その実践をするかということについて発話行為によって意味が理解されている。第1課題とのつながりでいえば，そうした意味を共有

するからこそ，納得した実践となる。したがって，こうした実践は，「正しさと意味に基づく共同的行為」ということができる。

（4）コミュニケーション的転回をめぐる課題

　対話によって真理を保証できるのかという問いはある。真理をどのように考えるのかという論点はあるが，真理性をめぐる問いは常に発し続けられる。既存の豊富な研究蓄積をもとに幾つもの定理が存在する領域であれば，その定理に従うという方法がある。しかし，地域福祉はそうした状況にはなく，また事象の多様性や個別性が高い。こうした個々の場面での正しさとしての真理を求めるためにコミュニケーション的行為という方法は有効と考えられる。

　ただし，これはその場で確認された正しさである。その正しさは，あくまでその状況下での正しさとして話し手と聞き手によって確認されたものである。コミュニケーション的行為の中に肉体化した理性（ハーバーマス 1985＝1990 Ⅱ：559）で「状況的理性」と呼ばれる。状況的理性は「可謬主義」であり，絶対的な真理を表すものではない。話者同士が到達した最も確かめられた地点であるが，それは状況や条件の変化によって変わりうるものである。より妥当な考え方が示され，それが了解されれば新たなものに取って代わられる可能性がある。到達した一つの正しさに固執し続けるのではなく，より妥当なものを求めてコミュニケーション的行為を継続することが求められる。

　また，コミュニケーションによる合意形成は，手間と時間がかかる。そして，事実性だけでなく社会性や誠実性も問われる複雑なものである。コミュニケーション的行為が実際の現場で活用できるかどうか，という問題がある。現場でのスタンダードになることは望ましいが，この方法の意義が共有化されていない限り，それは，形式化する危惧がある。

　それでも付け加えておくべきことは，コミュニケーション的行為は高度で複雑な内容を求めているのではない，ということである。一般的な日常生活

でも行っていることである。ハーバーマスが示したのは，その詳細な分析である。話し手は，自分の主張の理由が説明できる。聞き手は，違和感を覚える内容に対して，疑問を発したり，否定したりできる。その評価基準は，「それは本当のことなのか」，「社会的にどう評価できるか」，「真剣にそう考えているのか」というものである。そこで意見が違う場合に，すぐに決裂するのではなく，違いの上で互いが納得する合意点を探る。日常の生活世界を基礎にした話し合いによって生まれるのが状況的理性であり，高度な専門性を要するものではない。

　状況的理性は，確かに一定の限界性を持つ。しかしそれは，同時に実践の足場を提供してくれる。豊泉（2000：116）はハーバーマスの「理性批判の，もろもろのアプローチにおいては，日常的実践のための体系的場が考慮されていない」という言葉を引いて，ここにハーバーマスのコミュニケーション的転回の核心を見ている。状況的理性を生み出し，高めていけるものとして，コミュニケーション的行為の実質的位置づけが必要である。

　コミュニケーション的転回は，日本でも多くの分野で論じられてきている。哲学・思想の分野から発し（ジェイ 1987；野家 1990），社会理論（尾関 2006）や政治の分野（高橋 2006），そして，教育（野平 2007：太田 1989）やマーケティング（青木 2011）にまで広がっている。高田は，学問領域だけではなく，現実的にもこの動きが進行していることを指摘する。しかし同時に，好意的に受け入れられる分野と「決して手放しで受け入れるべきものではない」分野や領域の存在についても示唆している（高田 2011：11）。地域福祉で，コミュニケーション的転回をどのように受け止めていくのかが問われている。

4　地域福祉実践のための条件整備

（1）地域福祉実践と対話的行為の親和性

　コミュニケーション的行為は，会話全般ではなく了解志向の発話行為であ

る。妥当要求を掲げて，その承認を求めるという手続きをとる。さらには，合意による了解に基づく行為の調整を課す。日常生活で，こうした行為はどれだけ生み出されているだろうか。ハーバーマスによれば，近代社会はシステムによる生活世界の植民地化という状況により，コミュニケーションが貨幣や権力という他の媒体に置き換わっていく。日本社会に関して言えば，対話の無さはつとに指摘されている（中島 1997；平田 2012）。こうした現状を鑑みれば，コミュニケーション的行為を地域福祉実践の基礎に置こうとしても，日本社会では，それは現実的なことではないのではないか，という問いが生まれる。[12]

しかし前にもふれたように，地域福祉実践とコミュニケーション的行為の関係を検討すると，この両者が親和的であることが分かる。それは単に地域福祉実践ではコミュニケーションが重要，というような一般的に指摘されていることとは違うレベルである。地域福祉実践とコミュニケーション的行為では，手続き論的，構造的に近いものがある。

地域福祉実践が置かれている状況を確認すると，それは法律や制度だけで進められるものではない。社会福祉の中でも法律や制度による規定が相対的に少ない領域である。強制的な介入が必要な場面もあるがその方法が中心ではない。[13]そこには，公私関係，あるいはフォーマルとインフォーマルの関係が多くの場合で含まれている。地域の住民の関与，参画も求められる。住民が各種の活動に参加するのは，ワーカーの援助や行政による促し，地域の人間関係などさまざまな要因がある。旧来型の地域社会が弱体化する中で，地域の取り組みを起こそうとするとき，意識的な働きかけが必要となっている。

地域福祉実践は地域社会という，生活の場で行われる。援助者が問題を抱える当事者や住民との関係づくりを考えるならば，専門的な用語よりも日常的な言語が幅を利かすフィールドである。地域を基盤とするソーシャルワークは，問題を抱える当事者と援助者，そして住民が向き合う場面である。問題が把握され，援助計画が立てられ，実行に移される，という展開はコミュ

ニケーション的行為の発話行為（理解）－合意形成－行為調整，という枠組みと重なる。特に，複雑さやあいまいさを含むような事例の場合，対話の必要性は大きくなる。

　地域福祉実践では，日常生活よりも意識的にコミュニケーションが求められる。問題を抱える当事者と援助者，住民，さまざまな専門職，サービス提供者そして行政といった多様なアクターの間でのコミュニケーションである。そこでは，何らかの実践を起こして進めることも求められる。単に話し合いで終わるのではなく，その話し合いの結果としての活動や事業，援助行為が生じる。地域福祉の現場では，話し合いと実践が意識的に求められる。

　このような点を考えればコミュニケーション的行為にとって，地域福祉実践の場は，その可能性が発揮しやすい適所である。コミュニケーション的行為を展開しやすいニッチとして地域福祉実践を捉えることができる。コミュニケーション行為は，本来，全社会を対象としたものである。だが，日本社会の現状とコミュニケーション的行為の性格を考慮すると，社会全体を対象にして考えるよりも，まず適した領域で活用することで，その意味を明確にし，そこからそれが受け入れられるような他の領域へも広がっていくという方法は，現実的なものであろう。

　逆に，地域福祉援助にとってコミュニケーション的行為は，前述の通り地域福祉の課題を越えていく方法となりうる。このようにコミュニケーション的行為にとって地域福祉は自らを生かしやすい場であり，地域福祉にとってコミュニケーション的行為は，新たな展開方向である。ただし，親和的であるからと言って，それが現に地域福祉実践に取り入れられているというわけではない。むしろ地域福祉の主流化，地域福祉の政策科学化という展開の中で，コミュニケーション的行為がどのように位置づけられるのかが問われている。

　以上のように，両者の親和性を指摘できるが，実際にこの領域でコミュニケーション的行為を活用しようとするとき，そこには課題がある。そして，

この点の条件を整えない限りは、コミュニケーション的行為を活用しても、地域福祉実践での影響力発揮を期待することはできない。その課題というのが、コミュニケーション的行為で求められている言語能力と行為能力である。

（2）言語能力と行為能力を前提とするコミュニケーション的行為

ハーバーマスの示すコミュニケーション的行為は、言語能力と行為能力を前提している。「了解とは、言語能力と行為能力を備えた主体の間で一致が達成される過程である」（ハーバーマス 1981＝1987：23）。発話による行為の調整の3段階では、聞き手が話し手の発言を理解すること、イエスかノーの態度を決めること（意思決定）、合意に従って行為を方向づけること、が求められていた。その理解の前提でも、用いられる文法が正しいことや発話が文脈的に適切であることなどが条件とされている。ここだけでも多くの言語能力や行為能力が取り上げられている。コミュニケーション的行為は、それを行おうとする場合には言語能力や行為能力が求められる。

言語能力や行為能力を前提とするのであれば、その前提に抵触する場合、つまり、言語能力や行為能力が欠けている場合はコミュニケーション的行為から排除されるということになる。言語能力がないということは、文法的に正しい発話行為ができなかったり、発話内容を理解することができないということである。行為能力がなければ、合意した内容に従って行為を遂行することができない。

この意味で、コミュニケーション的行為はすべての人々に開かれている行為ではない[14]。一般的には、コミュニケーション的行為とはそうした性格を持っている行為の諸類型の一つということで納めることができるかもしれない。ただしかし、地域福祉実践という領域で考える場合、この点は決定的な重みを持っている。避けて通ることのできない問題である。

（3）コミュニケーション的行為と支援

　地域福祉実践は社会的な援助活動である。そこには様々な人々が関わる。問題を抱える当事者は，言語能力や行為能力が乏しかったり，欠如していたりする場合が少なくない。特に近年は，脱施設化や高齢化，国際化などの影響によって，障害をもつ人々，認知症を抱える人々，日本語を母語としない人々等，コミュニケーション上の障害や行為上の障害を持つ人々が地域には増えてきている。あるいは，地域で社会的に孤立している人たちも対話や社会的行為の機会を欠いているということもできる。地域福祉は当然のことながらこうした人々を無視することはできない。地域福祉の領域では，言語能力や行為能力に障害を抱える人々がいるのは当然のことである。コミュニケーション的行為が，言語能力と行為能力を前提とすると，こうした人々を排除してしまうことになる。地域福祉実践においては，言語能力や行為能力がない人々を排除することはあり得ないので，コミュニケーション的行為を地域福祉実践で活用しようとすればそれを可能にする条件を整える必要がある。

　発想の転換が必要である。地域福祉実践では「言語能力や行為能力がある」ことを前提とするのではなく，「言語能力や行為能力がない」ことを前提とすることが求められる。つまり言語能力や行為能力がないことへの対応がハーバーマスの理論を活用するための条件である。そこでハーバーマスの「コミュニケーション的行為」を地域福祉実践で活用する場合を支援つきコミュニケーション的行為という意味で「対話的行為」と表現する。

　言語能力や行為能力がなぜコミュニケーション的行為の前提となってきたのだろうか。そうした能力がないとコミュニケーション的行為が成り立たないからであろう。逆に言えば，そうした能力が求められるレベルまであれば，コミュニケーション的行為に参加できることになる。ということであれば，ある当事者にそうした能力が不足している場合はその分を補えばよい。これは社会福祉の援助からすれば当然の発想である[15]。言語能力や行為能力の不足している部分を支援して，コミュニケーション的行為を行えるようにする。

言語能力が欠けていれば，それを補い，行為能力が乏しければ，それを支援する[16]。それは現実的には簡単なことでないことは言を俟たないが，言語能力や行為能力が所定のレベルまで達すれば，コミュニケーション的行為から排除される言われはない。

「言語能力や行為能力がない」状態を前提とするのであれば，その不足について支援することもまた当然となる。これは現実の社会状況を見てもむしろ大きな流れということができる。地域社会でコミュニケーション能力や行為能力に障害を抱える人々が増えつつある今[17]，地域福祉では対話や行為の支援を前提とした対話的行為の理論を構築することが求められている。特に地域福祉援助に関する理論では，こうした点を取り入れた新たな展開が要請されることになる。

（4）支援を前提とした対話的行為

言語能力や行為能力があることを前提としないということは，ハーバーマス理論を地域福祉実践で活用するための条件を整備する必要があることを示している。言語能力と行為能力では，特に言語能力への対応が難しい。そもそもコミュニケーションができない場合にどのように支援するのか，どのように意思を確認するのか。一般的には，この点が大きな壁となる。

コミュニケーションができない人への援助と言っても，安易に行なえばそれは，結局援助者によるパターナリズムに陥ってしまうのではないかという危惧がある。しかし，だからと言ってそうした人たちをコミュニケーションから排除してしまっては，能力による切り分けが進むだけである。自ら意思を表せない，表わしにくい人の問題に対して社会福祉援助では，模索しつつ一定の蓄積を残してきている（笠原 2006；谷口明弘 2008）。そこでは，わからない人ではなく「うまく理解できない」だけとも主張されている（森 2011：22)。障害を持つ人や認知症の人，日本語を母語としない人等の意思決定支援やコミュニケーション支援，あるいは，アドボカシーというものが重要と

なる。そうした方法を取り入れながら，能う限り多くの人たちが対話的行為に参加できるようにその限界を広げていくのが，今後の地域福祉実践の指針となる。それを可能とする理論的整理や援助方法の開発が求められる。

5　対話的行為の基本ユニット

（1）合意と了解に基づく共同の行為調整

　本章では，地域福祉の主流化と地域福祉の隘路に関して，実践での客体化を生み出さないことを第1課題として検討し，また，地域福祉実践の成果をいかにあげるかを第2課題として検討した。ここで示した方法は，地域福祉実践の基礎にコミュニケーション的行為を置くということであった。しかし，ハーバーマスのコミュニケーション的行為は対話能力と行為能力があることを前提とするため，ハーバーマス理論の活用のために，言語能力と行為能力のないことを前提として対話的行為を提案した。

　これにより地域福祉実践は，一個人の主体的意図を実現する行為，あるいは，客観的な認識によって目的合理的に成果を生み出す行為，から，当事者を含む実践に関わる人々の話し合いによる合意と了解に基づく共同の行為調整へ，とその性格を変えていくことになる。これにより他者を手段化し，資源化するような「主体－客体」という構図から，相互主観的な「主体－主体」という構図の実践へと変化することになる。

　そこでは成果志向的な目的合理性から，了解志向のコミュニケーション的合理性へという転換が行われ，地域福祉実践に関わる人々は妥当要求を掲げ，承認／否認し合う関係を築く。地域福祉実践の現場は状況的理性が示される場となる。

　これらは，実践での客体化を生み出さない，という理念に導かれている。同時に，実践の成果を上げるという経験的な要求にも応えようとしている。ただし，優先順位は誤ってはならない。地域福祉の隘路を第1課題としたの

は，その解決が地域福祉の可能性を高めるからである。データに基づく認識に代表されるような客観的，科学的な事実性は重要であるが，地域福祉実践の基礎では，規範性や誠実性も合理性を持つものとして同様の重みを持つということである。

（2）対話的行為を基礎とする地域福祉実践モデルの構想

このように考察を進めてくると，対話的行為を基礎とする地域福祉実践のモデルの着想を得ることができる。地域での個別支援や地域支援，あるいは，コミュニティワーク，コミュニティソーシャルワークの基礎に対話的行為を置くということである。計画策定や政策立案，専門職同士のカンファレンス，新たな事業検討などについても同様である。問題発見，相談の段階での対話的行為もあれば，プランニング，意思決定やその実施での対話的行為もある。さまざまな地域福祉実践のそれぞれの段階において対話的行為を埋め込むことを考えることができる。

その際に言語能力や行為能力が乏しかったり，欠如している場合には，対話のための支援が展開される。対話的行為が行われる場面での具体的な対話の支援である。表現や理解を援助したり，意思決定を促したり，行為をサポートする。時には特別なコミュニケーションの技術提供や専門家が関わったり，対話のためのエンパワメントやアドボカシーが展開されることになる。また，間接的には，対話的行為を生み出すための環境整備，諸資源の配置も必要になる。この対話的行為は，理論的には「主体－客体」構図に基づく援助活動，成果志向の戦略的な地域福祉実践というものを除けば，既存の地域福祉援助方法と共存しうるものである。

図3-1は，地域福祉実践での対話的行為の基本ユニットを示したものである。これはコミュニケーション的行為の展開を言語能力や行為能力に障害を抱えることを前提とするモデルに援用したものである。対話的行為の展開は，3段階に分かれる。話し手による妥当要求を掲げた発話行為の理解の段階，

第3章　対話的行為による地域福祉実践の転回

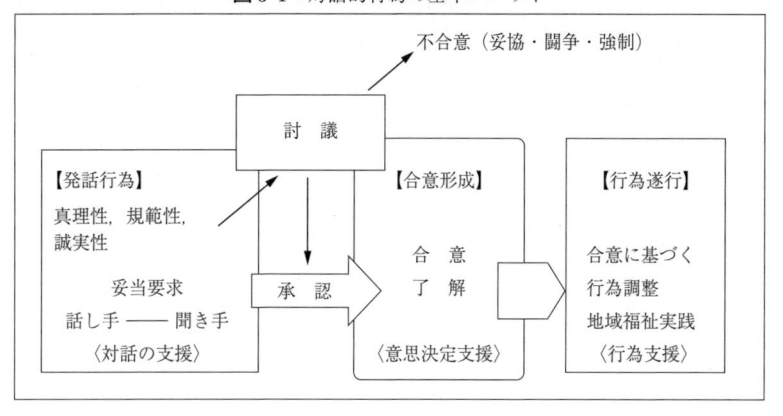

図3-1　対話的行為の基本ユニット

```
                    不合意（妥協・闘争・強制）
                        ↑
                    ┌───────┐
                    │ 討 議 │
                    └───────┘
                     ↑    │
【発話行為】         │    │  【合意形成】      【行為遂行】
真理性，規範性，     │    ↓                   合意に基づく
誠実性               承 認 → 合 意            行為調整
                            了 解             地域福祉実践
妥当要求
話し手 ── 聞き手
〈対話の支援〉            〈意思決定支援〉     〈行為支援〉
```

合意と了解の段階，合意に基づく行為調整の段階，である。この際，話し手と聞き手はともに主体であり，私とあなた（たち）の関係である。その入れ替わりは可能で，話し手の位置に問題を抱えた当事者がいる場合もあれば，専門的援助者（ワーカー）がいる場合もある。発話の内容は真理性，規範性，誠実性から検討され，聞き手がそれを承認すれば，合意が生まれる。

　問題があると考えられれば批判され，それに対して話し手は反駁する。それでも承認できなければ，コミュニケーションを中断し，討議を行う。ここでコンセンサスを得られれば，対話的行為のプロセスに戻る。討議で一致が得られない場合，地域福祉実践は，対話的行為から踏み出した対応を行う。これは，その状況の要請にこたえるためである。本来であれば，対話的行為で行うべきであるが，これが実現しない場合，地域福祉実践を中断したままにするわけにはいかない。そこで，話者同士の間での「妥協」，また，より大きな不一致がある場合の「闘争」，あるいは，特定の権力を背景とした「強制」という方法がとられることになる。ただし，これはあくまでも討議においても一致が見られない場合の対応であり，対話的行為に戻ることが可能になれば，それを優先する。

　話し手と聞き手の間で合意による了解が成立すれば，その上で，その合意

に基づいて互いの行為を調整する。これが狭義の地域福祉実践となる。この対話的行為は，言語能力や行為能力があることを前提とはしていないために，各段階において対話的行為を成り立たせるための支援が置かれている。最初の発話行為の段階では，対話の支援が[19]，合意と了解の段階では，意思決定支援が，合意に基づく行為調整の段階では，行為の支援が展開される。

（3）対話的行為の3つの影響

対話的行為が2つの課題に対して持つ影響に関しては検討した。しかし，対話的行為はそれだけにとどまらないより広い影響を生み出すと考えられる。以下，その例として3点を挙げる。

第1に，実践の結果の帰属に関する影響である。対話的行為が発話内的行為によって行われれば，その実践の結果は，関わった人々に共同に帰属することになる。結果からの疎外を生まない。ただし，これは，すべての実践が成功裏に終わることを意味しているのではない。発話内的行為は，その結果を保障するものではない。ここでの意味は，たとえそれが失敗であっても，その失敗も実践の関与者に帰するということである。失敗することの権利もあり，そのことも実践の結果の享受の一形態である。お互いが合意し，行為した結果それが失敗しても，その過程と共にその結果もお互いのものとなる。

第2に，「超回復状態」の出現可能性である。超回復状態とは問題発生以前の状態への復帰ではなく，それ以上の生活状態が現れることである。問題を抱えた当事者をはじめとする人々は地域福祉実践によって対話的行為を体感，体得することになる。自らの目的の実現を個別に求めて生活を送るという目的合理的な方法ではなく，さまざまな人々と対話し，了解を求めながら物事に取り組んでいくという生活形式である。これは，援助を受けることで問題状況から脱し，以前の生活状態に復帰するという旧状復帰モデルとは異なる。旧状復帰モデルでは援助を受けたことで，到達するのは以前の生活と同じレベル（方式）である。これに対して対話的行為を基礎とする地域福祉

実践では，単にもとのレベルに戻るということには終わらない可能性を持つ。対話的行為のアプローチを身につけることができた場合には，それまでとは異なる生活形式を生み出すことができうる。問題状況への対応の幅や質もかつてとは変わってくると考えられる。これは，超回復状態ということができる。

最後は，ミクロレベルとマクロレベルの架橋ともいえる影響である。地域の個人支援の，最も小さな単位として問題を抱える当事者と援助者の関係がある。ここでの関係は一種の親密圏的な要素を持っている。しかしそこで対話的行為が展開されるということは，援助行為は妥当性によって裏づけられていることになる。地域福祉実践の理由説明を求められた場合，両者が認めた妥当性を主張できる。たとえ最小単位の援助関係でも，対外的なアカウンタビリティを果たすことができる。より広い公共圏での議論に関わることになった場合でも，実践の基礎に対話的行為があれば，自分たちの合意内容をそこに示し，問題提起を行うことができる。地域の一隅の実践と公共的な議論は対話的行為を介してつながり，それによって社会に対する働きかけも開かれる。

（4）対話的行為の限界性

地域福祉実践で対話的行為を活用する上での限界性についてもまとめておこう。前述のように地域福祉の領域は対話的行為に適したものであると考えられるが，しかしそれは対話的行為によってすべてが解決できるということを意味しない。むしろ，地域福祉実践でのさまざまな限界性をもつものである。これまでの検討から，次のような点をあげることができる。

「対話の限界」は，コミュニケーションが現実的にとれないことに対する限界性である。乳幼児や意識が明瞭ではない状態，最重度の障害などがあげられる。しかし，コミュニケーションは全く取れないのか，非言語的コミュニケーションについてはどうか，という検討点は存在する。

「合意の限界」は，話し合い続けても合意が形成されないことに対する限界性である。問題の隔たりの大きさ，価値観の相違，懐疑主義，話し合いの進め方，などによるものである。時間等の制約がある場合には，合意に至らずとも何らかの結論を出す必要がある。妥協するのか，話し合いを離れるのか，いずれにせよ了解志向の対話的行為は成立しない。

「支援の限界」は，言語能力と行為能力の支援に対する限界性である。支援の方法がなかったり，対話を生み出す資源が整備できていないような場合である。ただしこれについては，今後の援助方法の発展や資源開発によってその限界線を広げていくことができる。

「状況の限界」は，対話的行為を行う際に，権力関係を伴わない理想的な状況をつくることに関する限界性である。地域社会は常に何らかの権力関係の中にあり，これを免れることは現実的には難しい。理想的な状況をつくることを求めつつも，現実的な権力関係の中での実践となる。

「適性の限界」は，ある社会的場面に対して対話的行為という方法が持つ限界性である。場面によっては対話的行為に適さないことがある。生命の危険や犯罪等に対する緊急的な介入，高度に専門的判断の必要な場合などである。

(5) 主流化と隘路の先へ

地域福祉の主流化と隘路という課題に対して，ハーバーマスのコミュニケーション的行為理論を活用することを検討してきた。地域福祉の隘路に関する第1課題の，実践での客体化を生み出さないために，コミュニケーション的行為による合意形成とその合意に基づく行為調整という方法を検討した。これによって「主体-客体」関係ではなく，「主体-主体」関係で地域福祉実践を進めることを示した。地域福祉の主流化に関わる第2課題については，正しさに基づいて実践が進められることの重要性を指摘し，正しさを生み出すコミュニケーション的転回を検討した。話者間で妥当要求をめぐって行わ

れるコミュニケーションを承認するという手続きにより,その場での正しさ,すなわち状況的理性が生まれることを確認した。これをもとに実践を進めることで成果が生まれうることを仮説的に示した。

この方法を地域福祉実践で活用するには,対話能力と行為能力を前提とするという課題があった。そこでハーバーマスの理論を地域福祉実践で活用するための条件整備を行い,対話能力と行為能力があることを前提とせず,それらの支援を当然のものとする地域福祉実践での対話的行為を構想した。それを具体化するための対話的行為の援助論の必要性にも触れている。

以上のように,本章は地域福祉の課題についての基本的部分を理論的に検討した。ハーバーマスの理論に着想を得つつ,それを地域福祉実践に生かすことを試みた。ただし,ここで検討したのは地域福祉の重要課題ではあるが,その一部分である。次には,地域福祉援助を意識して,対話的行為の検討を行う。

注

(1) 転回（turn）については,のちに詳しく触れるが,「コミュニケーション的転回」とは,コミュニケーションによって,正しさを生み出していくという意味である。
(2) ちなみに,ハーバーマスはこうしたものを「無意識的なごまかし（歪められたコミュニケーションの体系）」としている（ハーバーマス 1981＝1986：78）。
(3) 地域福祉では「住民主体」が重んじられてきているが,同時に地域福祉実践の「資源」と捉えられるという現実もある。住民は主体でありながら,地域福祉実践の資源でもあるという姿は,主体として実在しつつ,量として量られる「実在的抽象化」が進行していると考えられる（豊泉 2000：136-141）。
(4) ハーバーマスとオースティンの発話媒介行為の規定には違いがある。すなわちオースティンでは,発話媒介的行為は発話内的な行為が行われるときに同時に行われうるもうひとつの行為である。しかし,ハーバーマスでは,発話媒介的行為は,何らかの効果を意図されたものに限定し,しかもその意図を聞き手に覚られてはならないという条件がある。ハーバーマスの方が発話媒介的行為を狭く規定している（遠藤 2007：101）。
(5) 教育の分野ではそれで十分意義があるという見解もある（村松 2001：44）。

⑹　ハーバーマスによるサールの方法に対する批判である（ハーバーマス　1981＝1986：67-68）。
⑺　ハーバーマスと解釈学の第1人者であるガダマーとの間で論争が行われたことは有名である。五十嵐（1996）はこの論争は，イデオロギー論争というよりも深い部分があり，ハーバーマスにとっては解釈学を越えていくという性格があった，と指摘する。他にもジェイ（1987），武田朋久（2003）もこの論争を取り上げている。
⑻　高田（2011）はコミュニケーション的転回の主な論者として他に，カール・オットー・アーペルとアンソニー・ギデンズを上げている。
⑼　定言命法は，カント倫理学の根本的な原理であり，無条件の絶対的な命令を指す。「君の意志の格律が，いつでも同時に普遍的立法の原理として妥当するように行為せよ」（カント　1788＝1979：72）によって示される。これに対して，条件がある場合には仮言明法となる。
⑽　誠実性要求は討議の対象とならないとする見解がある。それは予め事実として承認されるものである。そもそも普遍的誤用論の対象がはじめから誠実な行為だからである（西阪 1987）。だが，誠実性は，議論の対象とならないということはない，その場で議論することはできる。ただし，その誠実性はその後の態度によって明らかにされるということである。
⑾　ちなみに第1課題の，実践の他者をつくらないということも，関与者に内的な動機づけが得られるという点で，実践の成果を上げることに寄与するといえる。
⑿　栗原孝（1986）はこうした点を検討し，日本のコミュニケーションの課題として次のものを問うている。①現在のコミュニケーション的行為が，いかなる了解事項に基づいて成立しているか。②コミュニケーション的行為がどのように了解を達成しているか。③現在，どのように了解の能力が形成されているのか。④どこに歪められたコミュニケーションが現れ，どこにそれに対抗するコミュニケーション行為の形態が見られるのか。⑤それらの日本的形態があるとすればそれはどのようなものか。
⒀　虐待問題など命に関わるような場合，詐欺など犯罪性がある場合などの強制的な介入が必要な場面も地域にはあることは留意しておかねばならない。
⒁　この点に対する批判として，野平（2004）は，解放と自律の基準をコミュニケーション能力に求めるならば，その能力のない者を未成熟という領域に割り振り，啓蒙の名のもとに支配し管理することにつながる，というフーコーの指摘を紹介している。
⒂　もう一つの発想として，コミュニケーション的行為の求める言語能力や行為能力のレベルを限りなく下げるという方法も考えられる。しかし，これでは，コミュニケーション的行為自体の成立が難しくなる。また，生活世界の合理化にも大きな支障が出て，複雑化する社会でのもう一つの場とはなりえなくなる。

⒃　もちろんこうした援助行為が真空状態で行われるわけではなく，そこにはまたさまざまな権力問題も生じる。しかし，だからと言って，この援助自体を不要とするわけにはいかない。さまざまな問題をはらむことを考慮に入れて，こうした援助の必要性を主張する。
⒄　例えば，認知症高齢者は300万人を越えると推計され，2010年で介護保険を使っている日常生活自立度Ⅱ以上の認知症高齢者280万人とされている。
　厚生労働省（2012）「認知症高齢者について」（http://www.mhlw.go.jp/stf/houdou/2r9852000002iau1.html，2013年10月31日アクセス）。
⒅　この発想は，岡村重夫の「現実性の原理」によっている（岡村　1983：101）。
⒆　対話の支援には，話し手側の発話行為に対する支援と聞き手の理解に関する支援が含まれている。この両者を含むものとして対話の支援としている。

第4章　対話的行為を用いた地域福祉援助の構想

1 地域福祉援助の着想

　前章では対話的行為を基礎とする地域福祉実践を描いてきた。それでは対話的行為を基礎とすると地域福祉援助はどのように描くことができるだろうか。地域福祉実践が地域福祉の計画や活動，事業など幅広く含むのに対して，本書での地域福祉援助は援助者が援助技術を用いて行う援助行為を指す。地域福祉援助とは地域志向やコミュニティケア志向の直接援助と間接援助を内容とするものである。平野（2003：36-38）はコミュニティワークを中心としてさらに厳密に地域福祉援助技術を規定するが本書では地域での援助者の活動をより広く捉えるためにそこまでは限定しない。

　以下でもハーバーマス理論を下敷きとするが，言語論や行為論だけでなく，社会論も関わってくる。

　ハーバーマスは，社会を生活世界とシステムの2層として把握している。近代社会では，システムが飛躍的に発展している。そればかりか，本来コミュニケーションにより成り立っている生活世界の領域まで，システムが侵入している。これにより生活世界での「病理現象」が発生する。これがシステムによる生活世界の植民地化である。ハーバーマスはこの生活世界の植民地化を近代社会の克服すべき課題としている。生活世界に侵入しようとするシステムとそれに抗おうとする生活世界の間には抗争ラインが敷かれる。「新たな抗争は，システムと生活世界の接点のところで発生している」（ハーバーマス　1981＝1987：417）。生活世界側の対応は，生活世界を合理化していくことである。ただし，それは社会の目的合理的な側面だけでなく規範性や社会性を高めていくことである。生活世界の合理性を高めて，システムを外側から制御することを志向する。システム自体を否定するのではなく，生活世界とシステムは並立しながら，生活世界がイニシアチブを取る方向を模索するのである。

本章はこれを起点として，以下のように論考を進める。ハーバーマスの理論枠組みは，主に後期資本制社会の病巣を明らかにするものである。これを現代日本の社会，特に地域社会に適用しようとすれば，柔軟な検討が施されなければならない。また，生活世界の植民地化という社会の問題が即ち社会福祉や地域福祉の問題というわけではない。それはあくまで社会レベルの問題である。それが個人の生活や生き方に影響を及ぼし，生活が成り立たなくなったり，その人らしい生き方が不可能になるような場合に地域福祉の対象となる。その判断は法律や政策で決められているものばかりではない。そうした時に対話的行為によって地域福祉の対象を構成していく。その構成をするフィルターが地域福祉援助の視座である。この視座を示した後に，地域福祉援助に対話的行為を内包させることを試み，また，ここに対話的行為を実現するための支援や資源も位置づける。最後に，地域福祉援助の多様なレベルを整理する。

2　地域社会での生活

地域福祉を考える際に基本となるのは，私たちがどのような地域社会でどのように生活しているかという問いである。ハーバーマスは，社会を生活世界とシステムという2層で描いている（ハーバーマス 1981＝1987：第6章）。これをもとにすれば地域社会も生活世界とシステムから成り立つものと考えられ，地域社会での生活も生活世界とシステムによって営まれているといえる。この場合の地域社会とは物理面，文化面の生活を成り立たせ，営んでいく場でもある。これは社会的人間関係に焦点を当てるコミュニティ概念よりも，広い内容である。

(1) 地域社会
1) 地域での生活世界

　暗黙知の前提として生活世界をテーマ化したのはフッサール (Husserl) であるが，ハーバーマスはフッサールの意識哲学的な方向ではなく，これを社会論として用いる（豊泉 2000：119）[2]。生活世界は，非公式の領域であり，また，市場化されていない領域を示す（フィンリースン 2005＝2007：82）。非公式とは，公的な制度化や法律化された領域ではないということであり，市場化されていないとは貨幣が人間関係を規定していないことである。

　ハーバーマスによれば，生活世界を生み出し，かつ，生活世界で使われる媒体はコミュニケーションである。コミュニケーション行為者たちはつねに生活世界の内部で動いている（ハーバーマス 1981＝1987：27）。コミュニケーションを行うために生活世界は欠かすことができず，生活世界は対話を成り立たせるための知のストックである。しかし同時に生活世界は，コミュニケーションによる新たな意味を取り込みつつ，それにより更新されていく場でもある。

　生活世界は地平というメタファー（隠喩）で説明される。見渡すことはできるが，その全体を一度にすべて捉えることは不可能である。それは視野の限界とされている。また，生活世界の指示連関は同心円的な構図を持っており，空間や時間，そして社会的な距離が増すにつれて不明瞭になる（ハーバーマス 1981＝1987：23）。生活世界の内容の修正や変更は可能であるが，コミュニケーションに依っているために基本的に漸進的である。ただしコミュニケーションによる漸進的な変化で，やがては全体の性格自体も変えうるというラディカルな一面を持つ。

　生活世界は文化的再生産，社会統合，社会化という機能を持っている（ハーバーマス 1981＝1987：48-50）。第1に，生活世界が文化的に再生産されることで，伝統の連続性と日常の知の凝集性が保障される。これは，生活世界が社会的，文化的なさまざまな知識，情報のストックであるということに関わ

る。文化的再生産に障害が生じると，意味喪失が生じ，知のストックの役割を果たすことができなくなる。

　第2に，生活世界は社会的統合を生み出す。つまり，正統的に規制された相互の人格的関係にもとづいて行為を調整し，集団の同一性をつくりだす。社会的統合に障害が出ると，アノミーが生まれる。社会の連帯という資源が欠乏してしまう。

　第3に，生活世界はその成員の人格を形成し，社会化する。次の世代を育て，行為能力が獲得できるように促し，個人と集合体の生活形式を調和させるように生活世界は作用する。生活世界へのシステムの侵入によって社会化の過程に障害が生まれると，精神的な障害や疎外現象が現れる。人格形成や社会化がなされなければ，コミュニケーションによって相互主観性を維持していく能力が十分なものではなくなる。

　このように地域社会での生活世界は，文化的な知，社会的なまとまりや関係，そして人格形成という要素を持つ。地域社会にある知識や情報，文化，人間関係，人々の社会化のありようというのが要素の内容である。地域社会の生活世界の要素は，実態的には家族や近隣，友人，知人，地域活動，ボランティア活動，自治会，子ども会，支援的なネットワーク，ミニコミや情報伝達の仕組み，祭り，などコミュニケーションを基礎とする組織や活動に具現することになる。生活世界は単純な地域的限定を持つものでもない。生活自体，近代社会では地理的に広がりを持っている。また地域性を越えたネットワークやウエッブ上での関係も重要なものとなっている。ただし，ここでは地域福祉を考えるために，日常的な生活を送る一定の地域的圏域での生活世界という地理的な制限を想定しておく。

２）地域でのシステム

　ハーバーマスはニコラス・ルーマンとの論争を通して，システムの役割についても考えを深めてきた(3)（佐藤 1997）。生活世界との対比で言えば，システムは公式の領域であり，市場化された領域である。生活世界がコミュニケ

ーション的行為と関連し，システムは道具的行為・戦略的行為と関連する。目的合理的行為の沈殿物がシステムであり，同時にそれは目的合理的行為を生み出すものでもある。

システムでは，貨幣や権力が媒体である。貨幣や権力という制御メディアによって，一定の行動パターンが導かれる。「交換過程と権力過程によって制御され形式的に組織化された行為システム」（ハーバーマス 1981＝1987：67）となる。システム統合された典型の行為領域が経済や国家である（ハーバーマス 1981＝1987：307）。システムには，圧倒的な財力とパワーが内蔵されており，ヒト，モノ，カネの動員を可能としている。

システムの目的は，事前に設定されている。対話的行為のように目的自体を話し合うということはない。その目的のもとに行為者は最適の手段を選択することを求められるのである。成果を最大化するために目的合理性を発揮する。ただし，その目的が行為者にとって明確なものになっているとは限らない。行為者が見ることができるのは，その限定された部分である。だが，システム自体は客観的な観察者の視点を持っている。

システムの機能の1つ目は，物質的な再生産を行うということである。具体的な財とサービスを生産し，流通させる。第2の機能は，物質的な再生産のための行為を調整し，統合することである。これは，システム統合と呼ばれる社会の統合の一側面である。このことによって，コミュニケーションの負荷が大きく圧縮され，便利な社会となる。これは現代社会を成り立たせる上での不可欠な機能である。

地域社会でもシステムは貨幣や権力というメディアによって制御される機構として現れている。地域経済や地域政治行政，あるいは権力機構を持つ公的な専門的領域である。実体としては大資本によるショッピングセンター，大型商店，行政機構，企業や工場，病院，学校などである。

システムは地域的に限定されるものではない。地域を越えて広がりゆくものである。しかし，同時に地域社会と全く切り離れては存在できない。どこ

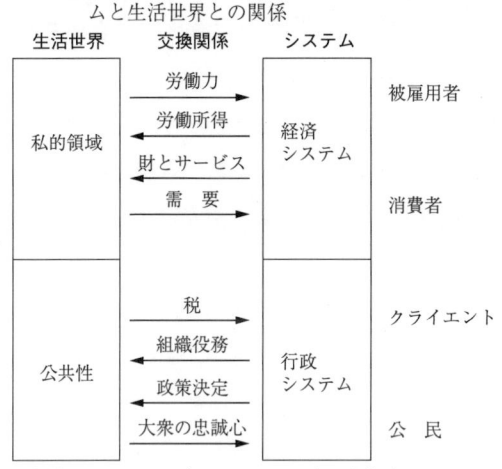

第 4 章　対話的行為を用いた地域福祉援助の構想

図 4-1　システムのパースペクティブから見たシステムと生活世界との関係

生活世界	交換関係	システム	
私的領域	労働力 → ← 労働所得 財とサービス → ← 需要	経済 システム	被雇用者 消費者
公共性	税 → ← 組織役務 政策決定 → ← 大衆の忠誠心	行政 システム	クライエント 公民

出所：ハーバーマス（1981＝1987：310）一部修正。

かの地域には，システムの端末が布置されており，それがシステムの実体として現出したものである。

　生活世界やシステムが実体なのか，視座であるのかという議論があるが，ここでは，まず実体的に領域を区別している。しかし肝心なのはその中身であり，生活世界であってもシステムが入り込んでしまっている場合もあれば，システムであってもコミュニケーションによるコントロールが重んじられる場合もありうる。この点については，個別に検討していかなければ分からない。現時点ではまず，実体的な領域として生活世界とシステムを捉えておく。

3）地域社会での生活世界とシステムの関係

　地域社会は，生活世界とシステムの2領域により把握できる。動態的には，地域社会は生活世界とシステムの関わり合いによって生み出されるものである。地域社会の隆盛や衰退を，この両領域を通して把握することができる。

　この2つの領域は関わり合っているが，その関係は安定したものではない（図4-1）。本源的な関係としては，システムは生活世界に依存しているのであるが，近代社会では，そのシステムが大きく発展している。そればかりか，

本来生活世界の領域へもシステムが侵入し，生活世界を衰退させる方向にある。しかし，生活世界自体が衰退すると，それに依存するシステムも危うくなるとハーバーマスは指摘する（ハーバーマス 1981＝1987：307-313）。

こうした動向は，当然地域社会にも影響を与え，地域社会の性格を形成する。生活世界が優勢な地域もあれば，システムが勝る地域もある。また，生活世界とシステムの関係の危うさにより不安定な地域となる場合もある。社会の近代化とは生活世界からシステムが独立していく度合いによって把握できる。一般的に都市型の地域社会は，システムが優勢であり，古くからの人間関係が残るような地域社会では生活世界が優勢である。地域社会の性格は，地域生活にも影響を与える。

（2）地域生活

これまでの考え方に立てば，地域社会での生活を生活世界とシステムの関わり合いとして把握することが可能となる。私たちは，生活世界のなかで文化的な知（伝統，知恵，知識）を獲得したり，人々との直接的関係を営んだり，人格を形成していく。文化，社会，人格形成は基本的に生活世界に属す事柄なのである。個人からすれば生活世界はどこか特定の地域社会での生活世界であり，地域の生活世界で文化的な知の獲得，地域の社会関係の構築，そこでの人格形成を行っている。

その一方で，システムからは財やサービスを得ることができる。市場での商品の購入や行政からのサービスの提供がその典型である。こうしたハード，ソフトの資源によって私たちの生活が成り立つ。システム自体は地理的条件を越えて広がっているが，生活者とのインターフェイスは地域社会にある。個々の地域社会で生活世界からの需要や必要として出された要求を受けて，貨幣や労力，あるいは政治への支持などとの交換によってシステムから生活資源が提供される。労働，購買，行政サービスや福祉サービスの利用が人々の地域生活を成り立たせている。

生活世界とシステムの両方に関わり合うことで，個々人は地域生活を営むことができる。生活世界とシステムから提供されるものの量やバランスは地域の特徴によって異なっている。近代社会全般としてシステムが優勢であっても，その度合いは地域差がある。また同時に，個人によっても生活世界とシステムの活用の量や関わり方の違いがある。より市場や行政サービスに多く依っている場合もあれば，生活世界重視のスタイルもある。前述のように，生活世界とシステムではそこで用いられる媒体に違いがある。生活世界ではコミュニケーションが，システムでは貨幣や権力が媒体となっている。その媒体の性格の異なりが生活の性格に特徴を与えることになる。そうした違いは，私たちの生活で問題が生じた時にどのように対応するかの違いともなる。システム的発想か，生活世界的発想かによって，問題に対応するスタイルも変わってくる。

（3）地域生活把握をめぐる議論

　生活世界とシステムという理解をもとにした地域生活の把握はどのような利点と課題を含み持っているだろうか。利点としては，複眼的な地域の捉え方，日常生活の再評価，対抗的なあるいはもうひとつの可能性の見出し（小さな声，声なき声の意識）がある。課題や批判としては，社会の多様性が捉えられない，生活世界とシステムの境界のあいまいさ，全体社会と地域社会の関係の整理，というものがある。

　複眼的な地域の捉え方とは，文字通り地域社会や地域生活を複眼的に捉えることを可能とするという点である。地域社会は，そこに住む人々の生活のそのまとまりという生活世界的な側面と経済や行政に代表されるさまざまな制度によるシステムの側面がある。そしてその両者が生活に影響を及ぼしているという理解は，社会や生活の捉え方に奥行きや立体感を与える。これにより社会や生活を一面的に見てしまうことによる閉塞感を打開していくことができる。

日常生活の再評価とは，日常生活自体が重要さを持っていることを改めて確認することである。それは，日常生活の持つ社会性の確認ということでもある。生活が生活世界とシステムという社会との関係により形成され，空間的な広がりを持ち，時間的にも継承されていく。生活によって社会が生み出され，かつ，再構築されていく。その起点であり結果でもあるところに生活が位置している。つまり，日常生活が変わることは社会が変ることにもつながりうるという展望が持てる。

　対抗的なあるいはもうひとつの可能性とは，経済や政治行政によるシステム統合に終わらない面を，生活世界から生み出せる可能性があるということである。それは，既存の経済や政治に対する批判的，対抗的な立場ともなる。システムの中では弱い立場の人たち，システムから排除されがちな人たちが，もうひとつの場を持つことができる可能性が生活世界にはある。ただし，地域の生活世界はすべてを無条件に包摂するものではない。生活世界には差別も排除もある。隣人トラブルや地域福祉コンフリクトも生じている。しかし，生活世界は対話的行為によって「合理化」されていく可能性はある。生活世界が現時点で問題を抱えていても，その生活世界内部からの反発力は生まれ得る。こうした展望を持つことができるのは，社会を生活世界とシステムという2層で把握するからである。

　これに対する批判として，生活世界とシステムという2層だけでは単純であり，多様化した現代の社会や生活を捉えきれない，というものがある。社会は単に市場化や政治，文化，社会，人格というもののみで構成されているのではない。ジェンダーの視点や異文化間の生活世界をまたぐ問題も捉えにくい。

　労働の持つ意味が貶められているという批判もある。システムという捉え方は，労働という経済面と国家という政治面を一緒にしてしまう危うさがある。また，労働と行為を対概念として把握し，行為の方をより基本とする考え方では，労働社会の持つより深い部分を見逃すことになる。

生活世界とシステムの境界線は，地域社会ではあいまいになり明確に線を引きにくくなるという点もある。生活世界とシステムのボーダー上の領域やグレーゾーンが存在する。地域社会が具体性，現実性に乏しい。また全体社会の一部分としての地域社会なのか，地域社会に独立性があるのか，こうした点が不鮮明である。その一方で，大資本による大型ショッピングセンターもあれば自営の個人商店もある。行政機構の厳密な縦割りもあれば，ストリートレベルの官僚制（リプスキー 1983＝1998）もある。このように地域社会での不明確さがあるため，地域での生活世界とシステムの区分けもあいまいさが残る。

これらの批判が出るのは，生活世界とシステムという概念が未成熟だからか，それとも本来的に備わっている欠陥のためなのかは不確定である。いずれにせよ，生活世界とシステムという2分法を用いる際には細やかな考察が求められていることに留意すべきである。

3　生活問題の発生機序と構成

地域生活で，地域福祉の対象となる生活問題はどのように発生してくるのだろうか。生活問題をどのように定義するのかは議論がある。しかし，何らかの社会的要因によって個人の生活やその生き方に困難がうまれ，これを単独で解決しきれない場合に，社会的に対応すべき生活問題が発現していると考えられる（表4-1参照）。

生活問題の発生機序について，はじめにハーバーマスの言う生活世界の植民地化に伴う生活問題を確認し，次いで，生活世界の植民地化のバリエーションである排除型の生活世界の植民地化による問題を示す。さらに，生活世界との関係による生活問題もあることを明らかにする。はじめのもの以外は，ハーバーマスの理論の応用，外延である。社会的排除もシステムの動向によって生じていると考えられ，これも広義には生活世界の植民地化ということ

表 4-1　地域での生活問題

問題の型 領　域	〈包摂型の問題〉	〈排除型の問題〉
〈システム〉	（1）システムによる生活世界の植民地化【包摂型】	（2）システムによる生活世界の植民地化【排除型】
〈生活世界〉	（3）生活世界への沈潜【伝統型包摂】	（4）生活世界での排除【排除・孤立】

ができる。生活世界とシステムという概念を用いれば，そこでの生活問題の発生機序を次のように捉える事ができる。

（1）包摂型の植民地化

　ハーバーマスは，生活世界とシステムの関係によって生み出されてくる問題を生活世界の植民地化とした。本来生活世界の領域にシステムが侵入することで生活世界の再生産が危機となることであった。後期資本制社会の問題診断である。ただし，これはあくまで社会レベルの問題であり，そのまま地域福祉の対象となる生活問題ということではない。生活問題となるのは，この生活世界の植民地化によって，その人の主体性が損なわれ，生きにくさが生まれる時である。システムの中に包摂されることにより，物的な生活資源は得られるが，生活世界が植民地化されている状態では，その人らしい生き方を可能とするための文化，人間関係，人格的形成という資源が失われる。その人らしい生き方の不実現という問題が，このことから生じてくる。社会福祉援助や介護を受ける際も生活世界の植民地化という問題は発生する（衣笠 1999；新田 2001）。社会福祉がその受け手を対象化し，財とサービスの提供によって生活世界を植民地化するという問題である。

（2）排除型の植民地化

　生活世界の植民地化のバリエーションとして，排除型の植民地化がある[4]。これは，個人がシステムとのつながりを失ってしまうことである。システム

の目的合理性により経済的効率が優先され，労働者が解雇される，すなわち労働市場から排除される。小さな政府が目指される中で，行政サービスが縮小される。こうしたことはシステムの主導により，システムの目的を追求するための社会事象である。システムによって生活世界が対象化され，これによって実態的な生活に影響が生まれている。

　この排除型の植民地化も本来，社会レベルのことであるが，生活問題の発生はこちらの方がより直接的である。システムから排除されるということは，すなわち，生活のためのハード，ソフトの資源を得られなくなることを意味するからである。労働市場から排除されれば，賃金を得られなくなる。小さな政府になれば，公的福祉サービス，各種行政サービスが得られなくなる人が増加する。生活に必要な財，サービスがないことで，生活世界の物質的な再生産が困難となる。これは生活問題を生む生活世界の植民地化のバリエーションということができる。[5]

(3) 生活世界への沈潜

　生活世界の保守的な性格（宮本 1994；佐藤 1995）に起因して，個人の生活上の問題が生まれてくる。家族や地域社会の中にあってもそこでの社会的関係が生活する人にとって抑圧的であり，耐えられないようなことがある。虐待のようなケースも発生する。あるいは，地域の伝統的，守旧的な文化や人間関係によりその人らしさが発揮できないこともある。ジェンダー的な差別，地域のボス，被差別地域の存在など，地域には多くの問題が内包されている場合がある。こうした状態も生きづらさという生活上の困難となる。

(4) 生活世界での排除

　家族や地域社会，友人，知人等との人間関係を喪失する問題である。生活世界の社会的側面とのつながりを失うことは，社会的孤立の状態である。社会的に孤立し，他者からの助けが得られなくなることで，生活上の問題が発

生する。たとえ一人暮らしであっても健康でシステムとのつながりを持っている状態であれば，日常の物質的，サービス的なニーズを満たすことができる。また，障害を抱えていたり，高齢で体の機能が弱まってきていても，家族と同居していたり，親しい友人や知人との関係を保てていれば日常の困りごとに対する助力が得られる。しかし独居で身体的な障害を抱えて，友人や知人との関係もなく社会的に孤立してしまうと，電球の取り換え一つにとっても不自由をきたす（厚生労働省 2008）。生活世界の社会的側面は，人々が直接的に関係し合うものであり，これを失うことでさまざまな問題への対応力が大きく貶められる。

4　地域福祉援助の視座

　生活問題の発生機序は，生活問題がどのように発生するかを原因面から捉えている。だが，当事者個人の側からすれば，その原因がシステムに起因するものであろうが，生活世界に起因するものであろうが生活問題には変わりない。そうした当事者の側から生活問題はどのように構成されるのか。地域福祉の対象が把握でき，また，それをもとに援助実践が始まっていく視座を検討する。

（1）生活世界とシステムの視座
　まず，生活世界とシステムそれぞれのパースペクティブの特徴を整理しておこう。
　① 　主観的パースペクティブ
　生活世界は，参加者のパースペクティブを持っている。実際に何かに関わっているその人から見えている光景がある。したがって，その人にとってこれは明証性を持っているものである。このパースペクティブは同心円的な構図をもっており，遠近の奥行きがある。これは空間的な観点だけでなく，時

間的な観点，社会的な観点でも同様である（ハーバーマス 1981＝1987：23）。また特定の立ち位置からの眺めであるため死角があり，反対側などは捉えることはできない。さらには立つ位置に伴い，見える景色も変わってくる。その人からの世界の見え方が主観的パースペクティブである。

② 客観的パースペクティブ

システムは，客観的なパースペクティブを持っている。観察者の視座である。特定の関心，目的のもとにそれに関する事象のありようの全体を捉える事ができる。専門家は，自らの対象領域に関してこうしたパースペクティブを持って臨む。

以上のそれぞれのパースペクティブは，地域福祉援助の視座の基礎となるが，地域福祉援助の視座そのものではない。主観的パースペクティブである当事者からの視座は重要だが，個人による認識にとどまっている限りは独断的性格を持つ。また，専門家の立場である客観的パースペクティブは，特定の領域の状況を客観的に把握できるが，当事者が対象化される。地域福祉援助の視座となるには，もう一つのステップが必要である。

主観的パースペクティブでも，例えば准市場的な方法である介護保険のサービスの選択的利用ということは可能である[6]。また，専門家の視座からの専門性や法律を後ろ盾にした強制的な介入ということも可能である。しかし地域福祉は，こうした市場や専門家だけで成り立っているものではない。そこには住民同士の助け合いなどもあり，各要素の協働が必要な領域が地域福祉実践なのである。

（2）地域福祉援助の視座形成

地域福祉援助の視座の形成には，主観的パースペクティブと客観的パースペクティブが出会わなければならない。それは，単に両者の論点を並べるとか，最大公約数的に最低限共通する部分に立脚するとかというものではない。

互いが互いの触媒としての役割を果たして，新たな意味を生み出していくことにその真価がある。

これは対話的行為を基礎に置く了解志向の行為であり，「主体 - 主体」関係で進められる。当事者と援助者が互いに発話の妥当性を認め，了解が生まれた時に相互主観的な合意が成立する。このプロセスによって当事者の発話は援助者の専門的知見も取り入れて合理性が高まり，援助者にとっては専門性が問われ，当事者の見方を取り入れた正しさを獲得できる。お互いが所与としていたものを越えて，新しい意味を生み出すことで得られた相互主観性が，地域福祉実践の視座となる。

地域福祉援助の対象の現れ方はさまざまであるが，援助の方向性は地域福祉実践の視座からすれば明確である。個別支援で目指すのは次の要件が満たされることである。

必要要件として当事者が生活世界，および，システムに包摂されていること。そして，十分要件として包摂されている生活世界やシステムに対して，当事者が対話的行為にもとづく制御可能性を保持していること。

さらに地域社会を視野に入れる場合は，システムによる植民地化の問題がある。そこには，生活世界が合理化してシステムを外から制御しうる地域社会であること，という条件が加わる。これによって当事者や地域社会のニーズを満たすことができ，同時に，その人らしい生き方，その地域らしいあり方の追求ができる。

5　地域福祉援助の進め方

対話的行為を基礎とする地域福祉援助の進め方の留意点がある。対等性の確保，生活世界のイニシアティブ，現実性の原則である。

第 4 章　対話的行為を用いた地域福祉援助の構想

（1）対等性の確保

　対話する者同士が対等に対話できることを保証することが対等性の確保である。地域福祉援助に関わる対話では，対等性が求められる。対等性は社会福祉が措置から利用へと転換する際のキーワードであるが，対話的行為を基礎とする地域福祉援助の要素でもある。地域福祉援助では関与者間のパワーバランスが非対称なことが多い。物理的な強制力を伴う権力関係での非対称もあれば，知識や情報，対話技術にもとづく権力の非対称もある。対等性が確保されていないと，対話行為が権力的影響を受け，発話行為のみによって妥当性を判断することができなくなる。ハーバーマスのコミュニケーション的行為の成立要件の一つは「批判可能な妥当要求」であるが（ハーバーマス 1981＝1986：45），権力的影響力はこれを阻害する。これでは内発的に動機づけられた行為を生み出せない。対話的行為の持つ，新たな意味の生み出しという効果も期待できなくなる。対等性は，地域社会の現状や既存の援助関係そのままを持ちこんでしまっては実現しない。対等性を生み出すには対話に関して弱い立場の者を意識的にエンパワメントすることが必要となる。

（2）生活世界のイニシアティブ

　生活世界とシステムの関係に配慮する必要がある。特に，地域福祉援助を進めていくためには，生活世界のイニシアティブが取り上げられなければならない。社会レベルで生活世界の植民地化が生じるように，社会福祉援助でもシステムによる生活世界の植民地化が生じうる。専門的援助者側に豊富な知識や情報があるために，そのままの状態であれば合意形成といっても，暗黙に援助者主導のものになる。それが，システム統合を反映したものであれば，当事者の生活世界は，社会福祉援助の介入によって生活世界の植民地化が生じうる。

　対話的行為を基礎とするには，生活世界のイニシアティブが必要である。当事者から出される主張に対して，援助者は客観的な専門的見地から直接判

断するのではなく,生活世界を基点として妥当性の確認を行う。当事者の発話内容が了解されれば,援助者はその合意内容を実現できるように専門的な知識や技術を使いながら援助を遂行する。システムによる指令ではなく生活世界から生まれてくる合意を優先させていくことが,対話的行為の実現となる。これが専門職主導の危機介入的なソーシャルワークとは異なる地域福祉実践での生活世界のイニシアティブである。

(3) 現実性の原則

　対話的行為による妥当性要求が認められず,討議によっても合意が成立しなかった場合,現実性の原則が作動する。合意形成ができなかった場合でも地域生活上の問題が待ってくれるわけではない。何らかの手当てが必要となる。そこへの対応が進められなければならない。これには,話者同士の間での「妥協」,また,より大きな不一致がある場合の「闘争」,あるいは,特定の権力を背景とした「強制」という方法がとられることになる。妥協は,合意までには至らなかったが,話者同士が譲歩し合いながら,可能な確認をすることである。闘争は,対話への参加を求めて承認を要求したり,自分たちの意向の実現のためにソーシャルアクションを起こしたりする。強制は,生命的な危険や社会的重大事の際に,専門職等が権力を背景にその状況に強制的に介入することである。いずれにせよこれらは理念的な対話的行為の枠外にある。

　対話的行為論でも,一致という合意形成まで至らなくてもよい,合意できないことが分かったということでよい,とする考え方もある(村松 2001: 44; 高田 2011: 180)。また,合意形成と行為調整を一連のものとのみ考えられるのかという問いもある (Lovelock and Powell 2004)。これは,実際に起こりうることが考えられ,ある種の拡散した対話的な行為ということができる。しかし,地域福祉での対話的行為は,まずあくまで合意形成と,その合意に基づく行為調整をすることを目指す。これが基本ユニットであり,優先され

る志向である。それができなければ、その状況での正しさを共有できず、また実践の他者を生み出す可能性を免れない。だが、この一連の展開が達成不可能なことが分かった時、それにこだわり続けるのではなく、現実性の原則によって、具体的な対応を行うことになる。

6　援助のプロセスと機能

(1) 対話的行為を基礎とする地域福祉援助

　対話的行為をどのように地域福祉援助のプロセスに位置づけていけばよいであろうか。対話的行為を基礎とする場合、新たな別のプロセスを考えているのではない。現在の既存のプロセスに対話的行為を組み込むことが、重要と考えている。したがって前提となるのは現在の地域福祉の援助の枠組みである。

　これまで検討してきたことによれば、地域福祉の援助対象は、次のようなケースとなる。①生活世界やシステムから排除されている、②生活世界やシステムの中で主体性が損なわれている、③対話的行為が実現できない。このうち①の場合には、具体的な生活上の資源を受けとることができない状態であり、これまでも具体的な支援の対象となってきた。また②については、その人らしい生き方が営めていない場合であり、これもソーシャルワークの対象となってきた。①や②については、既存の援助対象として把握されてきている。ただし、③の問題については、対話的行為に特徴的なものであり、これまでそれほど意識的には取り上げられていない問題である。

　現在、地域福祉の援助は、個人への支援（個別支援）と地域を対象にする支援（地域支援、コミュニティワーク）に大別できる。援助プロセス的に言えば、この両者の違いは、地域支援やコミュニティワークには組織化過程が含まれるが、狭義の個別支援はそれを伴うものではないという点にある。以下ではコミュニティワークの援助プロセスを取り上げて、対話的行為がどのよ

うに配置されるのかを検討していく[7]。地域福祉援助での対話的行為の具体的な内容には、「内包」、「支援」、「資源」がある。

　第1に、対話的行為の基本ユニット（第3章第5節）を既存のコミュニティワークプロセスに位置づけていくことである。コミュニティワークプロセスの各段階に対話的行為を置く。これは対話的行為を基礎とする、という語義に最も近いものである。これが「内包」である。

　次に、一般のコミュニケーション的行為は、言語能力や行為能力があることを前提としており、言語能力や行為能力を欠く人々が排除される危惧がある。地域福祉実践では、言語能力や行為能力が備わっていないことを前提とする。これを所与として、言語能力や行為能力の支援を組み込んだ援助が要請される。コミュニケーションや行為に関する支援は、これまでの社会福祉援助の中でも取り組んできたが、ここでは対話的行為を実現するための不可欠事項として再編、強化をすることになる。その中には、対話的ユニットの構成に応じて、発話の支援、合意する際の意思決定支援、合意された行為を行うための行為支援、がある。これらは総体として対話支援であり、これを「支援」としてある。

　対話支援は個々のケースの対話部分での直接的対応である。それに対して、3点目として対話的行為自体を生み出し、活性化するための環境や条件が整えられなければならない。これは、個々のケースでも必要な場合もあるし、より地域共通の取り組みとしても必要なものである。ただし、対話的行為の生成、発展のためには、具体的にどのような資源やどのような条件が重要なのかは検討を要する。この点が「資源」である。

　対話的行為を基礎とした地域福祉のためには、この3つの点を具体化する必要がある。

　　【内　包】各段階における対話的行為の実施
　　【支　援】各段階における対話的行為の支援

第4章　対話的行為を用いた地域福祉援助の構想

図4-2　対話的行為を組み込んだコミュニティワークの展開

段　階	内　容 （対話的行為の内包）	
1．組織化	対話的行為による組織化	この各プロセスでの対話的行為の支援 通訳，エンパワメントやアドボカシー等
2．問題把握	対話的行為による問題の構築とアセスメント	
3．計画策定	目的と方法に関する対話的行為による合意形成	
4．計画実施	実施内容の対話的行為によるモニタリング	
5．評　価	対話的行為による実践の評価	

対話の資源の整備

【資　源】対話の資源の整備

（2）援助プロセスでの対話的行為の3側面

　内包，支援，資源の3つの点を組み入れた地域福祉援助の展開を示したのが図4-2である。これは，永田幹夫の示したコミュニティワークの5段階モデルを基盤にしている（永田 1988：160）。コミュニティワークのモデル自体には議論もあり，また，コミュニティワークの存立自体も問われている面もあるが（大橋 2005），ここではオーソドックスなモデルを掲示する。対話的行為の展開としては，プロセスの各段階への組み込まれ（内包），対話的行為を可能とするための言語能力や行為能力に関する支援をし（支援），そして，対話のための資源の整備（資源）を進める。

1）各段階における対話的行為の実施

　5つの段階で行われる実践プロセスに，対話的行為を組み込む。5段階すべてに組み込むが，その力点は段階の性格によって異なっている。組織化過程は，様々な人たちが出会い，理解をし，納得がいく活動をするための始点である。なぜ組織化なのか（なぜ住民の参加なのか）という点を対話によって

確認することで，参加者は内的に動機づけられていく。問題把握の段階でも当事者や援助者だけによる確認作業ではなく，関与者すべてにより探究し合う。ここでは，「理解」が重要となる。なお，この第1段階と第2段階は場合によって入れ替わると指摘されている。対話的行為の点からすれば，はじめに組織化がある場合は，何が問題なのかはまだ確認されていない状態なので，なぜ組織化なのかの合意形成にアクセントがかかる。これに対して，問題把握の後の組織化になると，すでにあらかじめ問題が確認されていて，そのための組織化という位置づけになり，組織化の理由ははっきりするが，手段的な組織化に陥りかねない。そうした疑問が生じた場合は，組織化の目的自体にさかのぼって対話的行為を行うことになる。計画設定の段階では，目的の設定とその実現方法について，各関与者が対話的に妥当性を検討し，合意されたものを了解する。ここでは「合意」形成にアクセントがある。そして，計画実施では合意された内容に従って，調整された行為の遂行が各自に求められる。この段階での力点は，調整された「行為の遂行」である。実施内容のモニタリングや評価においては，計画の進行状況について事実関係の確認を行う。ここでは，再び「理解」に強調点が置かれる。このように，各段階では対話的行為を単純に当てはめるのではなく，その状況に応じて必要な部分を焦点化しながら用いていくことになる。

　地域援助の基礎に対話的行為を位置づけるということは，そのプロセス全体で，発話行為 – 合意形成 – 合意に基づく行為，というユニットが達成されていくという面とプロセスの各段階で対話のユニットが位置づけられるという，二重の構造となる。

2) 各段階における対話的行為の支援

　言語能力や行為能力があることを前提としないこと，それは地域福祉援助では当然のことである。したがって対話的行為を内包した地域福祉援助を実際に進められるかどうかは，対話的行為に対する支援がどこまでできるか次第である。ここで目指すのは，コミュニケーションや行為遂行に障害のある

当事者を対話的行為ができるレベルにすることである。不足している言語能力や行為能力を補う。通訳や身体的なケアサービスはその典型である。また，自らの意思を示しにくい当事者の場合には，アドボカシーが必要となる。さらに，権力的なアンバランスによって対話が成立しにくければ，当事者へのエンパワメントを行わなければならない。

対話的行為の推進を考える場合，対話の支援は単にこれまでの延長線上ということにとどまらず，新たな地域福祉援助技術として検討されていく必要がある。

3）対話の資源の整備

対話の資源とは，対話的行為を可能とするためのさまざまな資源を指す。ここには，ミクロなレベルのものからマクロなものまで，また，ソフトからハードまで，多様なものが考えられる。最も直接的には，対話のための機会形成，対話を支援する技術の開発や人材の確保，アドボカシー，エンパワメントといった制度や考え方，技術の普及，それらを行うための財源，などがあげられる。しかし，そればかりでなく社会的レベルの資源で言えば，対話を可能にする文化，社会的了解や対話を可能とする時間の確保や制度的な整備，地域での対話をする機会や物理的な場の設定など，広汎になる。無論こうした資源の整備は専門的援助者だけで進められるわけではなく，社会的な取り組みが求められる。

7　地域福祉援助のレベル

地域福祉援助の要素が空間的にどのレベルに配置されるかも問われる。域福祉援助では，実践をミクロ・メゾ・マクロに分けることが進められている。この区分けは厳密なものとは言えないが，基礎自治体を想定すれば，ミクロを個人の支援レベル，メゾを地域住民の組織・活動や専門職の連携などのレベル，マクロを自治体レベルという区切りで設定できる。

表 4-2 対話的行為と各レベルとのマトリックス

	生活世界とシステムの状況	対話的行為と支援	目指す状態
ミクロ	個人の属する生活世界とシステム，その関連	個人支援での対話的行為の内包と支援	個人支援に関する合意形成とそれに基づく実践
メゾ	住民組織，専門職ネットワーク，各種団体・機関の生活世界とシステムの要素，その関連	地域福祉に関わる組織，団体，ネットワーク活動での対話的行為の内包／メゾレベルでの対話の資源整備	組織，団体，ネットワーク活動での合意形成とそれに基づく運営
マクロ	地域社会での生活世界とシステムの配置，およびその関連	政策策定，計画立案，実施での対話的行為の展開／公共圏での言説構築／マクロレベルの対話の資源整備	政策策定，計画立案での対話的行為による合意形成とその施行

　ミクロレベルは，地域を基盤としたケースワーク，当事者が地域で暮らすことを支えるとする公私のネットワーク形成である。個別支援のための住民ネットワークも含まれる。メゾレベルには，地区社協に代表されるような地域社会レベルの組織化，専門職のネットワーク，問題を抱えている当事者のネットワーク，地域の集団・組織の運営などが該当する。マクロレベルは自治体の範囲を指し，その地域全体に関する政策や計画の立案・実施，ケアサービスの資源整備，まちづくりや生活基盤レベルの整備，広域のネットワークというものが含まれる。

　この各レベルで，生活世界とシステムを確認することができる。また，それぞれに対話的行為を位置づけていくこともできる。地域福祉援助の視座からそれぞれのレベルでの地域福祉の対象と目指す状態の方向性を指し示すことができ，その総体が，対話的行為を基礎とする地域福祉を構成する。

　表 4-2 は，既存の地域福祉の枠組みを前提として，そこに対話的行為を配置している。2000 年以降の地域福祉の取り組みを念頭に置いたものである。

　ミクロレベルでは，問題を抱えている当事者の関わる生活世界とシステムが精査され，対話の支援を含めた対話的行為に基づく援助を行う。メゾレベルは，各種団体，組織，ネットワークの性格が生活世界とシステムから整理され，その場での生活世界とシステム相互の関わりが把握される必要がある。

組織レベルで対話的行為が実践され，合意に基づいて運営されることと対話の資源の整備を進めることが目指される。マクロレベルは，地域社会での生活世界とシステムの配置とその関連が基礎となる。政策策定や計画づくりで対話的行為が行われ，場合によっては，生活世界の声をもとにした公共圏が構築される。対話的行為によって政策や計画を合意し，それを遂行することが求められる。広域レベルでの対話の資源も課題となる。

8　構想の限定

　対話的行為の考え方を用いて地域福祉援助について検討した。前半では，生活世界とシステムという概念をもとに地域社会把握から地域生活把握を行い，生活問題の発生機序を整理した。社会的背景から生活問題が生まれるまでの筋道を追った。その上で，方向を切り替えて，問題を抱える当事者の側からその問題への対応を検討した。問題を構成する地域福祉援助の視座を考察し，援助を進める上での留意点を検討し，対話的行為を用いて援助を進めるための要素とプロセス，そして，援助が展開されるレベルを提示した。

　以上のものは，地域福祉援助を網羅するものではない。システムとしての地域福祉援助には基本的に触れていない。今後さらに検討を要する部分は少なくない。地域福祉援助の視座はより精緻に彫琢されるべきであろうし，対話的行為の支援にしてもその方法をより具体化することが必要である。本論で示したものは，対話的行為からの地域福祉援助の骨格部分である。

注
(1)　日本の政治的な課題に対して佐藤（2007）は，アソシエーティブ・デモクラシーという考え方を提示している。
(2)　生活世界の概念について，フッサール，ハーバーマス，そしてシュッツを取り上げて論考したのは奥村（1989）である。そこでは，フッサールの生活世界の概念が社会を捉える上で優越していると述べられている。ハーバーマスの生活世界の概念は，合

理的なコミュニケーションだけに光をあてることになり，狭いと批判されている。こうした現象学的な立場からの合理性に偏るという批判に対して丸山（1989）は，ハーバーマスの相互主観性の意義を認め，言語的理解の可能性を指摘している。
(3) ハーバーマスは「ルーマンの理論は，ヨーロッパ近代の自己理解が深く刻印された伝統を継承しようとするもののなかでも，創意にみちたものである」と評する一方で，「そこには，西洋合理主義の基準のある一面だけしか反映されていない」と批判する（ハーバーマス 1985＝1990Ⅱ：650）。
(4) 横田（2010）は，ハーバーマスの生活世界とシステムの区分は福祉国家状況には当てはまるが，その後の新自由主義化では当てはまらないとしている。しかし，ここでの考え方は，生活世界の植民地化の理論的射程は新自由主義化にもあてはまるという立場である。
(5) 2000年に出された「社会的な援護を要する人々に対する社会福祉のあり方に関する検討会」報告にあるような諸問題である。
(6) 自らの目的達成のために，よりよい手段（サービス）を自らが合理的に選ぶのは，戦略的行為である。これは利用者側からみた，介護保険サービスの姿である。システムとしての介護保険は，認定された要介護者からのサービス要求に対して，事業者が介護サービスを提供する交換関係である。
(7) 個別支援については，第5章で取り上げる。
(8) ただし永田は，これは，一般化したモデルであり，実際には順番の入れ替えや重複が起こると指摘している（永田 1988：160）。
(9) 藤井（2009：12）は，コミュニティワークの原則的理解と実践的理解という理解が必要とし，永田モデルを原則的なものとして，その他にジグザグなプロセスをあげている。

第5章　地域でのソーシャルワークと対話的行為

1　地域福祉実践としてのコミュニティソーシャルワーク

　本章では，コミュニティソーシャルワーク（community social work）や地域を基盤とするソーシャルワークで対話的行為を活用するための検討を行う。こうした実践への対話的行為の配置の理論的可能性を探り，その上で，事例に基づいて対話的行為が実践場面でどのように現れているかを検証する。

（1）コミュニティソーシャルワークの出現

　英国でコミュニティソーシャルワーク（以下，特に必要がない限り CSW と略す）に言及したバークレイ報告が出されたのは1982年であった（Barcly Report 1982）。そこでの基本的な考え方は，「対人社会サービスにおける市民との密接なパートナーシップの開発」であり，重んじる技術として「カウンセリングと社会的ケア計画」があげられた。コミュニティは重視するが，それは小地域を指すか，共通関心事コミュニティを含めるかで，考え方が分かれている。小地域を重視し「近隣基盤ソーシャル・ワーク」を打ち出したのはハドレイらの少数派報告である[1]。そのアプローチはパッチシステムとして，その後さまざまな取り組みが展開されていく。だが中央政府の政策変動により，CSW は破綻したという見解（花城 2002：15）や「実際にはほとんど存在しない」（Twelvetrees 2002：130）という指摘もなされている。英国と米国での市場化の中での CSW という興味深いテーマが論じられたり（Hadley with Leidy 1996），2000年代に入っても CSW の研究がないわけではないが（Heenan 2004），少なくともかつての隆盛を誇っていた時期とは状況は変化しており，英米で CSW が順調に定着しているとは言い難い。

（2）日本への導入

　1984年にはすでにバークレイ報告が日本で訳出され出版されている（英国

バークレイ委員会 1982＝1984)。少数派報告にあるパッチシステムの紹介もされた。しかし，日本で CSW の考え方が本格的に取り入れられるようになるのは1990年代からである。1990年に社会福祉関係八法が改正され，在宅福祉サービスの整備が進められていく中で，地域自立生活支援に関連して英国の CSW の考え方が「地域福祉の理論や方法の再構築として援用され，再定義が行われてきた」(菱沼 2008)。そこに大橋謙策の貢献は大きいが，大橋自身は英国の CSW とは「かなり似て非なるものをつくりあげてきた」(大橋 2011：36) と語っている。大橋の立場は，CSW がコミュニティワークを包含するというものであるが，これに刺激されて CSW とコミュニティワークの関係が議論となった (井上 2004b)。しかし2000年以降，地域福祉が本格化し，また，地域での社会的排除等の問題が顕在化する中で実態としての CSW 実践が進み始めた。次にはそうした取り組みについて取り上げる。

(3) コミュニティソーシャルワークの実践的な展開

日本での実践の先駆的な取り組みとしては，富山県氷見市，長野県茅野市，沖縄県浦添市などが挙げられる。2006年からは，主任介護支援専門員研修のプログラムに「コミュニティソーシャルワーク (地域援助技術)」として位置づけられている。また2008年の「これからの地域福祉のあり方研究会報告書」で地域福祉のコーディネーターの必要性が指摘され，これを受けて厚生労働省のモデル事業が取り組まれた。[2] 民間の立場では，日本地域福祉研究所が2005年から CSW の養成研修を進めてきた。[3]

都道府県レベルで CSW の実践に積極的に取り組んできたのが大阪府である。2002年9月に大阪府社会福祉審議会答申「これからの地域福祉のあり方とその推進方策について」が出され，コミュニティソーシャルワーカーに言及してその重要性を提言している。これを受けて2003年の大阪府地域福祉支援計画では大阪の地域福祉の将来像が示され，地域保健福祉セーフティネット機能に関わらせてコミュニティソーシャルワーカーが位置づけられている。

また，2004年の「大阪府保健福祉アクションプログラム」の中には「コミュニティソーシャルワーク機能」配置促進が謳われている。このような経緯によって，2004年度から「コミュニティソーシャルワーク機能配置促進事業」が大阪府下で実施されることになった。おおむね中学校区に1人のコミュニティソーシャルワーカーが配置され，2008年度末までに府下39市町村に142カ所に配置された。この事業としては2008年度で終了したが，その後「地域福祉・子育て支援交付金」として再構築され，これを活用して大阪府下の市町村にはコミュニティソーシャルワーカーが2012年度末で154名配置されている。

　また大阪府では，老人福祉施設に「総合生活相談員」という名称でコミュニティソーシャルワーカーが置かれている。2003年の大阪府社会福祉審議会の答申を踏まえた老人福祉施設の地域貢献活動によるものである。ただし多くが兼務となっている。さらにその事業をバックアップするために，大阪府から大阪府社協への補助事業として「社会貢献支援員」が置かれることになり。府下に48人が配置された。このように大阪府には，CSWの具体的な担い手が存在している[4]。

　では，こうして動き始めているCSWの展開は理論的にはどのように整理されているのであろうか。以下では，理論的枠組みを押さえたうえで，そこに対話的行為がどのように位置づけられるかを検討する。

2　対話的行為の位置づけの理論的検討

（1）コミュニティソーシャルワークの性格と特徴

　現在わが国では，CSW研究に関わる2つの流れがある。日本地域福祉研究所を拠点とするCSWの考え方と岩間伸之らの地域を基盤とするソーシャルワーク（community based social work）である。両者の考え方を確認しておこう。

CSWに関して日本地域福祉研究所の田中英樹は5つの特徴をあげている（2005：18-19）[5]。①地域基盤のソーシャルワーク実践，②個別化と脱個別化の統合，③パーソナルアセスメントとコミュニティアセスメントの連結，④専門職と非専門職の結合によるチームアプローチ，⑤地域ネットワークの形成と地域における総合的なケアシステムの構築，である。

　一方，岩間（2011）は，地域を基盤としたソーシャルワークについて，4つの特質を示している。それが，①本人の生活の場で展開する援助，②援助対象の拡大，③予防的かつ積極的アプローチ，④ネットワークによる連携と協働である。

　2つのアプローチの共通点としては，地域を基盤としていること，個人と地域の統合的な支援，チームアプローチやネットワークという方法，エンパワメントやストレングス，本人の解決能力の重視があげられる。違いとしては，CSWは，市町村のアドミニストレーションや地域福祉計画までをふくみ，どちらかと言えば広い視野を持っている。これに対して地域を基盤としたソーシャルワークは，困難事例や権利擁護，ソーシャルアクションという支援方法を意識している。

　このようにこの2つは相違点を含みながらも，地域での支援を志向したアプローチということでは一致している[6]。多様な問題，制度の狭間にある問題に，地域を基盤として，フォーマルとインフォーマルのサポートを組み合わせて，個別支援と地域支援を一体的に，連動して展開することがこれらのアプローチの考え方である。したがって，以下では両者の共通性に注目して，両者のアプローチを特に断らない限りCSWと表現する。

　CSW実践展開について，5段階のプロセスに整理されている（日本地域福祉研究所 2005；菱沼 2008）。①アセスメント，②プランニング，③実施，④モニタリング，⑤評価，であり，評価からのフィードバックがある。

(2) 対話的行為を位置づけたコミュニティソーシャルワーク実践プロセスモデル

　対話的行為をCSWのプロセスに位置づけてみよう。対話的行為とCSWが基本的に矛盾するものであったり，片方が他方の基本的特性を失わせるものであったり，位置づけることが非現実的なことであれば，こうした発想は詮がない。しかし，対話的行為は実践の基礎部分に当たるものであり，さまざまな既存のモデルへの汎用性は大きいと考えられる。特にCSWは地域を基盤とする援助実践であり，生活への接近性や問題の複雑さなどを勘案すれば，対話的行為の活用可能性は大きいはずである。[(7)]

　では何を，どのように位置づけていくのか。これまで検討してきたように対話的行為には3つの内容があった。①コミュニケーション的行為の内包，②対話的行為の支援，③対話の資源，である。この3つの点をCSW実践の中に位置づけることになる。

　対話的行為は，各段階に内包される。妥当要求を掲げる発話行為，妥当要求の了解による合意形成，合意に基づく行為調整という展開が各段階で行われる。ただし，その段階に応じて発話行為，合意形成，行為調整のどこにアクセントが置かれるのかは異なってくる。対話的行為の支援も，同様に各段階で展開される。コミュニケーション上，また，行為遂行上の障害に対する直接的な支援である。これは，対話的行為の基本ユニットの要素に応じて，対話の支援，意思決定支援，行為支援がある。対話の資源については，対話的行為を生み出す環境整備や対話ができるようにするための諸資源の配置であるので対話的行為の背景にあり，下支えするものである。個々の対話的行為が始まる時点でも必要であるし，対話を継続していく上でも必要である。

　アセスメントの段階では，ニーズや問題の把握，それに対する当事者側の強みや弱みの検討を対話的行為によって行い，事実の認識に関して相互主観性を形成する。必要に応じて，通訳やエンパワメント，アドボカシーなどの対話の支援を行う。事実に関する合意形成がポイントとなる。プランニング

の段階では、目的に対する合意形成や対応方法に対する合意形成を行う。なぜその目的や対応プランとなるかについて対話的行為によって妥当性が検討される。特にストレングスを志向するアプローチでは、誠実性を重視することになる。ここにおいても対話的行為の支援が行われるが、特に当事者の意思決定についての支援を進める必要がある。実施の段階では、合意に基づいて各自の行為が遂行される。合意内容を確認しつつ行為遂行上の支援が必要な場面である。合意と行為が合致していないと、実践行為のみを行わされている、という感覚が生まれる。

　モニタリングは、計画の進捗について実態把握を行うプロセスであり、対話的行為による実態の確認作業が求められる。評価では、モニタリングでの事実確認に基づいて判断が下される。その結果を事実性、社会性、誠実性の基準で検討して、合意による了解が目指される。ここで、改善対応が必要であるとされれば、アセスメントのプロセスにフィードバックされていく。その一方で、こうした実践が評価されれば、その普及や普遍化が図られる。これを普及、普遍化のプロセスとして付け加えた。普遍化し普及させる段階でも、その実践の意義や意味、考え方について、対話行為による合意を生み出して広げていくことになる。提供側からの一方的な説明や事業化に終わらないように対話的行為を基礎に置く必要がある。

　これまでのことを、対話的行為の特徴点を盛り込んで、モデル的に示せば図5-1のようになる。

3　コミュニティソーシャルワークの事例検討

（1）コミュニティソーシャルワークでの対話的行為の位置づけ

　わが国の地域福祉実践では対話的行為はどのように位置づけられているのであろうか。以下では、CSW実践を取り上げて、そこで対話的行為がどの程度、どのように行われているのかを検証する。あらかじめ断わっておきた

図5-1 対話的行為を組み込んだCSWの展開

段　階	内　容 （対話的行為の内包①）	
1．アセスメント	対話的行為による現状認識と評価	各プロセスでの対話的行為の支援②（対話・意思決定・行為支援）通訳，エンパワメントやアドボカシー等
2．プランニング	対話的行為による目的と方法の合意形成	
3．実施	対話的行為による合意に基づく行為遂行	
4．モニタリング	対話的行為による進捗状況の確認	
5．評価	対話的行為による実践の評価（フィードバック）	
（普及・普遍化）	対話的行為による合意での納得による普及	

対話の資源③

いが，ここでの作業はCSWを対話的行為の観点から検討するものであり，CSW実践自体の分析を行うのではない。CSWの中に対話的行為がどのように存在するのか把握することを目指している。CSWの実践における対話的行為の現状を捉え，今後の展望を考察していくことがこの研究の枠組みである。

（2）大阪府下の取り組みの事例分析

　研究の方法は，質的なアプローチである。大阪府下で取り組まれているCSWの実践を素材とする。前述のように，大阪府下では2000年代半ば以降，コミュニティソーシャルワーカーの配置が進められた。その実践は一定の蓄積を重ねつつあり，また，取り組みの報告を自治体レベルで出している場合もある。本研究では，3つの市（吹田市，東大阪市，堺市）で出されたCSW事例集，報告書を対象にして，分析の枠組みを設定し，資料分析の手法を用いて，対話的行為の状況把握を図る。ただし，これらの事例集は，対話的行為を意識して書かれているものではない。CSW事業の認知を高めるための

紹介という側面がある。対話的行為を正面から取り上げたものではないので，ここで分析できることは，限定的である。本研究は事例集，報告書の発行意図とは異なる方向で，これを資料として活用する。したがって，ここでできることは正確には，CSWの実践で対話的行為をどのように活用しているかではなく，CSWの事例集の中に対話的行為がどのように描かれているか，を把握することである。

分析結果は，3市の担当者に読んでもらい意見を受けた。それをもとに内容に修正を加えた。

（3）コミュニティソーシャルワークに関する先行研究

CSWの実践研究は緒に就いたばかりと言える。大阪府地域福祉推進財団（2007）によるとコミュニティソーシャルワーカー自身は地域支援よりも個別支援を評価しておりこれは，川島（2011）のいうコミュニティソーシャルワーカーの地域への取り組みの弱さという指摘と結びついている。CSWが機能を発揮するためには他のソーシャルワーカーとのネットワークが重要ということ（新崎 2009）やワーカーにとって地域アセスメントや住民との連携の弱さがある（菱沼 2008：2012）ともされている。これであればCSWとコミュニティワークを並立すべきという主張（松端 2008）は受け入れられやすい。そうした中で金（2011）は，コミュニティソーシャルワーカーとコミュニケーションというテーマを扱い，事例によりコミュニケーションのプロセスを分析している。

CSW実践に対する研究としてはその機能やスキル，あるいは成果を発揮する条件等の課題が中心である。CSWが何を行っているのか，何を行うのかという論点あっても，それをどのように進めるのかということについての論考は多くはない。こうした点を踏まえて，本研究の特徴点を示しておきたい。

(4) コミュニティソーシャルワーク実践を捉える観点と枠組み

　本研究の特色は，CSW実践を捉える観点と枠組みにある。本研究では，対話的行為という観点からCSWを分析する。対話的行為はその事案に関わる者たちの発話行為による了解，合意形成，それに基づく行為調整という展開を持つ。これによって，関係者が互いに納得して共同の行為を進めるというものである。こうした対話的行為の要素がCSW実践の中にどう位置づいているか検討することが既存の研究とは異なる大きな特色である。

　これはCSWがどのような実践を行うのか，あるいは，どのような機能を果たすかという問いではなく，どのように実践を進めていくか，あるいは，そこで何を大切にしていくのかという問いにアクセントがある。CSW実践が，どのように，どの程度，対話的に進められているのかの描写を明らかにすることで実践の進め方や大切にしている内容を考察する。

(5) 対話的行為のための事例の分析方法

　個々の事例の分析のために，分析の枠組みを表5-1のように組み立てた。事例を読み込むための枠組みである。対話的行為のあり／なしを区別した。ありの場合には，さらにそれを対話の【資源】，【対話】的行為，対話の【支援】に分けた。ただし，事例にすべての情報が記述されているわけではない。対話的行為のあり／なしが読み取れない場合を【対話不明】とした。以上の点を盛り込んだものが次の分析枠組み（プロトタイプ）である。この5つの項目の内容は次のようなものである。

　【なし】は記述から対話的行為が，ないことが分かることを示している。例えば，ケースカンファレンスに本人が不在の場合は，少なくとも本人と援助側の間での対話がない。また，本人の意向が省みられることがなく実践が進む場合も，なしとする。ただし，例えば緊急介入の際にすべて対話がないとは限らない，一つひとつの内容により判断しなければならない。もちろん，なし，が単純に否定的な評価を意味するものではなく，対話が生じていない

という判断の表示であるにすぎない。

対話的行為の，あり，には3つの内容がある。

表5-1 対話的行為の分析観点(プロトタイプ)

【なし】	あり	①【資　源】 ②【対　話】 ③【支　援】
【対話不明】		

①【資源】は対話をするための資源を意味する。対話を生み出す条件である。したがって対話の直接的な場面の外に存在することになる。コミュニケーション能力の形成，知識，情報，語彙や表現方法の蓄積，人との関わりの仕方といった内的資源に関わる面だけでなく，対話を生み出すための機会，相手との信頼関係，時間，物理的な諸条件なども含まれる。

②【対話】は対話的行為の本体部分である。対話的行為は単に話をするということではない。対話的行為は，妥当性要求，了解，合意形成，それに基づく行為調整，という一連の展開がその原型をなす。第3章第5節で示した対話的行為の基本ユニットがその内容である。今回の分析では，そのすべてを含まなくても，要素が認められれば【対話】とした。ただし，本人の意向をそのまま受けて援助実践を行うという展開は，対話的行為に含めていない。(8)また，援助側が主導権を握りメニューを示して形式的同意を得る場合も対話的行為ではない。(9)対話的行為には当事者側からにせよ援助側からにせよ，発話による主張と反対の表明の可能性があり，その上で合意という展開が含まれる。

③【支援】は対話の支援である。対話能力が十分でない場合にそれを補うものである。したがって，これは対話の直接的な場面でなされる。地域福祉実践では，対話行為に障害を抱えるケースを例外的なものとはしない。むしろそれを当然のこととして，こうした場合に本人の意向を表明したり，対話内容を理解するために，対話の支援が求められる。判断や意思決定が難しい場合はそれが可能となるように補われなければならない。さらには，合意された内容に基づいて行為を行うために支援が必要な場合もある。この支援は

表5-2 対話的行為の分析観点 （修正版）

【不　明】	あり	①【資　源】 ②【対　話】 ③【支　援】

あくまで本人の尊厳を尊重するものである。

【対話不明】は対話的行為があったかどうか記述上分からない場合である。援助内容の記述はあるが，それに伴う対話があったのか，どうか判明しないことがある。そこでは何らかの対話があったと推測される場合もあれば，おそらく対話がないと推定することもある。そうした場合も少なくとも記述から事実関係を読み取れなければ【対話不明】とした。

しかし，事例を検討する中で，【なし】と【対話不明】の区別は作業上，難しいことが分かった。また，本研究が目指すのは，対話的行為の活用であり，どのような活用があるのかを明らかにすることが優先される。【なし】や【対話不明】を強調するためのものではない。したがって上の枠組みを修正し，【なし】と【対話不明】を一括にして【不明】として，これを対話行為がある場合と対応させることにした（表5-2）。

表5-2の枠組みを用いて各事例を読み込んだ。その際，これらの項目に関する一連の行為のまとまりである「場面」を単位として，それが，【不明】であるか，あるいは，①【資源】，②【対話】，③【支援】のいずれに当てはまるかを検討した。この枠組みで捉えきれない場面もあった。その多くは戦略的行為である。また，ひとつの事例に，例えば【資源】が何度も現れることもある。その場合，同じ内容での場合は1回のみ数えるが，内容の異なるものであれば，それぞれにカウントした。

こうした方法を取ったのは，対話的行為がCSW実践で，どの程度，どのように行われているのかを，探索的に調べるためである。あらかじめ枠組みをつくっておくことで，そこに該当する場面を拾うことができる。ただし，そうした枠に収まらないような場面について，今回把握できていない懸念はある。

（6）分析対象とその妥当性

　本研究では，吹田市，東大阪市，堺市という3つの市のCSW事例集，報告書を分析の対象とする。それぞれの2010（平成22）年度と2011（平成23）年度の2年間分である(10)。記されているCSW実践の事例数（支援事例，実践事例）は合計で41ある。その内訳は，吹田市12本（各年度6本），東大阪市12本（各年度6本），堺市17本（2010年度3本，2011年度14本）である。堺市の年度による本数の違いは，2010年度には，全地区へのコミュニティソーシャルワーカーの配置が済んでいなかったためである。この3つの市では，コミュニティソーシャルワーカーの配置の方法には違いがある。吹田市は市内を6ブロックに分けて，2011年度現在で13人のワーカーを配置している。東大阪市では，2中学校区に1人の割合で配置され，2011年度段階では13人となっている。堺市は，2011年度現在で，市内7区の社協事務所に社協のコミュニティソーシャルワーカーとして7名配置され，各区レベルをカバーし，そのほかに市内の在宅介護支援センターの30か所に各地域担当のコミュニティソーシャルワーカーが置かれている(11)。しかし，3市ともコミュニティソーシャルワーカーの基本的な役割は共通しており，地域の違いはありながらも3市の事例を一つのまとまりとして考えられる。今回は，特に必要のない限り，3つの市を比較するのではなく，41のそれぞれの事例として，あるいは全事例をひとくくりとして分析する。

　これを対象とする上で，まず，なぜこの3つの市なのかというサンプルの妥当性を述べる。3市はいずれも人口30万人以上の都市型地域である(12)。この3つの市を取り上げることで都市部でのCSWの取り組み傾向を把握することができる。この3つの市では市内各地域にコミュニティソーシャルワーカーが配置され実践が進められている。吹田市では2006（平成18）年度から，中核市であるため府の補助事業から外れている東大阪市では2005（平成17）年度から，政令市である堺市では，2008（平成20）年度からCSW実践が取り組まれてきた。そして，CSWの活動に関して事例を交えて毎年報告書を

発行している。CSWを配置している自治体でも必ずしも毎年事例を載せた報告書が出されているわけではない。3市のこの報告書はそうした意味でドキュメント分析のための貴重な資料となる。この3市がすべての実践の典型ということはできないが，少なくとも都市型のCSWの実践について理解を深めることはできる。

　なぜ，既存の報告書を用いる2次分析という方法なのか。調査方法として，直接ワーカーにインタビューを行うことも考えられるが，今回は既存の報告書を活用した。発行された資料を使うことで，これを作成したワーカーの考え方や事象の捉え方を検討できる。この結果をあらためて検討しようとする場合にも入手可能である。個人情報への配慮もなされていると考えられる。まとめられたものとして整理された事例を考察できる，という理由をあげることができる。事例はあくまで全体の取り組みの中の一部あるが，それを報告書として示すということは，その事例の何らかの意義を認めていることである。どのような事例を重視しているのかを知ることができる。そうした事例を分析することで，実践の要点を考察できると考える。ただし，前述のとおりこれらの報告書は，対話的行為を意識して書かれたものではない。対話的行為に関する内容が記述分量の関係で省かれていたり，あるいは，あえて書かれていない場合もある。したがって，報告書に書かれていないからといって，対話的行為がないとは言えない。

　なぜ2年間だけなのか。報告書自体は，その前にも発行されているものもある。しかし，援助方法がある程度確立してきたと考えられる近年のものを取り上げた。それも1年だと，その年の状況によるバイアスがかかる懸念があるので2年分を取り上げた。これは，この後蓄積が増えれば，増やしていくことも可能である。

（7）分析プロセス

　今回の分析は，あらかじめ決まった手法があったわけではない。目的は，

CSW実践の中に対話的行為がどのようにどの程度位置づけられているのかを把握することであった。そのために，はじめに対話的行為を把握するための観点を検討した。当初は，対話的行為がそれぞれの事例で活用されているか，いないかを事例を単位として単純に分類しようとした。しかし，事例の内容が複雑であったり，記述からは読み取れないことが多くあることが分かった。そこで，事例の記述内容を一連の行為のまとまりごとに分節化し，これを「場面」とした。分析の観点も事例の分析方法で述べたように，「ある」，「なし」に「不明」を加え，かつ，「ある」の場合は「資源」，「対話」，「支援」と3つに分けることにした。

　こうした経緯を踏まえて，次のような分析のステップを踏んだ。①分析のための4つの観点項目の内容を確認，整理した。②事例を読み込んで，4つの項目に該当する場面を抜き出した。内容の重複の整理や意味を確定することに留意した。③場面ごとの比較検討を行いグルーピングし，これを概念とした。④さらに概念のより大きなまとまりをカテゴリーとした。⑤また，全体の傾向を見るためにコミュニケーション障害などの観点からも分類を行った。

(8) 対話的行為の活用の全体的傾向

　まず，CSW実践の性格を把握するために，41事例の支援の種類を見てみよう。個別支援，地域支援，そして個別支援かつ地域支援という3種類に分けた場合，個別支援が最も多く35事例（85%），次いで個別かつ地域支援が4事例（10%），地域支援は2事例（5％）にとどまった。地域支援については，住民によるサロンづくりとボランティアグループの立ち上げである。個別かつ地域支援では，個別支援で出された課題と地域共通の取り組みとして事業化するものである。緊急連絡先シート（堺22・①[14]）やゴミ屋敷問題の対策プロジェクト化（堺23・⑥）などである。

　支援の方法として，フォーマルサービスとインフォーマルサポート，そし

てその組み合わせ，という点がある。これも全体的に見れば，フォーマルサービスのみが8事例（20％），インフォーマルサポートのみが2事例（5％），そして両方の活用が31事例であった（76％）。CSWの特徴としてフォーマルとインフォーマルの協働が挙げられているが，今回の分析からはその指摘はおおむね肯定できるが，その方法ばかりでもないことも示されている。

　問題の複雑性を，関わる機関や活動者から見てみると，コミュニティソーシャルワーカー自身を除いてフォーマルとインフォーマルを合わせて1事例当たり平均，4.8の機関や活動者が関わっている。その内訳は，フォーマルが平均3.5，インフォーマルが平均1.3である。最も多いケースでは9の関わりがあった。関わる機関，活動者が多くなるということはそれだけ事例としての複雑さが増すであろうことは想像できる。

　対話的行為に関して事例の中で確認した場面の全体数は163で，平均すると場面は1事例当たり4個となる。その内訳として【資源】32，【対話】14，【支援】8，【不明】109であった。【資源】【対話】【支援】を合わせると54であり，全場面の3分の1で，1事例あたり平均すると1.3個である。【不明】は，1事例あたり平均2.7個である。【資源】【対話】【支援】のいずれもなかった事例が9あった。もちろん記述はされていなくても，そうしたことが実際に行われていた可能性はある。

　また，対話的行為に大きな影響を与えるのが本人らの抱えるコミュニケーション上の障害である。41事例中，20事例，約半数の場合に本人のコミュニケーション上の課題が考えられた。また本人でなくてもその家族にコミュニケーション上の課題を抱える人が存在するケースもある。認知症や知的障害，精神的な疾患，また視力や聴力の低下といった身体的な課題，そして外国人であるために日本語能力が十分でない場合などがある。これはあくまで直接的な対話に関する能力の問題であり，情報の非対称性や専門職の持つ権威などによる権力的非対称性が対話に及ぼす影響については考慮されていない。それを除いてもCSWの実践の中で約半数の場合にコミュニケーション上の

障害が示されている。

　こうした概況下で，事例の中で対話的行為がどのように現れているかを次に見ることにしよう。ここでは対話的行為としてどのようなことが行われているのかの知るために【不明】を除外し，【資源】【対話】【支援】の内容を検討した。以下，例えば【資源】の場面の，内容の共通するまとまりを概念として〈　〉で示し，さらにその概念のまとまったものをカテゴリーとして［　］で示してある。

（9）対話的行為の活用分類
1）対話の【資源】

　対話の【資源】は32場面あり，3カテゴリー，11概念に分類できた。カテゴリーは［信頼関係づくり］［対話の機会形成］［プレ対話的行為］である。
　［信頼関係づくり］は，対話的行為を行うための準備段階といえる。対話的行為が常にすぐ始まるわけではない。対話を可能とする信頼関係の醸成が求められることがある。このカテゴリーは，〈当初の面会拒否に手紙で対応〉〈当初の面会拒否に継続訪問〉〈説得しても拒否〉という3つの概念から成り立っている。はじめの2つは初期訪問等で本人が出てこなかったり，面会の拒否にあったりした場合そのまま引きさがらずに，関係をつくるため，あるいは信頼を得るために，その場で手紙を残してきたり，後日再度の訪問を繰り返すことである（東大阪22・③，東大阪22・⑥，堺23・②）。この両方を行うこともある。手紙という方法は実際には訪問していることだが，単に訪問で終わらずに手紙を残すという点がユニークであるため，概念として独立させた。手紙については本人が読んでいる場合もあれば，放置される場合もある。しかし，読まれていない場合でもその後の面談や対話を生み出すための資源となっている。〈説得しても拒否〉は，対話が成立していない事態であるが，こうした行為がその後の展開への足掛かりとして機能すれば，その時点では成功しなかった説得も関係づくりという点に関しては結果的に役に立ったこ

とになる（東大阪22・③）。

　［対話の機会形成］は，4つの概念で構成されている。まず〈話し合いに本人同席の調整〉は，カンファレンスの場などに本人が参加できるように調整を行うことである（東大阪22・④）。これにより現状認識や援助プランに関して援助側と被援助側の間の対話を生む前提がつくられる。〈会議への出席〉は，そうした場に実際に本人が出席することである（吹田23・①，堺23・⑤）。会議に出席すること自体で対話が生まれていると考えることはできないが，少なくとも対話のための必要条件である。第3に〈地域活動での対話の場〉がある。これは地域活動を通して人間関係や話題が生まれてくることで対話が促進されている（堺23・⑬）。最後が，〈対話の媒体〉である。これは，例えば新しい事業やイベントなどを地域に普及しようとする場合，そのための話し合いがある（堺23・④）。対話を生み出す媒体としてこうした普及活動が作用することになる。

　［プレ対話的行為］では，すでに何らかの話し合いがある。しかし，対話的行為までには至っていない段階でありプレとした。4つの概念があり，〈本人の意向表明〉は，困り事やサービスへの不満，援助方針，援助内容等何らかのことに関して本人から意向が示されることである（堺23・②，東大阪23・②，東大阪23・⑤）。これは，対話にとって重要な要素であるが，それが対話へと展開していない限り，前対話段階にとどまっている。〈初期の状況把握〉は，初期の段階でのニーズ把握やアセスメントなどのワーカーによる実践を指す。しかし，ニーズ把握やアセスメントをしているからと言ってそのまま対話的行為になっているとは限らず，ケースごとに検討する必要がある（吹田22・⑤，東大阪23・④，東大阪23・⑤，東大阪23・⑥）。これが対話が不明である場合もあれば，対話的行為と判断できるものもある。ニーズ把握やアセスメントで【資源】に入る場合は，そこでの内容理解が通り一遍のものではなく，それまでより具体性を持った認識や新たな課題を見出すようなケースである。〈傾聴・想いの受け止め〉は，本人の声を聴いたり，地域住民

の思いの吐露を受け取ることである（東大阪22・⑤，吹田22・③）。ただし，これもそれだけでは一方向的な性格が強く，対話とは言えない。それでも，そこから対話に展開する可能性を持つ状態である。支援プロセスの他の段階として〈モニタリングでの評価〉が示されているケースがあった（東大阪22・④）。実践の取り組みを本人が評価することは，対話を生み出していくことになる。これは，たとえサービスに対する不満であっても同様の作用を生む。

2）【対話】的行為

【対話】的行為は14場面が見られた。2つの事例で，2場面を確認できたので，対話的行為が表現されていた事例数は12となる。事例全体の約3割である。3カテゴリーを抽出した［本人とワーカーの対話］［住民との／の対話］［対話機会のバリエーション］。概念は8である。

［本人とワーカーの対話］は，当然のように思えるが，これが明確に示されている事例は多くはない。3つの概念があり，まず，〈援助者と本人の対話〉は専門機関や援助者と問題を抱える当事者本人の間で，援助が対話的に進められることである。一方的な説明や意向表明だけではなく，少なくとも説明による相手側の了解という手続きがある。一部に合意に基づく行為調整まで認められるものもあるが，そこまで示されていないものを含んでいる（吹田23・⑤，東大阪22・④）。〈初期段階の対話〉は援助の初期の訪問で，ニーズ把握やアセスメントが，対話的に進められるケースである（東大阪22・①）。この場合は傾聴や本人の意向表明に終わらず，対話を通して問題を把握して方法を示していく。また，当初は支援を拒否していたが継続的な関わりにより，対話が生まれるケースもある。これを〈継続的関わりによる対話〉とした（堺23・⑥）。単なる会話でなく，対話を通して了解が生まれる場合がある。地域の人々との交流を阻むために自分の家の周りに張っていたチェーンを撤去することで支援を了承していく事例は象徴的である（堺23・⑫）。

［住民との／の対話］は，ワーカーと住民，あるいは住民同士の対話である。〈ワーカーによる住民への説明と理解〉は，ワーカーが住民や民生委員

に対して何らかの事柄について説明し理解を求める対話である（吹田23・①）。住民との関係を「主体－客体」としないためには，ここでの対話が肝要となる。〈住民同士の対話〉の典型は，地域活動について，企画段階から住民同士で話し合うことである（吹田23・②）。また，住民同士の話し合いで問題を抱える本人を排除しようとする動きが出ることもある。しかし，その際に排除されそうな本人を支援する声が他の住民から上がり，対話的行為が生まれたケースもあった（堺23・⑬）。〈本人に対する認識転換の対話〉とは周囲の住民が本人に対して持っていた「困った人」という負のイメージが「心配な人」へと転換した際の対話である（堺23・⑪）。事例集ではこれを「物語の書き換え」と表現している。

　[対話機会のバリエーション]には，2つの概念がある。ひとつは，〈家族内での援助の対話〉であり，公的な支援を受け入れない本人に対して家族が対話的に説得し，了解したケースである。ワーカーによる働きかけが家族内での対話を促すことになった（東大阪23・④）。もうひとつは，〈緊急介入での対話〉である。一般的に緊急介入の際は，対話の余地が少ないと考えられるが，対話の可能性がある例が示されている。病院に入院の際，本人の希望と援助者側の提案が出されて了解されている（東大阪23・①）。対話的行為が生じる場面をあらかじめ限定してしまう必要はないことが分かる。

3）対話の【支援】

　対話の【支援】は，場面数は8であり，かつ，事例の中に重複している場合もあり，事例数としては5となっている。微妙な性格の違いを示すために3つのカテゴリー，5概念に分けた。カテゴリーは[代弁的支援]，[通訳的支援]，[コミュニケーション条件・方法支援]である。[代弁的支援]には，まず〈専門機関への同行〉がある。これは専門機関に出向いたり，各種申請手続きを行う際に本人にワーカーが同行して，対話の支援するものである。比較的多くのケースに見られる（吹田23・⑥，吹田22・①，東大阪23・③，東大阪23・⑥）。また，〈家族の説得を通しての支援〉がある。本人が対話するこ

とが難しい場合，代わりにその家族に対して対話をすることを試みる（吹田23・⑥）。

［通訳的支援］は，〈異言語間の橋渡し〉であり，日本語能力が十分でない外国人に通訳的役割の支援者が対話の際に同席することである（東大阪22・④）。この場合は，本人に代わって話すのではなく，本人の意思を日本語に訳して伝える役割となる。

［コミュニケーション条件・方法支援］には2つの概念がある。〈コミュニケーション障害の調整〉は，コミュニケーション障害がある場合に，対話が可能になるように調整する（東大阪23・③）。具体的には聴力が低下した本人に代わって連絡を取り，面談の日程を設定し，対話を可能にするということがあった。〈コミュニケーション方法の教授〉は，本人とのコミュニケーションの方法が分からない他機関に対して，ワーカーがその方法を教えるというものである（東大阪23・③）。

以上，どのような場面でどのような対話的行為の要素が確認できたかという結果を示した（表5-3参照）。

(10) 対話的行為の活用に関する考察

対話的行為に関わらせて，この結果に対する考察を行う。

1) 対話的行為の活用状況

数的に見れば【資源】，【行為】，【支援】を合わせた対話的行為が表現されていた場面は多くない。その中で相対的に多いのは対話的行為の環境をつくる【資源】である。対話のための信頼づくりや，対話の機会をつくる場面がみられた。より直接的な【行為】や具体的な【支援】は【資源】の数に及んではいない。実践はあるが，それが【対話】による合意形成に基づいたものなのか明記されていることは少ない。なぜこうしたことになっているかを検討しておく必要がある。

前提としては，今回の分析対象となった事例集が活動内容の紹介的なもの

表 5-3　事例分析：カテゴリーと概念一覧

【不　明】 ［物理的不可能性］ 　〈カンファレンスに本人不在〉 　〈重要な援助場面での未確認〉 ［意思反映なし］ 　〈緊急の介入〉 　〈本人意思に関係のない見守り〉 　〈対話能力の欠如の認識〉 ［意思的拒否］ 　〈本人が接近を拒む〉 ［介入前の段階］ 　〈ニーズ把握・アセスメント〉 　〈カンファレンス・プランニング〉 ［介入およびその成果］ 　〈実践・介入，サービス提供〉 　〈本人の行為変容が起こる／起きない〉 ［伝達やつなぎの場面］ 　〈伝達やつなぎの場面〉 ［意向や提案］ 　〈本人の意向，意思〉 　〈ワーカーや専門家の提案・考え〉	あり	①【資　源】 ［信頼関係づくり］ 　〈当初の面会拒否に手紙で対応〉 　〈当初の面会拒否に継続訪問〉 　〈説得しても拒否〉 ［対話の機会形成］ 　〈話し合いに本人同席の調整〉 　〈会議への出席〉 　〈地域活動での対話の場〉 　〈対話の媒体〉 ［プレ対話的行為］ 　〈本人の意向表明〉 　〈初期の状況把握〉 　〈傾聴・想いの受け止め〉 　〈モニタリングでの評価〉 ②【対　話】 ［本人とワーカーの対話］ 　〈援助者と本人の対話〉 　〈初期段階の対話〉 　〈継続的関わりによる対話〉 ［住民との／の対話］ 　〈ワーカーによる住民への説明と理解〉 　〈住民同士の対話〉 　〈本人に対する認識転換の対話〉 ［対話機会のバリエーション］ 　〈家族内での援助の対話〉 　〈緊急介入での対話〉 ③【支　援】 ［代弁的支援］ 　〈専門機関への同行〉 　〈家族の説得を通しての支援〉 ［通訳的支援］ 　〈異言語間の橋渡し〉 ［コミュニケーション条件・方法支援］ 　〈コミュニケーション障害の調整〉 　〈コミュニケーション方法の教授〉

であり，対話的行為を意識して書かれているのではないということがある。したがって対話的行為が行われていても記述されていないこともあると考えられる。

　事例の中では，会話自体がないのではない。話しの場面は一定程度描かれている。さらに，おそらく会話がなされていただろうと考えられる場面もある。住民に協力を得たり，関係機関と調整を図ったりする場合には会話は欠かせない。地域での取組みでは，会話が重要な役割をしているだろうということが推測される[16]。ただし今回の分析では，CSW実践での対話的行為を確認するために基準をかなり厳しいものとしている。これまでにない角度からの検討であったので対話的行為が明確に分かるという水準を設定していた。したがって，単なる会話については対話的行為とは見なしていない場合が多い。また，推定できる場面でも確認できなければ，今回は対話的行為とカウントしていない。この設定を見直して，会話や対話的行為の推定の部分まで含めると，結果もかなり変わってくると思われる。

　事例集は何が行われたのか，その結果何が生じたのかについての記述が中心であった。これは，CSWの活動を知ってもらいたいという事例集の発行目的と関係している。結果や成果は分かりやすいが，プロセスやその事象が生じた要因についてはそれほど記載されていない。なぜ，どのようにしてその結果や成果が生じたのかという経緯が不明であるので，こうした部分は今回の分析には反映できてない。CSW実践を表現する際の結果や成果の記述とそのプロセス，進め方記述のバランスをどのようにするのか，という課題がある。

　このように今回の方法では，記述の傾向は把握でき，表現方法に関する示唆は得ることができたが，実態として対話的行為がCSW実践でどの程度行われているかという点については，明確になっていない。では次に，「ある」内容に関心を向けて，対話的行為がどのような場面でどのように活用されていたのかを検討しよう。

2）コミュニティソーシャルワークのモデルとの対応

　対話的行為を組み入れたCSWプロセスモデルと関わらせてみよう。対話の【資源】は，対話的行為を生み出すものであり，どこに位置づけるかが検討点のひとつであった。［信頼関係づくり］では，対話を始めるための資源の必要性を示している。ここでは，対話を始める前に置かれている。ただし，すでに援助実践が始まっている中にも【資源】はあった。［対話の機会］の会議や地域活動等にも見出すことができたし，ニーズ把握やアセスメント，〈モニタリングでの評価〉でも確認できた。したがって【資源】の位置は，特定の段階を想定しなくてよいといえる。様々な段階で対話を生み出すために資源を考えることができる。また，【資源】の内容面では，対話を生み出すための機会や信頼関係は多くあったが，一方で，時間や物理的な諸条件の整備やコミュニケーション能力の形成というよりマクロなレベルの内容については見いだせなかった。こうしたものは個々の事例の中には，現れにくいのかもしれない。しかし，例えば【支援】で通訳が行われるが，こうした通訳が地域に存在しているかどうかは今後の支援の広がりに影響する。そうした，役割を担う人たちの協力を得るためにも，コミュニケーション支援の必要性を社会的に示していく必要がある。

　【対話】的行為は，少ないながらもプロセスの様々な段階に存在していた。ただし，発話行為－合意形成－合意による行為調整，という対話行為の基本ユニットの全体が現れているものはほとんどなかった。それでも例えば，住民が中心となって，地域活動を立ち上げる場合である〈住民同士の対話〉などは，こうした枠組みに近いものがある。こうした取り組みがあれば，住民が納得して活動を行うことができるであろう。また，初期の問題把握やアセスメントでも【対話】が描かれていた〈初期段階の対話〉。事実の認識，確認が中心となる場面で活用されていることが分かる。逆に，合意形成やプランニングの段階では，乏しい状況である。合意や了解を目指す対話的行為が期待されるこの段階にそれが明記されていないことは，考慮すべき点と言え

る。合意形成やプランニングがどのように進められたかを記録するのは難しいのかもしれないし，既存の関係の中で目的合理的に進められているのかもしれない。この部分は実践の中でも根幹をなしているので今後明らかにしなければならない。この段階での合意が，その後の援助実践にどのようにつながっているかということについても探究が残されている。ただし，対話を通して新たな視点が生まれてくる事例〈本人に対する認識転換の対話〉もあり，新たな意味の生成の萌芽を把握できた。

　対話の【支援】は8場面，5事例ではあるが，対話のために重要な場面での支援がなされていた。〈専門機関への同行〉や〈異言語間の橋渡し〉ではサービスや福祉的援助にアクセスする上で対話の【支援】が必要なことが分かる。〈コミュニケーション障害の調整〉には，面談等の手続きをする上でもこうした支援が求められている。他にもコミュニケーション上の障害を抱えている事例はあったが，どのように対応しているのかは明らかではない。

　こうしてみれば，全体的な量としては多くはないが，CSW実践の中に対話的行為を位置づけることについての可能性は確認できる。積極的に会話が行われていた例もあったし（東大阪22・④）対話を求めて模索する姿等もあった（吹田23・③，東大阪22・③，堺23・⑩）。これがさらに意識的に推進され，表現化されればCSW実践での対話の【資源】が豊富化し，【対話】的行為が進み，必要な場合は対話の【支援】を行う，という枠組みが定着すると考えられる。対話的行為が定着していくことは，CSW実践と背反するものではなく，むしろその促進を図るものといえる。

3）対話的行為を基礎づけるために

　【資源】については，個別のケースの資源だけでなく，社会レベルの資源を配慮すべきである。多くの対話を生み出すような【資源】の社会レベルでの整備が必要となっている。これは，個別ケースからは上がりにくく，政策的，計画的な対応が求められる。【対話】については，活用されている事例でも部分的なものが多く，話し合い，合意形成し，行為調整するという基本

的なユニットを位置づけられるのかということがひとつの課題となる。また，段階については援助の目的設定やプランニングで，どのような対話ができるのかは，その実践の性格を決める中核でもある。この段階での対話的行為をどれだけ厚く，内容のあるものにできるかを意識的に追求すべきものと考える。【支援】については貴重な例はあったが，全体的に開発の余地がある状態と言える。コミュニケーション上の障害への対応を地域の援助技術の新たな柱として検討していくことが必要である。

　共通して言えることは，対話的行為の理念を共有し，その内容を確認することの重要性である。それができれば，実践での活用も進展すると考えられる。対話的行為は，成果志向ではなく了解をつくることに重きを置いている。地域福祉が重視され，地域の援助活動にも成果向上の期待が寄せされる状況で対話的行為は，それでも，あるいは，それだからなお了解や合意形成を欠かすことができないという姿勢を大切にする。対話的行為の内容は，単に情報収集や協力依頼，要求の聞き取りで終わるのではない。ともに話し合って妥当性を確認し，新たな意味を生み出していく行為である。また，お互いに同意したことにしたがって行為を調整することである。こうした対話的行為の意義や内容を共有できる機会をつくっていくことも求められている。

(11) コミュニティソーシャルワークの事例検討の限界性

　本研究は，3市のCSW実践の事例集，報告書を用いて，これを対話的行為という側面から分析したことにその特徴がある。これは同時に本研究の限界を性格づけるものでもある。それらの事例集は対話的行為を意識して書かれているものではないため，現場での対話実態を反映しているとは言えない。事例集といっても，1事例あたりに割かれている分量はA4用紙で1～2枚であり，その記述はコンパクトにならざるを得ない。前述したように，この研究方法なりの利点もあるが，情報面においてその限界も存在する。さらに分析枠組みとしても，今回独自の方法を考案したが，それは精緻化の余地を

残すものである。

　また，3市の41事例を取り上げており，前述のように都市型の特徴は把握できるが，都市型でもさらにバリエーションがある可能性もあり，なによりも郡部地域の実践に関しては対象外となっている。大阪，関西以外の地域との比較も行ってはいない。このように地域的な多様性に関して網羅できているわけではない。そして，時間的な広がりについても，直近の2年間を対象としたものであり，これもある種の限界を持つ。

4　対話的行為の定着に向けて

　理論的には，CSWの実践プロセスに基本的な変更を加えることなく対話的行為を位置づけることは可能と考えられる。対話的行為を組み入れたモデルは，CSW実践のプロセスを変更するものではない。そこに対話的な要素を明示するものである。あるいはこれまでも行っていたことを意識化することである。それはプロセスの各段階に対話的行為の基本ユニットを内包させることと同時に，対話的行為の支援を行うことであった。さらに対話の資源を整備していくことも求められた。基本的ユニットを示すことで，発話行為と合意形成，そして，合意に基づく行為調整という展開を意識することができる。対話的行為に対する支援としても発話行為に対する支援，合意形成や意思決定の支援，行為の遂行の支援と分節化して捉えることができる。また，そこで妥当性を考える基準が，事実レベルだけでなく，社会性や誠実性が含まれていることも確認できる。すべての段階に基本ユニットの各要素を等しく当てはめるのではなく，段階の特性に応じて，強調される要素が異なるだろうことも仮説的に示した。

　事例検討からは，調査方法の限界はあるが，実践で対話的行為をさらに活用できることが分かった。これはいくつかの点を指摘できる，まず，対話的行為の基本的ユニットとしての活用である。状況によってはそれが不可能で

あったり，実情に合わない場合もあると考えられるが，志向としては，発話的行為，意思決定，行為遂行を分断するのではなく，一揃いとして用いていくことである。また，合意形成や意思決定段階で対話的行為が不明な場合が多く，こうした場面での進め方の明確化をはかることである。対話の支援や対話の資源の整備についてもその必要性が大きいことは前述の通りである。こうした諸点と同時に重要なのは，対話的行為を行うことができるような条件整備である。条件整備には，コミュニティソーシャルワーカーの具体的な活動条件と対話的行為の重要さについての共有化がある。後者は意識レベルの問題である。すなわち対話的行為の価値をどのように受け止めているかという問題である。なぜ対話的行為が重要なのか，なぜそれを行うのかを各関与者が意識のなかに設定しておくことが求められる。実践での客体化を生まないため，「主体－主体」関係を構築するため，そして，正しさに基づく実践を行うために必要なこととして承認されていなければ，対話的行為は通り一遍のものとなってしまう。対話的行為を内実化するためには，理念レベルの位置づけを欠くことはできない。

　最後に，対話的行為への示唆をあげよう。まず，実際のソーシャルワークの現場で，対話的行為やその支援をどこまで現実化できるのかという問題がある。さまざまな制約の中での対話的行為の実現可能性が問われる。これは，今後実証的に検討していくことになる。第2に，会話，コミュニケーション一般と対話的行為の差異を明確にすることが求められている。CSW実践でも多様なコミュニケーションが行われており，コミュニケーション自体の重要さについては認識されている。そうした一般的なコミュニケーションと対話的行為の違いについての理解がなされていなければ，すでにコミュニケーションは行っているという意識を持ってしまうことになる。第3に，対話的行為を行うことの結果や影響についての検証が必要である。理論的にはその効果を考察したが，実際に納得のいく実践ができたのか，正しさに基づく実践であったのか，実践は成果を生み出したのかという検証を行うことで効果

第5章　地域でのソーシャルワークと対話的行為

を示すことができれば，対話的行為の重要性の根拠となる。第4に，文化的背景の違いの考慮という問題がある。事例検討の中で，対話的行為の記述が少なかった理由として，対話はあってもさまざまな配慮があり，あえて記述しない，あるいは，対話自体をあえてしないということがあることが分かった。こうした文化的土壌で，どのように対話的行為を位置づけるかという課題がある。

注
(1) 少数派のハドレイらのほかに，ロバート・ピンカーがいる。ピンカーは，周知のように小地域のコミュニティソーシャルワークに対して批判し，スペシャリストアプローチを唱えた（佐藤 1998：28）。
(2) 全国的な CSW 事業の動向については，2013年3月に『コミュニティソーシャルワーカー（地域福祉コーディネーター）調査研究事業報告書』（野村総合研究所，http://www.nri.co.jp/opinion/r_report/pdf/201304_safetynet2.pdf，2013年9月4日アクセス）が出ている。
(3) 研修会やセミナーの開催。また，同研究所の研究誌『コミュニティソーシャルワーク』も2008年に創刊されている。
(4) さらに大阪では，保育部門でも2009（平成21）年度から「スマイルサポーター」と称して民間保育園の社会貢献活動としての地域貢献支援員，CSW の取り組みも行われている。
(5) 日本地域福祉研究所（2005）『コミュニティソーシャルワークの理論』（https://nippon.zaidan.info/seikabutsu/2004/00580/pdf/0001.pdf，2013年10月13日アクセス）。
(6) 岡崎（2006：201）は，こうした概念をめぐって「関西，関東とさほど違いはない」としている。
(7) 既存の CSW の実践モデルでも対話への意識はある。田中英樹はプランニングや実施に関して「クライエントと対話形式」，「クライエントとの協働作業」を指摘している（田中 2009：31）。対話的行為が CSW 実践に位置づけられる可能性はあると考えられる。
(8) 本人中心的であっても，対話による合意形成を経ずに，ただ個人の目的達成を目指すのであれば戦略的行為である。対話的行為は当事者の意向を援助者がともに吟味し，合意するというプロセスが重要となる。
(9) 専門職主導となり，たとえそこに形式的な同意やインフォームドコンセントがあっ

ても，対話の内実が伴わないと判断できる場合には対話には含めない。
(10) 冊子名および発行は，吹田市が『あなたのまちの生活・福祉の相談員活動記録 CSW活動事例・報告集』，吹田市社会福祉協議会発行。東大阪市は『CSW活動報告書』，東大阪市CSW連絡会発行。堺市が『堺市コミュニティソーシャルワーカー配置業務〈地域福祉ねっとワーカー〉報告書』で堺市発行となっている。
(11) ただし，堺市の配置の方式は2012（平成24）年度には変更された。
(12) 人口は，2011年時点で，吹田市35万人，東大阪市50万人，堺市84万人である。
(13) 例えば，東大阪市で言えば，2011（平成23）年度の全体の件数は906であり，事例として報告書に載せられたのは前述の通り6である。
(14) 以下，こうして示したカッコ内の見方として，例えば（堺22・①）は堺市の平成22年度の報告書の，1番目に出ている事例であることを示している。
(15) 同じジャンル，例えば地域の複数の活動が重複している場合は，1つとした。また，単に新聞配達員が新聞がたまっているのを通報した，ということについてはカウントしていない。実際に援助活動に関わったかどうかを判断基準とした。
(16) 今回の結果を読んでいただいた3市のCSW担当者からも，話し合いはしているという指摘が寄せたれた。
(17) 結果を読んでいただいたCSWの担当者からフィードバックされた意見である。

第6章　地域アセスメントとソーシャルクオリティ

1 地域アセスメントの現状と課題

　地域社会の弱体化について，日本では久しく人口に膾炙している。地域の人間関係の脆弱化や地域社会自体の危機も言われている。そしてまた地域生活でのさまざまな問題の発生も報じられている。貧困や虐待等の問題もあれば社会的排除や社会的孤立等の問題もある（厚生省 2000）。かつては行政などにより公的な対応をされてきた地域の問題に対して，今や地域自身が取り組んでいくことを期待されるようになってきた。一方での地域の弱体化と他方での地域の問題解決の期待の高まりという一見，相矛盾した状況がある。このような背景の中で，地域のアセスメントの必要性が認められてきている。

　これまでも地域社会やコミュニティのありようについて調査や診断，アセスメントは行われてきた。そのテーマはまちづくりに関わるものから，医療・看護（平尾ら 2000：大城ら 2009：上岡ら 2009）や地域経営（海野 2010），過疎対策[1]，さらには畜産関係（上條・千賀 2000）など多様である。そこで用いられる手法は統計的データ，地域踏査，インタビュー，文献分析まで幅広い。科学的，客観的な資料収集だけでなく，地域の活性化のための担い手を調べたり，調査に住民を巻き込んだりする工夫もある。それぞれの分野でそれぞれの目的に応じた調査やアセスメントが取り組まれてきている。

　地域福祉，コミュニティワークでも地域の調査は行われてきている。コミュニティワークのプロセスには地域診断や地域アセスメントが位置づけられてきた（永田 1993：Twelvetrees 2002）。地域社会がソーシャル・キャピタル[2]という点から検討されたり（田中知生 2010），当事者自身による調査（平川 2009）や住民との協働，実践への展開を意識する調査論もある（吉浦 1998；前田 2002；岡崎ほか 2009）。特に地域福祉計画の策定に関わって多くの場合に調査やアセスメントが行われている[3]。こうした営為によって地域のアセスメントについての蓄積は生まれてきつつあるものの，地域福祉のための地域

社会の把握に関してはいまだに模索の段階であり、決定的な方法といえるものは生まれていない。先行研究のアセスメント枠組みは地域社会の状況や地域福祉のニーズの把握を目指しているが、それは状況志向的であり、適切な理論的枠組みを持っていない場合もある。さまざまな問題が地域で生まれ、問題解決が求められている現在、地域社会の実態や問題を的確に把握してそれに対する実践につながるようなアセスメント方法が求められている。

そこで本章では、こうした現代的な要請に応え得るような地域アセスメントの方法について考察する。その素材はソーシャルクオリティ（Social Quality）という考え方である。ソーシャルクオリティはポスト福祉国家状況を検討するために欧州で生まれたもので、生活世界とシステムの概念を取り入れて社会の質を把握しようとする。この考え方を、日本の地域福祉のためのアセスメントに援用することを目指す。

以下では、まずソーシャルクオリティの考え方を概説する。ソーシャルクオリティには、現代の社会的問題に対する哲学的見解があり、また、社会理論を踏まえた社会把握の枠組みを持っている。社会の質を把握するための指標づくりも行われている。しかし、この考え方は欧州で生まれたものであり、かつ、国レベルを主に対象としてきたために、第2に、これを日本の地域福祉に援用するための検討を施す。その上で第3に、活用のための具体的提案を試みる。この過程で、既存のソーシャルクオリティの枠組みの内容やそれに基づく指標も見直していく。また、アセスメントの進め方についても、客観的調査ではなく対話的行為を用いる方法を提示する。

2　ソーシャルクオリティという考え方

（1）ソーシャルクオリティの経緯

1980年代以降欧州では、社会的排除が注目される中で、経済と社会発展のバランスをつくり上げる新たなアプローチの必要が意識されるようになった。

ソーシャルクオリティの考え方は，こうした問題意識を持つ人々の間で形成されてきた。1991年から1996年にかけて有志による一連の準備的な会議がもたれ，その結果として，1997年に「アムステルダム宣言」としてソーシャルクオリティの考え方が公に示された（巻末資料1）[4]。これには欧州各国の1,000人以上の科学者が署名をしている。この宣言は人間の尊厳を重視し，社会正義と市民参加の促進を求めている。すべての人々が経済的，社会的，政治的なシチズンシップを持つことがソーシャルクオリティに寄与すると主張する。

　実際の活動の拠点として「ソーシャルクオリティに関する欧州財団」が設立され，事務局はオランダに置かれた。ソーシャルクオリティの概念検討や政策への適用の試みなど理論的な整理のほか，書籍，報告書，専門誌やニュースレターの発行，研究会の開催等が行われている。

　その活動の歴史は3段階に分けて説明されている[5]。第1段階は1996年から2000年で，後述するソーシャルクオリティの4つの要素との関わりで多くの事業が開始された時期である。最初の書籍 *The Social Quality of Europe* や専門誌の創刊もこの時期である。第2段階は2001年から2005年である。2001年に2冊目の書籍（Beck, Maesen and Walker eds. 2001）が刊行され，政策分析の視点が確立されてくる。また，雇用の不安定化という社会背景のもとで，その主題に関する報告書等も出された。この時期からソーシャルクオリティの指標作成作業，およびそれにもとづく調査も他機関との協働で進められている。第3段階は2006年以降であり，その活動は欧州にとどまらず，日本を含むアジア諸国に展開され始めた。2006年には日本で，ついで2007年に台湾，2008年に中国，さらにタイで国際会議が持たれた。テーマとして人間の社会保障や継続可能な社会という諸点が焦点化されてきている。2012年には，欧州だけでなく，アジア・太平洋地域を視野に入れた著作（Maesen and Walker eds. 2012）が刊行された。また，都市開発に関する研究の取り組みも始まった。このようにソーシャルクオリティはいまや調査，実践への展開が見られ

る。欧州とアジア・太平洋地域の調査のプラットホームの構築が目指されている。[6]

ソーシャルクオリティの考え方の基本的な構成は以下の通りである。

(2) ソーシャルクオリティの哲学と社会観

社会の質を考えるソーシャルクオリティには哲学と社会観がある。その特徴を4点にまとめることができる。[7]

1つ目の特徴は、ソーシャルクオリティの考え方が社会を重視していることである。社会についての哲学がソーシャルクオリティの基本に置かれている。ソーシャルクオリティによれば、社会は静態ではなく互いに行為し合っている個々人が自己実現をしていくプロセスがあり、これによって絶え間なく変化する姿として現れる。個人は孤立した存在ではなく、諸関係の集まりの中にある。ソーシャルクオリティは社会の存在を疑うポストモダンの考え方や社会学の一部にある社会の喪失論に反対する。個人の自己実現は社会から認められることが伴うし、社会が発展しても社会がなくなるわけではなく、より自らのあり方を考える社会が生まれると主張する。

第2の特徴は、「社会関係資本」（social capital）という考え方を重視していることである。ここには2つの面があって、ひとつは社会関係のネットワークとしての社会関係資本である。個人は人々とのつながりによって支えられていると考える。もう一つはより実態的に個人がネットワークの中に位置づくためには親密性や承認が必要ということである。このようにネットワークや親密性、承認というものが個人の存在に欠かせないことを示すのが社会関係資本の考え方である。ソーシャルクオリティはこの社会関係資本の存在を前提としている。

第3の特徴が、個人と社会の関係である。社会は個人の自己実現と集合的アイデンティティ形成の相互作用によってつくりあげられる。社会的な条件の中で自己実現や集合的アイデンティティ形成が成し遂げられ、それがまた

図 6-1　ソーシャルクオリティの枠組み

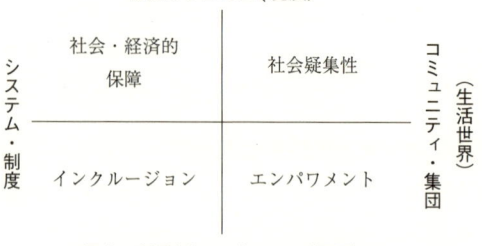

```
              社会のプロセス（発展）
         ┌─────────────┬─────────────┐
         │  社会・経済的  │   社会凝集性   │
 シ       │    保障      │              │ （
 ス       │              │              │  生
 テ       ├─────────────┼─────────────┤  活
 ム                                      世
 ・       │              │              │  界
 制       │ インクルージョン │ エンパワメント │  ）
 度       │              │              │ コ
         │              │              │  ミ
         └─────────────┴─────────────┘  ュ
              個人（生活史）のプロセス（発展）    ニ
                                                ティ
                                                ・
                                                集
                                                団
```

出所：Beck, Maesen and Walker eds.（2001：352）一部筆者修正。

　新たな社会的な現実をつくりだす。ただし，個人からすれば日々の生活は不平等なものである。社会は不平等にみちている。しかし，同時に社会には人生の機会をつくりだす資源も存在している。他方，社会にも緊張がある。それが生活世界とシステムの間の緊張であり，社会と個人の間の緊張である。これらが自己実現と集合的アイデンティティの発展に影響を与える。

　最後に第4の特徴として倫理性をあげることができる。ソーシャルクオリティは倫理的な基準を求めている。ソーシャルクオリティの目指す個人の自己実現と集合的アイデンティティの確立は時に矛盾を起こす。この両方を追求するには倫理が要請される。ソーシャルクオリティは人間の尊厳を大切にするが，しかし，それは無制限な個人主義を認めるということではない。個人主義と多元主義が関わりあうところで，受け入れることができる違いがどこまでなのかという決定が進められていく。

　以上のような哲学を持つソーシャルクオリティは図6-1のように表現され，縦と横に区切られた4領域から構成されている。

（3）ソーシャルクオリティの2つの軸

1）生活世界とシステムの軸

　横軸には，一方に生活世界が他方にシステムが置かれている。生活世界と

第6章　地域アセスメントとソーシャルクオリティ

システムという社会の捉え方は，ハーバーマスの理論をもとにしている（ハーバーマス 1981＝1987）。

ソーシャルクオリティの提唱者らはこれを，ゲゼルシャフトとゲマインシャフトの区分に相当するとしている。ゲゼルシャフトは，合理的に動機づけられた利害の交換という相互行為によって，社会を構成する。ゲマインシャフトは，主観的で情緒的な同一性を基盤とする社会構成である[(8)]，というものである。

横軸の右側は生活世界の社会統合領域であり，日常の生活での個人間，集団，コミュニティのゲマインシャフト的な関係がある。こうした集団やコミュニティへの所属については「社会的承認」が問題となる。社会的承認は3つの視点がある。①親密な関係での情緒的志向，②法的な公平さ，③個人の業績，美徳，才能の賞賛，である。ただし，この承認は一方的なものではない。個人は社会的環境から承認／不承認を受けることになるが，同時に，個人はその評価が妥当であるかどうかを判断する。

しかし，社会は生活世界だけで成り立っているのではない。システムとしての社会もある。システムから社会を捉えてみると，そこは一人ひとりの意図を越えた機能的な行為のつながりによる調整メカニズムがある。ここで個人に求められるのはシステム（制度）への「参加」である。参加は，場所，ライフコース，ジェンダーなどにより常に条件が変化する。女性，移民，民族的マイノリティ，障害者，高齢者はシステムへのアクセスについて多くの困難がある。また，言葉の障害，差別，劣悪な住環境，不十分な仕事などは参加を厳しくする。さらに，政策によってはリスクに直面する特定の社会集団がつくられ，また，そのリスクの性格や時期，構造もつくられていく。これはソーシャルクオリティがシステム統合の結果によって影響を受けることを意味する。

社会的承認と参加が横軸に緊張をもたらす。このことは認識上の枠組みにも影響を与える。ある個人は市民であると同時に，妻，あるいは隣人，とい

う具合になる。そこにはシステム内の存在と具体的個別性の区別があり，フォーマルとインフォーマルという違いがある。これは，システムの多元的な考え方と生活世界の同心円的な考え方の間の緊張である。理論的にはシステム統合に関するシステム理論と個人という主体の側から分析する行為理論がある。したがって横軸を把握するためには異なる学問的視点の結合が要請される。

2）社会と個人の軸

縦軸では，価値，規範，権利，習慣等が基本要素であり，それらが社会や人生に埋め込まれている。ここでは価値等をどうすれば実現できるのかが追求される。実現していない可能性の範囲とその実現への方法を探っていかなければならない。

軸の上方には集合的な規範が，下方には価値に対する感受性があり，これらが緊張関係を形成している。ここでは社会の発展と個人の発展をつなぐ視座が必要となる。集合的な規範が個人にどのような影響を与えるのか。また個人的な価値の実現が社会集団にどのように影響するのか。その相互の関係が問われている。この両者に同時接近しようとすれば，複眼的な視点を用いることになる。それは，事例から規範へという転換の把握であり，また同時に，その逆の過程の把握でもある。

変化を続ける社会に個人が適応するには同じ方法の繰り返しでは不可能であり，柔軟な対応が求められる。個人の生活史には，その人のパフォーマンスの成果が表現されていく。したがって社会と個人の関係を理解するための言説分析が注目される。言説分析は個人と社会形成をつなぐプロセスを，個人の側から社会的現実を生み出すものとして描くことができるからである。

ソーシャルクオリティの枠組みでいえば，横軸での相互行為が社会的現実を生み出し，それは縦軸の個人と社会の展開をつなぐプロセスに関連するということを示している。権力関係や不平等がある社会的現実（横軸）で生活していくには，そこでの生活に必要な最低限度の価値や規範（縦軸）が存在

しなければならない。価値や規範があれば参加と社会的承認への道が開かれる。また，相互行為的なコミュニケーション（横軸）は，価値の転換（縦軸）に向かう合意を形成するうえでの条件をつくる。

（4）ソーシャルクオリティの4つの領域

2つの軸で区切られた4つの領域には，社会・経済的保障，社会凝集性，インクルージョン，エンパワメントという要素が配置されている。

1）社会・経済的保障

社会・経済的保障の内容は，雇用・労働の保障，収入保障，健康の維持，食物の安全，環境問題などである。ここは社会を構成する制度の領域である。この領域に関する論点は2つある。個人生活の基本的保障と選択肢を拡大する人生の機会の提供である。

第1の点は，社会的不平等に関するもので，個人や集団に対する社会的排除や差別を問題にする。不平等は金銭や権力だけでなく，アイデンティティや行動可能性という課題もある。これに対応するために国家の役割は重要である。社会的不平等に対する社会・経済的保障について国家の役割が明確にされなければならない。

第2の点は，人生の機会に関することである。これについても国家の役割は重い。国家には，個人が自分の社会的環境を理解できるようにする役割が求められている。また，国家は個人が自己支援，自己実現，自助できるようにツールや知識を提供しなければならない。この点では，福祉多元主義や第三セクター[9]，イネーブリング国家[10]という方向が求められる。以上のことは，単なる社会保障とソーシャルクオリティが決定的に違う点である。ソーシャルクオリティは活動的な個人，生産的なコミュニティ，集団の近代化を生み出すことを目指している。

2）社会凝集性

社会凝集性は，端的には諸々の社会的関係が強まるか，弱まるかに関する

ことである。友人，家族，近隣コミュニティなどのほか，富の分配などに関する経済的凝集性，市民社会の基盤である社会的状態の凝集性，政治へのかかわりや投票率に現れる政治的凝集性，公共の安全性，他者に対する社会的な規範にもとづく利他主義，というものが含まれる。それはミクロレベルからマクロレベルまで及んでいる。

社会凝集性には，さまざまな阻害要因がある。失業，家族・人口構造の変化，移民，都市の暴動などである。これらのことは社会の統合／不統合の理論で分析されるが，その枠組みだけでは社会凝集性を扱うのには充分ではない。ソーシャルクオリティの考え方からすれば，社会の統合はシステムの統合と生活世界の統合に分けられる。システムの統合は，社会・経済的保障への市民の参加により実現する。生活世界の統合が，社会凝集性に相当する。

3）インクルージョン

インクルージョンは個人が社会制度等に包摂されることであり，社会保障や労働市場，住宅，医療，教育，政治，コミュニティサービスでのインクルージョン，また，社会的地位のインクルージョンというものがあげられる。ここで問題となるのはシチズンシップである。それは経済や政治，文化というシステムへの参加の可能性に関わっている。公的な場への参加には3つの側面があると言われる。1つは，特定の利害について意見を述べることの可能性。2つ目は市民としての私的，公的な独立の保証。3つ目は，自発的な参加に関することである。

しかし，現代社会は異なるサブシステム（経済，政治，法律，教育，科学，医療等）から成り立っている。その結果，現代では規範や文化の同一性が失われている。したがって今や，分化した社会におけるインクルージョンが求められている。個人の側から見れば，いくつもの異なるサブシステムに参加することが求められる。サブシステムへの参加方法は共通のものではなく，時に対立したり反目したりする。個人の側からそれらを統一させていくことが求められる。日々の生活はサブシステムを横断してはじめて成り立つこと

になる。インクルージョンは、それぞれのサブシステムで期待される役割を遂行することで可能となる。

4）エンパワメント

ソーシャルクオリティにとってエンパワメントという要素は特別な位置にある。エンパワメントは社会・文化分野をはじめ、政治、経済、社会心理など多くの政策分野に適用される。エンパワメントの主題は、個人の選択の範囲の拡大である。これはニーズに対するトップダウン型のアプローチではなく、個人が自らを開発するプロセスの主体であることを意味する。

ソーシャルクオリティの観点から注目されるエンパワメントの2つの特徴は「人間の能力に関する肯定的な態度」と「ネットワークの持っている特別な役割」である。これは社会関係資本の考えを援用したものである。能力に関する肯定態度に関するエンパワメントの目標は、参加の機会が最大限になるように当事者が知識や技能を身につけられるようにすることである。ただしエンパワメントの視野は非常に広いので、何がエンパワーされるべきかを明確にする必要がある。ソーシャルクオリティで重要なのは「個人」、「社会」、「政治」に関するエンパワメントである。個人のエンパワメントは、自尊心や自己発展を導く知識、技能に関することである。社会のエンパワメントは個々の主体間に形成される諸関係が主題となる。政治的エンパワメントは意思決定プロセス、情報、資源へのアクセスにかかわっている。他方、ネットワークは新たな社会形態の構築をすすめている。ネットワーキングの論理は生産のプロセスや権力、文化の行動や結果を変えている。ネットワークは組織の基本となり、近代社会の構造を生み出す。だが一元的なネットワーク社会となってしまうと、そこでは人間の主体的性格が失われるという危惧もある。

（5） 4領域の関連

この4領域の性格は表6-1のように整理されている。しかし各領域の相互

表6-1 ソーシャルクオリティの4要素の性格

	主な事柄	理論的影響
社会・経済的保障	社会的リスク 人生の機会	社会的不平等 福祉多元主義 イネーブリング国家 第3セクター
社会凝集性	重要な関係の強さ，あるいは，弱さ	社会凝集性／社会解体 多様性／統合
インクルージョン	シチズンシップ	包摂／排除 多様性／統合
エンパワメント	選択の範囲の拡大	社会関係資本 ネットワーク理論 市民社会

出所：Beck, Maesen and Walker eds. (2001：351)。

関係は単純なものではなく，厳密な因果関係でもない。連動した活動メカニズムをトータルに示すことは困難である。

4つの領域は，それぞれさらに細分化されて，指標がつくられている（巻末資料2）。

この分類をみると，いくつか指摘できることがある。まず，生活世界とシステムの捉え方に特徴がある。ハーバーマスの考え方に準拠するというよりは，生活世界を主観的性や情緒性で捉えるなと著者らなりの整理をしていることが分かる。4領域にしても要素が排他的に位置づけられているというよりは，指標の項目が領域を越境している部分がある。その4領域の関連性についてはより検討を進める必要がある。

以上がソーシャルクオリティの考え方の基本的部分となる。次には，これを日本の地域アセスメントで援用するための検討を行う。

3 ソーシャルクオリティに関する検討

(1) 日本の地域社会での活用

　ソーシャルクオリティの考え方は欧州で生まれたものであり，主に国レベルを対象とした枠組みになっている。この考え方を日本に導入できるだろうか。日本と欧州を比較すれば，市民社会の発達状況，文化的背景といった点に違いはあるが，社会全体としての近代的な社会構造としては共通性がある。この面から言えば，両者の違いには配慮しつつも，近代化された社会を評価する方法としてソーシャルクオリティの考え方を日本で用いることは可能であろう。実際に，日本だけでなくアジア諸国でソーシャルクオリティに関する研究がすすめられていることはその活用可能性を示すものと言える。

　もうひとつ，地域社会レベルで援用できるかという点がある。[11]社会・経済的保障などは国レベルで制度化するものが多く，これを地域社会の調査に使うことができるのだろうか。この点については，社会・経済的保障が各地域で実態としてどのように現れているのかを把握することはできる。また，社会凝集性やインクルージョン，エンパワメントについては，地域社会であればより具体性を伴う理解も可能となる。欧州ではソーシャルクオリティの地域レベルでの活用も始まっている。そうしたことを考慮すれば，必要に応じての修正等を加えたうえで，地域社会レベルにも適用できると考える。

(2) 地域福祉との関わりでのソーシャルクオリティの特性

　地域福祉との関わりでまず注目すべきは，ソーシャルクオリティの基礎におかれている社会に対する哲学である。人間の尊厳を重視しているのは，アムステルダム宣言によって分かる。貧困や差別を生み出す社会に対する危機意識からこの考え方は生まれ，なおそうした問題意識に立脚している。貧困や差別を問題視し，それを生み出さない社会を目指すという志向を持ってい

る。ソーシャルクオリティの4領域を見れば，社会的排除が強く意識されている。これは新自由主義的な影響下での社会が生み出す問題をクローズアップする。こうしたことは，日本の地域社会が直面する問題を把握するために有効である。

　ソーシャルクオリティは社会と個人の相互作用を取り入れた枠組みとなっている。緊張関係もあるが，同時に個人が社会に影響を与え，そして逆に社会が個人へ影響を与えるベクトルが存在することを前提とした社会観である。個人は社会的な要因によって不平等に扱われることもあるが，同時に，よりよく生きるための機会も社会にはある。緊張関係と社会発展のダイナミクスが内包されている。こうした明確な社会観に基づいて4領域やアセスメントのための指標が構成されている。ソーシャルクオリティの考え方はこうした社会哲学や社会理解を背景としたものであり，アドホックな内容ではない。これにより社会理論を基盤とした地域社会のアセスメントが可能となる。

　もうひとつの性格として，ソーシャルクオリティが診断主義的な医療モデルではないことが指摘できる。あるべき健全な社会から見て患部を見つけ出すというアプローチではない。ソーシャルクオリティは確かに，社会の問題点，不平等や排除を映し出すが，同時に機会の側面やエンパワメントの考え方を組み入れてもいる。そうした社会の持つ強み（ストレングス）にも注目して社会把握を進めるという志向がある。社会を修繕が必要な対象物とするのではなく，その強みに注目すれば，社会が，そしてそこに暮らす個人が，新たな動きを生み出す可能性のあるものと考えることができる。

（3）地域福祉で活用するための批判的検討

　ソーシャルクオリティを日本の地域福祉に援用する上で検討しておくべきことがある。調査の進め方，実践性，既存の指標という3点をあげることができる。

　まず，ソーシャルクオリティによるアセスメントの進め方についてである。

アセスメントを誰が，どのように進めるのかという問題である。まず，誰がアセスメントをするのかに関して，これまでのソーシャルクオリティの調査では学者や各種の専門家がアセスメントに関わり，報告書を作成している。これは先に触れた国等の政策提言には適しているかもしれない。ただし，地域福祉実践に関わらせることを考えれば，他にも重要な調査主体が存在する。問題を抱えている当事者や地域の住民である。ソーシャルクオリティを地域福祉の問題解決や実践へと結びつけることを考えれば，当事者や住民自身がこのアセスメントを行うことが肝要となる。調査される客体としての当事者，住民から調査する主体としての当事者，住民への位置づけの転換である。この場合，学者や調査の専門家の役割は，当事者や住民の調査を支援することになる（平川 2009：5）。

　また，この点については，どのように進めるかも問題である。例えば地域の高齢化率や福祉施設数という客観的な数値が出るものについては，それで把握できる。ただし，その数値の解釈をどうするのか，ある数字を多いと判断するのか，それとも少ないと判断するのかについては検討の余地がある。さらに，数値で把握しにくい事象，例えば地域社会での孤立が起きているのかどうかを解釈し，判断しなくてはならない。地域の強みや弱みをどう評価するのか，という場合も同様である。このように単に客観的に決められない場合にどのようにアセスメントを進めていくのかが論点となる。ここで対話的行為を活用できるかどうかを検討する必要がある。

　2点目に，ソーシャルクオリティには問題解決を目指す志向はあるが，地域福祉に引き付けるとその方法や程度が問われる。ソーシャルクオリティはアセスメントだけで終わるのか，実態把握から問題への取り組みを生み出していくものとなるのかという点である。ソーシャルクオリティの枠組みで問題を抽出し，政策提言を行うことはできる。しかし，地域レベルではアセスメントから実践への具体的展開を進めていけるかどうかが，ソーシャルクオリティを単に政策検討のための社会調査の道具とするのか，地域福祉実践を

生み出す地域援助技術の一つとして理解するのかの分水嶺となる。

　ソーシャルクオリティによるアセスメントから地域福祉実践へつなげる動きを促す仕掛けはソーシャルクオリティの中に包含されているのだろうか。社会制度や地域社会の変革をトップダウン的に社会サイドの主導で進めることもできるが，地域福祉実践は問題を抱える当事者や住民レベルからの動きを起こすという志向がある。こうした実践を生み出す場をソーシャルクオリティの考え方ではどのように想定できるのであろうか。

　3点目が，既存のソーシャルクオリティの指標の検討である。既存の指標は広域を意識したものなので，地域社会で用いる際には地域向けに修正する必要がある。巻末資料2のとおり，既存の指標は95項目に細分化されている。指標が細分化されていることは，社会状況を詳細に把握するために有用かもしれない。ただし，地域社会で活用しようとすれば，あまりに細かな指標は調査の手間や時間，実現性等の面で問題がある。既存の詳細な項目すべてが，地域社会をアセスメントするのに必要かどうかは検討に値する。

　また，この指標については領域区分についても再検討する必要がある。現時点では，指標の位置づけの整合性が取れていないようなものがある。たとえばインクルージョンの中にソーシャルネットワークの項目が置かれ，近隣関係や友人関係に関する指標がある。これは本来システム側ではなく生活世界の項目であり，社会凝集性かエンパワメントの領域におかれるべきである。エンパワメントに労働市場が位置づけられ，社会・経済的保障に生活保護を受けている人の割合が位置づけられていることなども検討の余地がある。この点は領域の分け方の影響もあり，領域のそれぞれの特徴を再確認して，それに適合する指標が配置される必要がある。

4　地域福祉実践のための地域アセスメントの提案

　ソーシャルクオリティを活用した地域アセスメントの方法と展開について

の提案を行う。

(1) 対話的行為を用いた地域アセスメント

　1つ目の提案は，アセスメントの進め方に対話的行為を位置づけることである。対話的行為は「正しさ」を生み出すという性格を持つものであった。地域社会の事象についての認識や理解について話し合い，了解することで相互主観性を形成できる。これは互いの意見を取り入れ合い，地域社会の新たな見方や評価を創造する契機となる。そこで出された意見や問題に対して対応が合意されれば，互いの行為を調整できる。言語能力や行為能力に障害を持つ人に対しては，コミュニケーション支援や行為支援を行う。このようにアセスメントから実践を生み出す展開を対話的行為の活用によって構想することができる。しかし，対話的行為で生まれる正しさは状況的理性である。その正しさには限定，限界がある。地域の事象の中でも専門的な知見や高い技術的対応が求められる問題に対して対話的行為を一律的に適用することは難しい。あるいは，地域社会の繊細な問題，人権上の配慮が必要な事項，タブー等についてどのように話し合いを進めるのか，対話の俎上に乗せることができるのか，合意形成ができない場合はどうするのか，という具体的な問題もある。さらに，対話的行為の議論では，その問題に関わる人すべての参加が目指される。こうしたルールはどこまで実現可能なのか，常に問われることになる。

　確かに対話的行為の活用により，当事者や住民によるアセスメントの発展の可能性は認められるが，個々の具体的な条件下でどのように進めるのかという現実対応性は不明確な部分がある。

(2) ソーシャルクオリティによるアセスメントから実践へ

　ソーシャルクオリティの考え方を用いた地域社会の評価の3段階のステージを考えることができる。第1段階は4つの領域（表6-2参照）の評価である。

表6-2 ソーシャルクオリティの中項目レベル

1. 社会・経済的保障	3. 社会凝集性
所得の保障	地域社会の多様さとまとまり
住居の保障	文化的まとまり
安　全	政治的まとまり
自然環境	宗　教
医療体制の整備	情報メディア
介護サービスの整備	家庭状況
地域の相談窓口の整備	地域活動
雇用の保障	自発的活動（ボランティア，NPO，
教育の保障	利他的活動）
交通の整備	地域の信頼とアイデンティティ
2. インクルージョン	4. エンパワメント
1の項目へのアクセス，包　摂	3の項目への所属，包摂
政治的権利	知識，情報，文化
公民権	仕事と家庭のバランス
社会的な権利	人間関係・社会関係の質
経済的・政治的ネットワーク	

　これが高い評価になっているほど，不平等の可能性が薄れ，人生の機会がもたらされていると考えられる。その地域の4つの領域の評価がまずなされなければならない。

　しかし，4つの領域がすべて高い評価でなくても，生活していくことはできる。社会的な資源の整備の遅れ等によって，すべてが高い評価にはならない場合もある。そこで第2段階として，そうした時に他の領域が不足している部分を補うことができているかどうかを調べる。社会の課題に対して社会の対応性や柔軟性があるかどうかという点が第2段階である。

　以上は，特に社会のありように関することであるが，個人の側から重要なのが第3段階である。それが，社会の持つ問題性や当事者の持つ願望に対して，当事者や住民の側から声をあげて，それが多くの人に理解，支持されたり，システムに影響を及ぼすことができるかどうかである。こうした状態が実現している社会の質は高いということができる。それぞれの段階を以下で説明する。

1) 4領域の評価

　ソーシャルクオリティの活用について，既存の方法は細かな指標を作成し，それに該当するデータを収集するという方法を取っている。それに対して，ここでは地域社会でより柔軟にアセスメントを行う枠組みを提案する。

　表6-2は，4領域の主要項目を示したものである。ただし，ここではソーシャルクオリティの枠組みの原点により準拠して項目化している。つまり，まずシステムと生活世界の内容を区別した。その上で，個人の側からはそうした社会に包摂されているか，排除されているか，あるいは個人の側からそうした社会にどう影響を与えているかを問うている。インクルージョンとエンパワメントについては，個人の視座を反映するものであり，制度や集団へのアクセス，利用，包摂，社会関係の質が個人にとってどのような状態なのかを表している。インクルージョンの項目は社会・経済的保障内の各項目と対応し，エンパワメントの項目は社会凝集性内の各項目との対応となっている。社会制度が整備されていても，それが使いにくい場合もある。地域社会がまとまっていても，抑圧的である場合もある。インクルージョンやエンパワメントは，個人の側からそうしたことを評価する視座である。

　さらに，大きな枠組みで地域社会のソーシャルクオリティを質的に把握する方法もある。主に話し合いで，ソーシャルクオリティの4つの領域を評価していく方法である（図6-2）。細かい項目は立てずに，例えば，認知症を抱える当事者が当該地域の社会・経済的保障の整備について，満足しているのかどうか。また公的な制度へのアクセスや利用が行いやすい状況になっているのか。便利さや不便さ，メリットやデメリット，強みや弱みを評価する。社会凝集性とエンパワメントについても同様である。社会のまとまりについての評価を社会凝集性で行い，社会的な関係の質についてエンパワメントで行う。この手法は個別の話し合いでも，グループでの話し合いでワークショップでも用いることが可能である。

図 6-2　認知症の人に対する 4 領域の関連

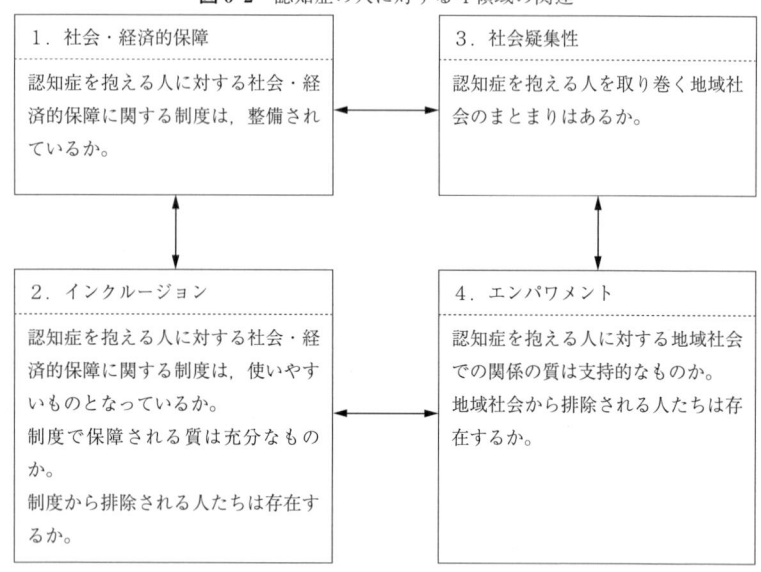

1．社会・経済的保障	3．社会凝集性
認知症を抱える人に対する社会・経済的保障に関する制度は，整備されているか。	認知症を抱える人を取り巻く地域社会のまとまりはあるか。

2．インクルージョン	4．エンパワメント
認知症を抱える人に対する社会・経済的保障に関する制度は，使いやすいものとなっているか。 制度で保障される質は充分なものか。 制度から排除される人たちは存在するか。	認知症を抱える人に対する地域社会での関係の質は支持的なものか。 地域社会から排除される人たちは存在するか。

2）領域間の関係

　しかし，それぞれの領域の評価が高いか，低いかだけで社会の質が決まるのではない。領域間の関係を確認する必要がある。一般的には，近代社会ではシステムが発達して生活世界を圧迫している。つまり，人々が直接に関わり合う場が少なくなっている。何か問題があってもその解決をシステムに依存する。しかしそれで生活が成り立っていくのであれば，生活世界の弱体化をシステムでカバーしていることになる。4 領域に対応させれば，社会凝集性の弱さを，社会・経済的保障で補っているということになる。[12]地域社会からの疎外があっても，活用できる公的サービスがあれば，それによって生活を成り立たせることもできる。逆に，公的なサービスの不備を住民の助け合いでカバーすることもある。その地域社会での領域間の関係の特徴を検討することで，地域社会の柔軟性を知ることができる。

3）エンパワメント領域からの対応

　第3段階は，第1段階や第2段階で把握した問題点や長所をもとにしてアクションを起こす段階である。公的な制度やサービスの要求をする場合もあれば，住民参加型で新たな実践を地域で起こす場合もありうる。また，地域のソーシャルクオリティの4つの領域の内容と領域間の関係がいかにあるべきかを話し合い，計画化や政策提言を行うことにも活用できる。たとえ第1段階で，4領域の評価が高くても，さらに新たな願望が生じている場合がある。願望や問題を当事者の側から発言し，実現できる社会であるかどうかが問われる。

　ソーシャルクオリティの枠組みで，個人の側から動きを起こそうとする時，どの領域が起点になるかは明確である。縦軸の緊張関係でいえば社会の側からのトップダウンではなく，個人の側からの働きかけであること。横軸のシステムと生活世界の緊張関係では，機能的なシステム側ではなく，個々人がコミュニケーションによってつながる生活世界の側からであること。個人側の生活世界の側に位置する領域はエンパワメントであり，この領域を重視して，当事者からの働きかけができる状態を生み出せる社会を目指す。これが個人の側からソーシャルクオリティの考え方を用いたアクションの展開方向であり，エンパワメントの領域が重要視されるゆえんである。

5　アセスメントと対話的行為

（1）新たな地域アセスメントへ

　本章は，地域社会への注目が高まる中で，現代的動向に応える地域のアセスメントについて検討してきた。ソーシャルクオリティの考え方は，人間の尊厳を重視する社会哲学的志向を基盤とし，社会理論に基づく枠組みを有している。しかし，これを地域福祉で用いるためには，指標の現実的活用などいくつかの課題もあった。そこで，既存のソーシャルクオリティの枠組みや

指標を再検討するとともに，対話的行為をアセスメントに位置づけられるかについても考察し，修正したソーシャルクオリティによるアセスメントの展開案を示した。ここでは，アセスメントの進め方にも目を向けることの重要さを指摘した。これはソーシャルクオリティを地域福祉で活用するための基礎的な作業であった。ただし，指標の具体化や実践の具現化についてはいまだ未成熟である。今後はより，実証的な方法での検討が必要である。このような留意点はあるが，生活世界とシステム，そして，社会と個人の関わり合う場として地域社会を捉えることは，現在の問題を考える上で必要なことであると主張したい。

（2）対話的行為への示唆

　対話的行為への示唆を整理しておきたい。まず，ソーシャルクオリティを用いた地域アセスメントに対話的行為を位置づけられれば，調査対象の認識やデータの評価に関してコミュニケーション的合理性による正しさを生み出すことができる。合意に基づく行為調整では，アセスメントから実践を生み出す展開を考えることができる。これらは対話的行為の利点といえる。

　しかし，限界性がある。正しさを生み出すことに関しては，対話的行為による妥当要求の承認はあくまでその状況の範囲に対するものであり，信頼性の問題がつきまとう。その調査やアセスメントで求められる厳密さの程度によっては，さらに別の方法を選択した方がよい場合もありうる。これは，正しさに関する限界性である。第2に，対話的行為を行う構成メンバーは誰なのかという点がある。地域社会のアセスメントということであれば，対話的行為がその問題に関するすべての人を話し合いの参加者とするので，潜在的対象は全住民ということになる。人数が少ない場合にはそれも可能かもしれないが，多人数になると実現性が問われる。それが現実的に無理な場合は，誰かが誰かを代表することにするのか。そうした代表制の場合，どのような小さな声も表現することはできるのか。対話的行為が対話を重んじ，討議倫

理を奉じるのであれば,避けて通れない問題である。第3に,対話的行為という方法を誰が推し進めていくのかという問いがある。対話的方法を行っていない場合,自然と対話的行為が生まれてくるのを待つのか。これは,ハーバーマス理論への批判としても出ていた問題を抱える既存の生活世界が自らを乗り越えることができるのかという問題である。住民から自然発生的に対話的行為が生まれないような場合にこそ援助者が必要とされる。地域福祉実践での援助者はこうした場合に,対話的行為が展開されるように側面からの援助を行う。これは,対話的行為を実現するための間接援助技術である。

注

(1) 過疎問題懇談会の提言『過疎地域等の集落対策についての提言〜集落の地域を見つめ直す〜』(2008年) の集落点検チェックシートを参照 (http://www.soumu.go.jp/main_content/000107345.pdf,2013年10月13日アクセス)。

(2) 代表的な論者のひとりであるパットナムは社会関係資本を次のように言う「社会の効率を改善できる,信頼,規範,ネットワーク」(パットナム 1993＝2001:206-207)。

(3) 厚生労働省が,2002年に出した「市町村地域福祉計画及び都道府県地域福祉支援計画策定指針のあり方について」の中に,地域福祉計画に盛り込むべき事項として,地域の生活課題に関する調査(「ニーズ調査」)が言及されている (http://www.mhlw.go.jp/shingi/2002/01/s0128-3.html,2013年10月1日アクセス)。

(4) 「アムステルダム宣言」(http://www.socialquality.org/site/index.html,2013年10月16日アクセス)。

(5) ソーシャルクオリティ財団 (http://www.socialquality.org/,2013年10月1日アクセス)。

(6) ソーシャルクオリティの考え方の日本への導入については,千葉大学21世紀COEプログラム「持続可能な福祉社会に向けた公共研究拠点」の取り組みが挙げられる (http://www.shd.chiba-u.ac.jp/~coe21/symposium/,2013年10月1日アクセス)。
他にも小野 (2008) や福士 (2009) による紹介がある。

(7) ここでの整理については,主に Beck, Maesen and Walker eds. (2001), Maesen and Walker eds. (2012) に依っている。

(8) この点は,ハーバーマスの主張する生活世界とシステムの理解と異なる部分である。特に生活世界をゲマインシャフトとして,「主観的で情緒的な同一性を基盤とする」

とするのは，コミュニケーション的合理性を求めるハーバーマスの理解とは単純には重ならない。
(9) ここでの第3セクターは公私の協働を示す「日本型」第3セクターではなく，民間非営利活動の領域を指している。
(10) イネーブリング（enabling）は，「（人）が何かをすることを可能にさせること」でありコミュニティワークでも用いられる用語である。本文の場合は，国民が国家に依存するのではなく，自分たちで何かができるようになることを支援する国家を指す。
(11) この点について，筆者はソーシャルクオリティの提唱者（本の編者）の一人であるシェフィールド大学のAlan Walker教授に，地域社会への援用可能性についてインタビューをしたことがある（2008年9月12日，シェフィールド大学）。教授の回答は肯定的なものであり，ヘルシンキやヘイグ市の活用例を教授していただいた。
(12) もっともハーバーマスに言わせれば，これは「生活世界の植民地化」であり，近代社会の根源的な問題である。

第7章　岡村理論と対話的行為

1　岡村理論をめぐる動き

（1）再注目される岡村理論

　現在，改めて岡村重夫の理論への注目が生まれている[1]。それは，社会的排除が生まれている時代が社会制度と個人の関係に着目してきた岡村の理論枠組と親和性があるからであろう。社会的排除から社会的包摂へ向かう上での理論的な検討材料として改めて岡村理論が取り上げられている（加納 2013）。また援助方法論としても，地域社会への働き掛けを重視する岡村のアプローチは，地域を基盤とするソーシャルワークにつながるものがある[2]。岡村理論，岡村地域福祉論は「古典」と評されることもあるが，もし仮にそうであっても，古典ということであれば，折に触れて立ち帰る場合にも新しい意味を見出すことができるものであろう。ここでは岡村の理論を対話的行為の観点から改めて検討することで，その内包する意味を再吟味したい。

　本章の展開としてまず，岡村理論とコミュニケーションの関係を確認する。次いで，3つのポイントを取り上げる。ひとつは，岡村理論の根幹ともいえる社会関係の主体的側面に立つ，ということについて，2つ目は，個人の側から社会制度への働きかけについて，そして3つ目が福祉コミュニティである。これらはいずれも地域福祉実践に関連している主題である。この3点を対話的行為や生活世界という視座から再整理し，その展開方向を探究する。それによって岡村理論がどれだけ現代的課題に応えられるのかについても論考したい。

（2）対話的行為からみた岡村理論

　岡村理論は，生活者から発想していると指摘されている（牧里 2012：ⅵ）。その理論を改めて確認すれば，そこにはコミュニケーションが位置づき，さらに生活世界とシステムの関わりに関する警句が含まれていることがわかる。

まず、岡村の『社会福祉原論』(1983) を確認しておこう。

岡村は、援助過程の中に問題を抱えている本人が参加することを求めている。そしてそのために必要なことが「方法の条件」(岡村 1983：141-145) である。方法の条件とは社会福祉の援助を成功に至らしめるための条件とされている。その条件として岡村は援助関係とコミュニケーションの2つをあげている。援助関係とは、援助者とそれを受ける者との間の特別な関係である。個人間の「信頼関係」ではあるが、友人関係とは異なり愛憎を越えて専門的援助の必要性によって意図的につくられるものである。問題を抱える本人は「自分の信頼する援助者に支えられているために、自分の意図や計画を示して同意を求める勇気を持つことができる」。

また、コミュニケーションとは「援助者と対象者との間の正しい意見、感情の交流、伝達」(岡村 1983：144) を意味している。感情を含めた意見や言葉の正しい伝達、誤りのない理解、情報の交換がその要素となる。そのためには、相手の言葉の理解と自らの発話内容が相手に理解されることが前提条件となる。そして社会福祉援助では特に面接が重視され、その面接は目的を持ったものでなくてはならず、単に情報を集めるという当面の必要のためだけのためになられてはならない、としている。

そして岡村は、面接は目的を持った会話であり、「①（数字は引用者、以下同じ）援助対象者の口から直接に情報を聞いてデータを集めること、②行動観察によって原因を知ったり、情報の正確さを直接確かめること、③また援助の目的やその目的達成に必要な対策行動を協議して決めたり、④それが横道にそれたり、忘れないように確認し合ったりすることなどは面接の目的である」と述べている (岡村 1983：144-145)。このうち、①はアセスメント段階でのコミュニケーションによる情報収集、②は初期段階の観察による明証性の獲得、③はプランニングでのコミュニケーションによる合意形成、④はモニタリングでのコミュニケーションによる事実確認、評価である。ここでのコミュニケーションは援助者による情報収集、観察という要素を含みなが

ら，プランニングやモニタリングでは当事者との対話が位置づけられている。

そしてこの方法の条件と社会福祉援助の方法の過程は「不可分」である（岡村 1983：149）としている。つまり援助プロセスの中には援助関係と同時に，コミュニケーションが位置づけられなければならないことを示している。

コミュニケーションの性格という点で，考えてみれば，面接の場面の①は情報収集のためのコミュニケーションという印象であるが，岡村は，別の個所では次のように言い直している。問題の確定場面である。

> 「…問題が何かをはっきり認識する。対象者自身の訴え，家族その他の関係者の意見，援助者（ワーカー）のみた問題…この３者の間に一致点があるか。…意見の一致した問題を明確にする。」（岡村 1983：147）

これは問題を抱えた当事者を含めた家族，援助者という関与者がそれぞれの見解を出し合うことで事実関係を確認している場である。対話的行為による事実に関する相互主観性の形成過程である。このように方法の過程の場面には対話的行為の要素の存在を確認できる。

もう一点，別の点にも触れておこう。社会福祉固有の視点とされる社会関係の主体的側面についてである。岡村の社会関係の客体的側面と主体的側面は，ハーバーマスのシステムの視座と生活世界の視座に相応すると考えられる。そうであれば，システムの視座からは個人と社会制度の間の交換関係が客観的に見える。生活世界の視座からすれば，ある社会制度とつながったり（社会関係を維持できたり），つながらなかったり（社会関係の欠損）することには，主体的な意味がある。岡村がここで示しているのは，両者の論理の違いであり，使用される言語の違いなのである。岡村は，社会制度からの対象認識に基づく合理的な関係形成の側面と個人からの行為選択に関わる意味論的な関係形成を使い分ける。社会関係の客体的側面は，具体的な個人性が漂白されている社会制度の利用者を表すものであり，個人は社会制度を利用する

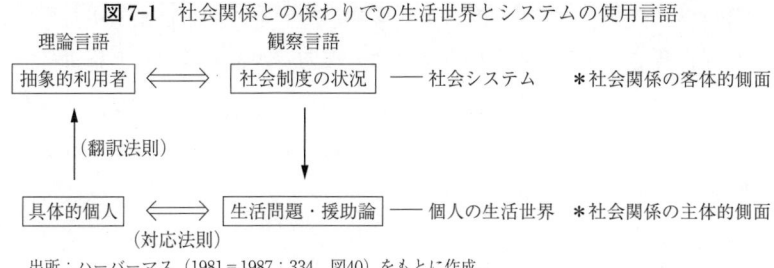

図7-1 社会関係との係わりでの生活世界とシステムの使用言語

```
    理論言語              観察言語
  ┌─────┐           ┌──────────┐
  │抽象的利用者│ ⟺ │社会制度の状況│ ── 社会システム    ＊社会関係の客体的側面
  └─────┘           └──────────┘
       ↑         (翻訳法則)              ↓
  ┌─────┐           ┌──────────┐
  │具体的個人 │ ⟺ │生活問題・援助論│ ── 個人の生活世界  ＊社会関係の主体的側面
  └─────┘           └──────────┘
              (対応法則)
```

出所：ハーバーマス（1981＝1987：334，図40）をもとに作成。

ために条件づけられている。社会関係の主体的側面は，生活世界のコンテキストに埋め込まれている具体的な個人を示している。社会関係の客体的側面と主体的側面は一人の人間を生活世界とシステムという別の視座から捉えたものである（図7-1）。その上で，個人からのつながり（社会関係）を維持，強化することが社会福祉援助である。システムに全て取り込まれるのではなく，そこに生活世界からの主体性を示そうとする。そして，その援助に関する方法の過程にはコミュニケーションが用いられる。

ここまでの検討からは，岡村はコミュニケーションを方法の過程に位置づけ，生活世界とシステムに相応するような社会観をもっている。ここからすれば，岡村は，コミュニケーション的転回の先駆者と位置づけられるのであろうか。しかし，この点は少し慎重になることも必要である。社会福祉援助の方法や過程を示す部分には，先ほどのような対話的な内容もある一方で次のような記述も見られる。

「(社会関係の相互矛盾を) 評価によって明らかにし，本人にこの実態を認識させる。」(岡村 1983：120)

「(評価の方法) 問題についての対象者の認識とその解決の可能性についての調査と情報の収集，さらにこれらの情報を対象者に提供して，対象者に正しい現実認識をもたせる。そのためには評価の過程に対象者を参加させるようにしなくてはならない。」(岡村 1983：139)

これらは，当事者と援助者がともに認識について，妥当性を要求して正しさを相互主観的に構築するというよりは，援助者が情報収集などによって得た認識を，知らない当事者に伝えていくという，伝達モデル的な，あらかじめの非対称性を前提とした関係となっている。また次のような記述もある。社会制度への働きかけの場面である。

　　「社会福祉としては，専門的分業制度に働きかけ制度的利用者個人に対する役割期待水準を低下させることによってか，また規模を拡大して利用者を多く吸収することによってか，いずれにしても運営方針を改めさせて社会関係を回復させるように援助する。」(岡村 1983：123)

　社会制度に対するこうした働きかけは，社会福祉の持つ社会改革・改善志向であるが，問題はこうした働きかけがなぜ可能なのか，その実現性の根拠は何かが問われる。個人にとって不都合なことを社会制度に伝えても，社会制度もそれぞれの社会制度の論理，合理性をもっている。その論理や合理性を変更するように要求できる対抗原理があるのか。それがあるからこそ社会制度への働きかけが有効になる，というものを明らかにする必要がある。さらに，合理性問題に関連して，次の部分を取り上げる。

　　「社会福祉は…自発的な解決ないし本人自身による解決に失敗した人を援助して，もう一度合理的に考え直して，自身による解決をやり直すために，社会福祉の専門家が手助けをするものである。…生活問題の解決法は，平均的な日本人が毎日，自分の生活問題を解決しているやり方をモデルとするものである。」(岡村 1983：146)

　この解決法の手順として岡村は4段階を示す（岡村 1983：146）。①生活困難の実態を詳細に観察し，正体を見極め，原因を発見する。②解決案をいろ

いろいろ考え，各案の長所短所，利害損得を比較する。③最も合理的な，また可能な案を実行する。④実行の成果がなければ②に戻って別の案を実行する。これが常識的な生活問題の解決法であるとする。岡村の言うとおりとすれば，これは日常での問題解決モデルであり，既存の生活形式のモデルである。いくつかの案の損得を比較し，可能性のある最も合理的なものを選択するという目的合理的な志向が強いことが分かる。だがこれは日常の平均的なモデルであって，社会福祉援助の場合も，それと同じ生活方式を目指すということでよいのであろうか。日常であれば個人的に解決していくのであるが，社会福祉援助の過程では援助者の存在がある。その際に経験するプロセスは，自立型の個人主義的な方法ではなく，援助者との共同による問題解決という生活形式になる。そして，そのプロセスに対話的行為が位置づけられていれば，そこでの合理性はシステムなどで用いられる目的合理性ではなく，妥当要求を確認し合うコミュニケーション的合理性となるはずである。

このように検討していくと，岡村理論は確かにコミュニケーションの重視はしているが，コミュニケーション的転回という点からすれば，さらにその方向を深化しうる余地があると考えられる。次には，社会関係の主体的側面，社会制度との関係，福祉コミュニティという3点を取りあげて，対話的行為との関わりについて考察を進める。

2　社会関係の主体的側面と対話的行為

（1）岡村理論での社会関係

岡村によれば現代社会において個人は，社会生活上の基本的要求を社会制度と社会関係を結ぶことで満たしている。社会の側から言えば，「分業社会においては，生活問題対策ないし生活関連施策は…『社会生活の基本的要求』を，それぞれの専門的立場から分化的に取りあげる多数の専門分業制度ないし政策から成立する」（岡村　1983：93）。そこでの社会生活とは「『社会

生活の基本的要求』を持つ個人が，それぞれの要求に関連する社会制度を利用することによって，その基本的要求を充足する過程」（岡村 1983：83）である。個人と社会制度は相互連関している，その相互連関の体系が生活である。そして，個人と社会制度との結びつきが社会関係である。岡村はこの社会関係を「生活の本質的条件」とする。そのうえで社会福祉の研究は，この社会関係に注目して「人間の基本的欲求や社会制度ないし社会体制そのものの論理に還元することのできない独自の論理と構造を明らかにしてゆかねばならない」（岡村 1983：84）としている。岡村の社会福祉論において，この社会関係こそが要であることが確認できる。ただし，社会福祉は社会関係のすべてを扱うわけではない。社会関係は2重構造になっており，その客体的側面は，それに対応する専門的分業制度ないし生活関連施策によって規定される（岡村 1983：90）。これに対して社会福祉の関心は，専門的分業制度によっては捉えきれず，かつ個人が一貫した生活を送るために必要な社会関係の主体的側面に寄せられる。

　では，社会福祉の主題である生活困難，あるいは，生活問題はどのようなもので，どのように生じるのか。岡村の社会福祉の対象である生活困難は，他の生活関連施策では取り上げない生活困難であり（岡村 1983：106），それが「社会関係の主体的側面」の実現が妨げられた状態である「社会関係の不調和」，「社会関係の欠損」，「社会制度の欠陥」である。そしてこれらはいずれも，「個人の持つ社会関係の主体的側面にたつときにみえてくる生活上の困難」（岡村 1983：106）なのである。そして社会福祉の援助は，生活困難を抱える当事者の立場に立って（岡村 1983：138），側面的援助として「社会関係の主体的側面」の実現を目的とするのである。

（2）社会関係の主体的側面に立つとは？

　岡村理論の社会福祉固有の視点とは，社会関係の主体的側面に立つことで獲得されるものである。「社会生活の基本的要求の充足にかかわるものであ

るが，一般的な『政策』と立場を異にするものである」（岡村 1968：139）。この視点こそが，社会制度側からでは把握できない，個人が持つ社会関係の束を捉えることができる。また，これによって専門的援助者の主導ではなく，問題を抱える当事者側に主導権を移すことができる。ここは岡村の社会福祉援助論の要諦と言える場である。

　しかし，社会関係の主体的側面に立つことを求められている援助者と当事者の関係を見てみると，検討すべきことがあることが分かる。当事者は，無意識的にせよ社会関係の主体的側面というその場に立っている当事者であるが，援助者にとってそれは他者の場であり，他者が持っている社会関係の主体的側面という場に立つということを意味している。これは前述のように，岡村理論の最も重要な点である。ただし，援助者は他者の持つ社会関係の主体的側面に自分は立っているということを，どのようにして確証できるのであろうか。他者の社会関係の主体的側面は，あくまで他者の場である。優れた専門的援助者は，観察力や認識力にたけた者であろう。しかし細心に配慮してその場に立ち，そこからの眺望をいかに克明に描くことができようとも，それはあくまで援助者の認識である[4]。

　この場は，社会福祉の対象を確認していく場であるので，援助者には問題を抱える当事者の社会関係の主体的側面の獲得が求められている。これは，援助者の視点を自分から相手へと転換することであり，ここに主体的側面への着眼の秀逸さはある。ただし，その確証は，援助者個人が認識している限りでは把握できない。ここにコミュニケーション的転回が必要となる。岡村は，評価の方法として，「対象者の参加」を求める。その目的は「その問題についての対象者の認識とその解決の可能性についての調査と情報の収集，さらにそれらの情報を対象者に提供して，対象者に正しい現実認識をもたせる」ためである（岡村 1983：139）。しかし，対話的行為からすれば立場が逆で，当事者の場に援助者が参加し，そこでの対話によって当事者の社会関係の主体的側面からの認識を確認し合うことになる。援助者側の認識シェーマ

に当事者を乗せるのではなく，当事者の場に参加することで対話により認識を形成していくという方向性である。援助者が当事者の社会関係の主体的側面に立っているかどうかの確証を対話によって構築していく。

　観察力を磨くことも専門職として重要である。しかし，対人的な援助職の場合により大切なのは対話による合意形成である。当事者とワーカーは同じものを見ているが，同じように見えるとは限らない。そこの認識にずれはありうる。一般的には専門的な知識の豊富な援助者の方が，細やかに実態把握ができる場合が多くなる。当事者自身がさまざまな誤解や誤認，観察力の不十分さを持つ場合もある。それでも，援助者に見えていない部分が見えたり，見え方が異なったりすることはある。当事者の眺望と援助者の眺望を発話行為により確認することで相互主観性が獲得される。岡村は，問題の認識に「一致点があるか」どうかを問う（岡村 1983：147）。この時の，一致しているか，していないかは結論ではなく最初の段階の確認である。それが異なる場合に，合意形成のための対話が求められる。ここでの対話は単なる関係づくりや情報交換というものではなく，互いにとっての正しさを生み出す行為である。社会関係の主体的側面に立つことは，対話的行為を介することによって，その確証を得ることができる。

　岡村は，「見る」「見られる」関係を指摘した。これは一見，援助関係での相互の認識のありようのように思えるが，実はこれによって信頼が形成され対話が生まれることを示している。対話の資源によって対話が生まれてくる姿である。そして「意味の了解をしようと思うと，一方的に帰納法的に言ったのではだめなんだ」と語っている（岡村 2002：17）。これは，コミュニケーション的転回で確認してきた内容である。認識する主体から，対話する相互主体への転回が，岡村の発題をより追究する立場となるのではないだろうか。

　この点は，次の展開を生み出す。社会関係の主体的側面に立つということが，対話的行為を介して構築されるものとなれば，社会関係の主体的側面と

いう場は，社会制度との関係という固定化したものではなく，より柔軟性を持つ可能性が生まれる。そこからの認識は孤独に行われるのではなく，共同で形成した視座から行うことになる。社会関係の主体的側面は社会関係の客体的側面との対であり，社会制度と個人の関係で設定される。しかし，対話的行為を媒介として，ひとたびある社会制度の社会関係の主体的側面に当事者と援助者が一緒に立てば，新たな眺望が広がりうる。岡村は，「社会関係の主体的側面という視点に立って社会関係を展望するならば，客体的側面だけを分化的にみていたのでは判らない新しい生活問題を発見することができる」（岡村 1983：94）としている。これは，社会制度との関係を前提としたものである。しかし，社会関係の主体的側面に立てば，つまり当事者と相互主観的な視座を形成すれば，社会制度との関係にとらわれないさらに新しい「問題」も発見できると考えられる。

　岡村が社会制度との関係にこだわるのは，システムとしての社会制度が社会生活上の基本的要求を満たすものだからである[5]。その社会関係に支障をきたすと社会生活の基本的要求が満たされないおそれが生じる。この点は社会性の原理に関わる問題である。しかし，社会制度だけが社会的なものであるのか。社会生活上の必要性とは何かを社会制度の前提をはずして考えることはできないのか。当事者と援助者の対話的行為によって，社会性なるものを確認できる可能性があるのではないだろうか[6]。もしもそれが可能なのであれば，そこに新たな社会福祉援助の対象が構成される。これは，岡村の対象規定を広げていくことになる。こうした点は，今後さらに考察する必要がある。

　当事者と援助者による対話的行為をどのように実質化できるかが，社会関係の主体的側面に相互主観的に立てるかどうかの命運を握っている。特に援助側は対話的行為の持つ理念を了解していなければ，これが形式的なコミュニケーションになってしまう可能性がある。

3 主体性と社会制度

(1) 主体性という主題

　岡村の生活困難とはモノやサービスなどの不充足のみを指すのではない。そこには主体性の課題がある。「社会福祉の対象とする生活上の困難は，…単なる衣食住の欠乏ではなくて，生活主体者としての自己を自覚し，これを実現しえないことである」(岡村 1983：100)。このように岡村はたとえ社会制度とつながっていても，社会関係の主体的側面の論理を発揮せずに（できずに），客体的側面の論理のみが前面に出ている状態のことを問題視する。

　岡村によれば社会関係の客体的側面の論理から示される個人は，専門的分業制度によって規定された受動的存在である (岡村 1983：100)。この受動性とは，すなわち社会制度からの役割期待を遂行するのみという状態を指している。また，そればかりではなく，この点からすれば個人は一貫した自己同一性を持たずにその場の状況に応じて役割行動をばらばらに果たすような「長いものにまかれる」存在である。現代の生活では，さまざまな社会制度との関係を持たざるを得ないので，その折に主体性が発揮できていなければ，それぞれの社会制度の役割期待にこたえるのみである。「自己疎外」，「非主体的な生活」であり，こうなってしまっている人を「自動人形的人間」とも評している。社会関係の客体的側面の論理によって，社会制度は存続し，個人の基本的要求は満たされているが，そこに存在しているのは自動人形のような人間である。

　こうした状況に対して岡村は社会関係の主体的側面の実現を求める。では，主体的側面を実現する行動とは具体的には何を指すのか？ 主体性の原理の記述によれば，次の項目を確認することができる (岡村 1983：99-100)。

　　① 多数の社会関係を矛盾のないものとする，調整

②　社会制度の中から自分に都合のよいものを自己決定し，選択
③　サービスの運営や基本方針の決定に対して，参加
④　社会制度を変革するための，働きかけ

　このうち①の調整や②の選択は，「いま，そこにあるもの」を前提としている。当事者が複数の社会制度を前にして，それに対して自分の側の調整や選択を行う。これに対して③の運営への参加は，内在的にとはいえ，組織や制度に影響を生み出しうるものである。また，④の社会制度への働きかけは，社会制度の変革という自分を取り巻く大きな環境を変えようとするものである。主体性と言ってもその内容にはこのように程度に違いがある。

（2）主体性発揮のために

　自己疎外や非主体的な生活という社会関係の主体的側面が発揮できていない状態に社会福祉は無関係ではいられない。「社会福祉は，このような現代的社会状況の中で，個人の社会生活における主体的契機を明確にし，それの自覚と実現を援助する社会制度ないし行為として存在しなくてはならない」（岡村 1983：100）。同じ主体的契機と言っても，上記の①の調整や②の選択に関しては，直接制度に対応するような類のものではない。しかし，③の運営への参加，ましてや④の制度の変革となると，それができ得るようになるための契機，自己疎外の状態にある個人が運営への参加や制度の変革に向かうような主体化の契機はどこに求められるのであろうか。さらに，なぜ個人は社会制度に立ち向かえるのだろうか。社会制度という専門的に分化した「社会自身の存続・発展を可能にする組織」（岡村1983：86）に対して個人は，それに対抗しうる拠点を持っているのであろうか。

　例えばそこに，人権や権利という資源を考えることはできるかもしれない。現に岡村も社会関係の主体的側面に関わらせて権利主張に言及している。しかし，そればかりでなく「あらゆる機会や制度を利用したり，選択して解決

にあたるという自主的な態度」の必要性も指摘している（岡村 1983：100）。ここで注目するのは，権利論で終わりにせずに問題解決しようとする自主的な態度という現実的方策を評価していることである。しかし，そもそもこの自主的な態度はどのようなところから発するものなのか，また，社会制度と対抗しうるような可能性がどの程度あるといえるのか，岡村からはこの点が読み取れない。

（3）主体化の契機の基盤となるもの

　たとえ個人が社会制度と社会関係を結んでいる状態であっても，それが社会関係の客体的側面からの役割期待に応えているのみの状態では「自己疎外」であり，社会関係の主体的側面は実現していない。社会福祉は，この状態に対して「主体的契機」を見出して援助することが求められていた。ではその個人の主体的契機の拠点となるものは何であろうか。それは社会制度に対抗していける強さがあるだろうか。

　これまで見てきたハーバーマスの理論によれば，「生活世界」が主体的契機の源泉として有効性を持つと考えられる。なぜなら，生活世界はシステム（社会制度）の環境に位置しており，それはシステムに並ぶもうひとつ社会領域である。システムに植民地化されながらも，その一方で，システムに対して抗争する力を秘めている。生活世界とシステムの世俗的な意味でのパワーは比較にならないが，生活世界の内実に対抗の可能性を求めることができる。システムにはその目的を達成するための，目的合理性が備わっている。しかし生活世界にもコミュニケーション的合理性がある。システムは現代では大きく発展しているが，その力がどのように大きかろうと，生活世界はそこに対抗していくことができる合理性を持っている。であるからこそ生活世界はシステムと抗争ができるのである。ハーバーマスと岡村の理論をかけ合わせて考えれば，個人は生活世界に属しており，生活世界の知のストックを活用しながら社会制度との関係をつくっている。そしてまた個人は，生活世界の

資源を使って社会制度のあり方を評価していく。

　さきにあげた主体的契機との関係では，この生活世界に内包されている知や文化的な力，人とつながる力を顕在化することが，自己疎外の状態から主体化する経路と言えよう。岡村の自己疎外は社会レベルでは，生活世界の植民地化に相当する。「新たな抗争は，システムと生活世界の接点のところで発生している」（ハーバーマス 1981 = 1987 ; 417）。個人の生活世界とシステムの抗争ラインは生活形式をめぐるものである（豊泉 2000 : 158）。その人なりの生活スタイル，生き方の実現を求めて生活世界の資源を活用してシステムの強制に対抗する。「不合意は，個別的な措置や政策に向けられているのではない。それはむしろある生活形態（生活形式 - 引用者），しかも標準的模範像にまで様式化された生活形態の拒否に根差したものである」（ハーバーマス 1985 = 1995 : 130）。これは個々の政策ではなく，そうしたものを通してシステムが示してくるライフスタイルが不合意の対象になる，ということを示している。その拒否を生みだすのは生活世界という基盤からの判断である。不合意の先には，システムの強制とは別の生活形式を生み出していく方向（オルタナティブ）であったり，基準や政策を変えるための働きかけをしていく方向が考えられる。岡村の場合では，社会関係の客体的側面の論理が求めてくるものをまず問題視することである。それを評価し，必要があれば，生活世界からの反作用を生み出していく。この地点が社会関係の客体的側面の役割期待に応えるのみという状態から，社会関係を調整し，選択し，運営に関わり，変革を目指すような主体化への分岐となる。

　だがこの時，社会関係の調整や選択であれば個人の対応範囲内ということができる。戦略的な発想で目的合理的に行動することもできる。もしも，それが個人で難しい場合には援助の対象となる。しかし，組織の運営や社会制度の変革となると個人の単独行為では限界が生じる。このレベルでは，他者との対話的行為が求められる。社会関係の調整や選択は，個人が状況を認識して行為を行う認識モードでもよいが，組織の運営や社会制度の変革になる

とそれが対話モードに切り替わる必要がある。その場合は，組織や社会制度のありようについて話し合い，合意を形成し，それをもとに働きかけるという共同の行為となる。これが広く議論されていけば公共的な問題として承認されていく。対話的行為によって生み出された公共性は，社会制度というシステムに対して影響を与えうる可能性がある。

個人の主体化の契機はどこに求められるか，社会制度に立ち向かう強さはあるかという問いに対しては，生活世界にその基盤があるということができる。しかし，同時にそれは，個人の行いではなく，対話的行為によって進められる共同的な内容となる。社会制度への働きかけは具体的なアクションを伴う。対話的行為はその基礎部分について言及するものであり，具体的な活動の進め方についてできることは限定的である。こうした点については，コミュニティワークや社会運動論等との関わりが必要となる。

4 福祉コミュニティでの活用

（1）福祉コミュニティ論

岡村の提唱した福祉コミュニティについては，これまでも地域福祉に関わる研究者の関心を集め，その名のついた著作は2000年代になっても複数出版されている（平川 2004；稲葉 2003；井上 2004a；瓦井 2006；奥田・和田 2003）。いまやその活用は多岐にわたっている。フォーマル，インフォーマルなサポートの集合を意味したり，地域社会の性格を指したり，政策的な目標とされたり，大学の学科名称にも用いられている[8]。

実践的な概念が，時代，社会状況の変化により，その解釈を変えていくことは，必ずしも悪いこととは言い切れない。孤立，孤独や無縁が注目される時に，人々のつながりを意識化させる福祉コミュニティのイメージが受け入れやすいことは考えられる。しかし，こうした利用によってその概念内容が錯綜し，意味の重複や空洞化が生じてしまう場合には，その整理は必要であ

る。ここでの目標は福祉コミュニティ概念を岡村の示したものに立ち戻って，検討を加えることである。本節の特徴は，福祉コミュニティを対話的行為から捉えなおすことで新たな可能性を探り，現代的な課題への対応可能性を問うことにある。

岡村の示す福祉コミュニティとは，障害など様々な問題を抱える当事者の地域生活を支えるコミュニティであり，一般的コミュニティの下位コミュニティとして存在する。岡村の言葉では「社会的不利条件をもつ少数者の特殊条件に関心をもち，これらの人びとを中心として『同一性の感情』をもって結ばれる下位集団が『福祉コミュニティ』である」（岡村 2009：87）。こうした福祉コミュニティは自然に存在しているのではなく，意図的に形成される。その形成活動を岡村は福祉組織化活動[9]，と称している。社会的不利条件をもつ人々を支えるために，地域の中で意図的に形成されるのが福祉コミュニティなのである。

では，こうした福祉コミュニティに対話的行為はどのように関係しているのであろうか。福祉コミュニティの構造と機能，そして構成原理を取り上げて検討する。

（2）福祉コミュニティ構造と対話的行為

岡村の福祉コミュニティの構造は，当事者，サービス利用者[10]が組織の中核に置かれ，第2の構成者として共鳴者，同調者，代弁者があげられており，さらに第3の構成員をサービス提供機関，団体としている（岡村 2009：70）。特徴は当事者を中心としていることであり，サービス提供者が中心にいるのではないという点である。

どうしてこのコミュニティが必要なのであろうか。地域での住民の関心は「平均的な生活条件を前提とした一般的要求にもとづく」（岡村 2009：86）からである。そうした地域では特殊な生活条件をもつ人々の生活要求に一致しないことが起こる。そのため，特定少数の不利条件をもつ人々の生活要求が

充足されなくなる。したがって，特定少数の不利的条件をもつ人々を支える福祉コミュニティの必要性がある。このことは，なぜこのような構造となるのかという点にも示唆を与える。福祉コミュニティは，あくまで問題を抱える人々を支えるためのものであり，その目的が当事者を中心とした構造を生み出す。

　この福祉コミュニティの構造の特徴は異なった性格を持つアクターが組み合わさっているという点にある。当事者と同調者，そしてサービス提供者が加わっている。ここのアクターの性格には，フォーマル／インフォーマル，ボランタリー／スタチュトリーといういくつかの組み合わせが想定できる。こうした異質な立場の人々をつなぐものは何か。サービス提供の仕組みの中に当事者や同調者を巻き込んでいくという方向は，そもそも岡村が最も避けようとしたものである。官僚型，市場型ではない方向で当事者，同調者，サービス提供者をつなぐ媒体が必要である。性格や立場が異なる場合に，それを理解し合うことが重要となる。それを可能にする媒体として，対話がある。対話により，福祉コミュニティ内の異なる立場や考えの人をつなぐという方法である。この点で言うと，第2の構成者として代弁者があげられていることは象徴的である。これはコミュニケーション能力等の障害を抱える場合は，その支援があるのが当然であるということを構造的に具現している。

　ただし，ここでの対話は，当事者の意向をそのまま認めるものではない。これは，誤解を招きかねない表現であるが，当事者の意向をそのまま認めるということは，現実性のない内容であったり，社会規範に反するような場合も認めるということである。もしも，福祉コミュニティが単に当事者の主意的な意図を実現するための道具となるとすれば，そこには確かに当事者の意図を示すコミュニケーションはあるかもしれないが，それは戦略的行為という性格をもつ。対話的行為によるコミュニケーションでは，そこに妥当性がないと考えればその是正を求める。これは当事者の意向を否定したり，あるいは矮小化することでなく，むしろそれを具体化し，現実化することに資す

るものである。この点については当事者からの発話に対してだけではなく，同調者やサービス提供者からの発話に対しても同様である。このように福祉コミュニティの構造上，対話はその構造を支える役割を果たす。

（3）福祉コミュニティ機能と対話的行為

　岡村は福祉コミュニティの機能として「対象者参加」，「情報活動」，「地域福祉計画の立案」，「コミュニケーション」，「社会福祉サービスの新設・運営」の5点をあげている（岡村 2009：88-101）（表7-1参照）。

　福祉コミュニティの機能でのコミュニケーションは，理解や支持を得ることに主眼が置かれている。それも，コミュニティの内部と外部両方に向けられている。外部はもとより内部にも異なる立場のアクターがおり，したがって単なる会話ではなく，異質な同士での対話と了解が求められる。これは，構造の部分で確認したことである。その上で他の4つの機能を見れば，これらを進めていくには，どれもコミュニケーションが必要であることが分かる。参加にせよ，情報活動にせよ，計画策定にせよ，新たなサービスの創設にせよ，コミュニケーションによる合意の上に進められるものである。それも，戦略的行為型の成果志向のものではなく，対話的行為による了解志向のものである。特に社会福祉サービスの新設・運営を取り上げれば，それが制度側から整備されるのではなくて，当事者側の要求を実現するものであり，合意形成のもとに成り立つものであることが分かる。

　以上のことから，この5つの機能を横並びにしてしまうことについては議論の余地がある。横並びにするとコミュニケーションもその一つに位置づけられてしまい，コミュニケーションの持つ一面の機能に焦点が当たることになる。ここでは，理解や支援を得るためのコミュニケーションである。たがそれでは，他の4つの機能を生み出していくコミュニケーションの側面をネガの部分に追いやってしまう懸念がある。機能を言うのであればコミュニケーションとするより，「理解と支持の獲得」あるいは，「機能的コミュニティ

表7-1 福祉コミュニティの機能

	テーマ	内容
①	対象者参加	目的は3点ある。①社会福祉サービスの運営が少数のエリートにより決定されるのを避け，利用者の意図を反映する。②タテ割り行政の弊害を打破し，生活の全体像を主張する。③自治の復権と活動への参加の機会。その上で，参加の形態として「運動」，「交渉」，「参画」，「自治」がある。
②	情報活動	生活の実態，要求と社会資源のズレやそこでの福祉問題についての情報の収集，整理，提供である。そのポイントは利用者らの自己調査にある。「生活者としての全体的な生活の立場からする問題の把握」が重要となる。情報は住民の「運動」，「交渉」，「参画」，「自治」に利用可能となる。
③	地域福祉計画の立案	公的機関によるものではなく，福祉コミュニティが立案する。第三者的，中立的な計画ではなく，価値形成段階を重視する。サービス利用者である住民の価値選択に依拠して立案され，アドボケイトプランニング（advocate planning）の性格を持つ。計画の専門家は立案段階への援助を行う。公共機関の計画に対抗しうるものとなることで，公共機関との「交渉」，「参画」，「自治」が可能となる。
④	コミュニケーション	目的は2つある。ひとつは，コミュニティ構成員の間で共通の価値観や共通理解を広げることである。さまざまな要求や利害関係がある中で，共通の価値意識や相互理解を広げるには，人間的な信頼関係，相互的な討議，自由な発言の保障が必要となる。第2の目的は，福祉コミュニティを取り囲む一般的な地域社会や機能的コミュニティとの間の望ましい集団関係の開発である。一般住民の支持と理解を得ること，および機能的コミュニティを生活者の立場でコントロールすることが目指される。
⑤	社会福祉サービスの新設・運営	児童，老人，心身障害者，低所得者，母子等，特別な配慮を必要とする人々の社会施設やサービスの要求に対して，福祉コミュニティの持つ情報，計画立案，住民参加機能を用いて公共団体に社会福祉サービスを創設させる。またサービスの立案や決定，運営に関して住民代表が参加する。

出所：岡村（2009：88-101）をもとに作成。

のコントロール」という内容を示した方がよいのではないか。その上でコミュニケーションについては，先に触れた「方法の条件」と同様の扱いとして，これらの機能を生み出していく条件として位置づける方が福祉コミュニティの性格を了解しやすい。

　福祉コミュニティは，問題を抱える当事者が地域生活を送る上で欠かせないものであり，かつ，地域生活の可能性を広げるものである。福祉コミュニティの起点はあくまで当事者側にあり，その生き方を支援的に実現していく孵卵器である。その人らしい生き方の生成，発展のダイナミズムを支えるも

のとして対話的行為の役割がさらに探求される必要があると考える。

(4) 対話的行為からみた福祉コミュニティの課題

　これまで見たように，福祉的コミュニティには構造的に見ても，機能的に見ても対話的行為が重要であるが，その形成原理を見ると状況が異なっている。それは，前にも少しふれたとおり福祉コミュニティが「同一性の感情」をもって結ばれる集団とされていることである（岡村 2009：87）。

　特に全体の地域社会がコミュニティ型でない場合には「『同一性の感情』にもとづく強力な結合」が求められている。同一性の感情は，「成員の共有する価値感や行動様式や生活態度にもとづくもの」（岡村 2009：22）とされている。共通した価値観や行動様式に支えられたコミュニティの結びつきは強いものである。しかし，それが「同一性の感情」とくくられてしまうことには危うさがある。感情は感性であり，その基本は，快／不快，好／悪，である。基本的に反省的な性格ではない。地域が多様化している中で，同一性の感情に支えられた下位コミュニティは感情的に合わないもの，感性的に異なるものにどのような態度を取るのだろうか。一般的には，直感的にいやなことや嫌いなものに対しては差別や排除が生じうる。感情だけがコミュニティの形成原理となれば，強さと同時に，もろさが伴なう。むしろ，多様な人々の住む地域で求められるのは，「あなたのことは嫌いだが，それでもあなたの話すことは聞く」という態度である。こうした点からすれば，感情でなく理性的な面を重視する必要がある。感情のみを編成の原理とすると福祉コミュニティの内に対しては性質の違うアクターの違いの良さを活かすことができなくなるのではないか。また，外に対しては，より多様な状態に対して，支持と理解を求めていくことができるのだろうか。

　しかし，福祉コミュニティの内容を見ると，そこには前述のように対話が重要な役割を果たしている。多様な機能をコミュニケーションにより紡ぎだしている姿がある。このコミュニケーションが妥当性にもとづいて，対外的

にも説明可能な対話となる可能性もある。つまり，福祉コミュニティは，その形成原理の同一性の感情と，運営方法のコミュニケーションの接遇によって形成されている。

　ハーバーマスの立場からすれば，こうしたねじれに対しては，同一性の感情を一掃して，コミュニケーション的行為による福祉コミュニティの形成を志向するところである。ただし，単純にそれを行うことができるだろうか。感性の基盤となる身体について，ハーバーマスのコミュニケーション理論に身体性が欠如しているという批判がなされている（山之内 1991）。また，コミュニケーション的行為との関係で，言語的な理解と共感的な理解の親和性も指摘されていた（丸山 1989）。岡村の言う「同一性の感情」と対話的行為の関係を慎重に考慮する必要はある。地域福祉実践に関わる中での，喜びや悲しみの共有，さまざまな問題を抱える人々への共感の念，こうしたものを対話的行為論にどのように位置づけるのかについては検討に値する。

　コミュニケーションに関する議論では，同調や感情移入を重視するシンパシーから，他者の立場から自分を想像することに基づいた自己理解であるエンパシー（自己移入）へということが言われている[12]。これを段階的なものと取るか，同時並行的なものとするのか。感情を乗り越えるべきもの，捨て去るべきものとするか，感情と理性を両立する方向を模索していくのか。社会の多様化に伴って福祉コミュニティの構成原理が問われるとともに，対話的行為も地域福祉実践レベルでの感情や感性との関わり方は議題となる。

5　岡村理論と対話的行為の対照

（1）現代的課題への対応

　社会関係の主体的側面，社会制度との関係，福祉コミュニティという3つの点に対して対話的行為を進めることで，現代的な課題に対して応答性が高まるのであろうか。社会関係の主体的側面に関しては，その視座を対話的に

構築することによって，地域福祉の対象の構成により柔軟性を与える。既存の社会制度だけとの関係で考える枠組みから自由になりうる。ただし，これはシステム的な社会制度の必要性がないと言っているのではない。社会制度は生活を成り立たせていく上で不可欠である。ここで言うのは，社会性というものがシステム的な社会制度からのみ規定されるのだろうかということである。当事者と支援者によって確認する対象は，社会制度と異なるものであっても社会性をもちうる。地域福祉の援助対象となりうる。対話的行為によって，生活世界を背景に社会性のある生活問題を構築していくことができるようになる。2008（平成20）年の「これからの地域福祉のあり方に関する研究会報告書」に示されている問題にはこうした種類のものが含まれている。社会関係の主体的側面に立つことを対話的行為によって構築していくことで，こうした現代的問題もその視野に収めることができる。

　主体性に関する社会制度への働きかけについては，生活世界を背景にオルタナティブな実践を生み出すこともできるし，社会制度に影響を与えるような公共性を当事者や住民の側からつくり出す可能性もある。規制緩和により社会制度が揺らぎ，社会による排除と包摂が繰り返される過剰包摂（ヤング 2007＝2008；加納 2013）が生じる中で，それまでの生活形式とは異なるオルタナティブの創出やもうひとつの公共性を構築する営為は時代的要請に応えるものである。近年のホームレス支援，新たなたまり場づくり，ワーカーズコレクティブなどの新しい働き方，原発問題を含む被災地復興や環境問題への取り組みなどにその端緒を見ることができる。生活世界の資源を活用した対話的行為による社会福祉援助では，前述のような「生活問題の解決法は，平均的な日本人…やり方をモデルとするもの」（岡村 1983：146）だけではなくなる。そこで用いる合理性は目的合理性を離れてコミュニケーション的合理性を活用することができる。社会制度との関係からすれば個人が目的合理的に社会制度を選択するという生活形式だけではなく，社会制度からの役割要求に対して，了解志向的行為を基礎とする生活形式という選択肢が生まれ

る。

　福祉コミュニティは対話的行為と感情や感性という要素の両立によって成り立ち，運営されることで，多様性に開かれたコミュニティとなる。さまざまな異なる意見に対して，感情的に排除することなく，伝統により抑圧することなく合意形成を目指す。同一の感情や同じ伝統をもつ人々の間では対話は不要かもしれないが，そうした共通のベースがない場合に，民主的に関係を進めようとすれば対話が必要となる。同時に，対話的行為が感情や感性という要素を捨象しないことで，例えば理解するという行為についても厚みや奥行きが生まれ得る。特に社会的に弱い立場，周辺化されている当事者との関係をいかにつくるのかに感情や感性はひとつの役割を果たす。対話的行為と感情の要素でコミュニティが形成されれば，内部の構成員の情緒的，かつ理性的なつながりを生み出すと同時に，福祉コミュニティが内に閉じるのではなく外の一般コミュニティの多様性ともつながりを生み出すものとなる。

　対話的行為により運営されることで特殊である福祉コミュニティは一般的地域社会のあり方に対するロールモデルの役割を担うことができる。他者を手段化しないような関係は，地域社会の関係形成の一つの目指すべき方向になる。小地域の福祉ネットワーク，認知症や引きこもりなど当事者を支えるコミュニティのあり方，外国人や難病などマイノリティ支援の集まりなど現代的な地域の下位コミュニティで対話的行為は欠かすことができないものといえる。

（2）岡村理論での対話的行為の活用の成果と限定

　本章では，岡村理論を対話的行為から捉え返すという意図があった。岡村理論自体にコミュニケーションの重視や生活世界とシステムに相応する考え方が内包されていた。それでも対話的行為という点からは，さらにこれを進められる可能性があり，前述の3点について，検討を行った。その結果，社会関係の主体的側面に立つことを対話的行為で構築することを主張し，これ

により対象把握を柔軟にできることを示唆した。社会制度への対応については，生活世界の存在を指摘し，個人の側から社会制度に対抗しうる可能性を述べ，対話的行為によってオルタナティブやあらたな公共を形成することの重要性を論じた。そして福祉コミュニティは，形成原理を同一性の感情だけでなく対話的行為との両立を図ることにより，立場や考え方の異なる多様性に開かれたものなりうることを構想した。

　これらはあくまでも対話的行為から岡村理論を捉えたものであり，岡村理論自体には，他の展開方法も当然あり得る。また，岡村理論の社会関係の主体的側面，社会制度に対する主体性，福祉コミュニティ自体を否定しようとするものではない。あくまで，対話的行為という側面から捉えた論考である。それも，理論的な検討によったもので，実証的な検討は今後に残されている。社会関係の主体的側面の立場を当事者と援助者は実際に相互主観的に構築できるのか，社会制度に対抗しうるオルタナティブな実践や公共性を現実的に生み出すことができるのか，福祉コミュニティの形成原理と運営方法に対話的行為を使うことができるのか。こうした問いに応える作業は残っている。

　そして，もちろん対話的行為によって，岡村理論の問題や地域生活の困難をすべて解決できるわけではない。対話的行為には，先に見たようにさまざまな限界性がある。こうした点のさらなる論究も残された難題である。

注
(1) 2012年には，『岡村理論の継承と展開』と銘打った4巻のシリーズが右田紀久惠と白澤政和の監修により，ミネルヴァ書房から発刊された。
(2) 岩間伸之と原田正樹による『地域福祉援助をつかむ』には「地域を基盤としたソーシャルワーク」と「地域福祉の基盤づくり」の関連が描かれている。いずれの場合も地域とのかかわりは欠かせないものである（岩間・原田 2012）。
(3) この点については，以前検討したことがある。小野（2012）を参照のこと。
(4) 前述のように，この限りではカントのアプローチが持つ限界と同様である。できる限り相手のことを配慮しても，それはあくまで配慮する側の考え方の枠内であり，それが正しいのかどうかは確かめられていない（田中 2000）。

(5) 岡村の示す社会制度には，家庭や地域社会など，領域としては生活世界に属すものが入っている。そこでは，これらの機能性が強調され，システム的に捉えられている（岡村 1983：第2章）。
(6) 齊藤純一は，「公共的領域と私的領域の境界は固定したものではなく，何をもって「私的」とするかという言説によって書き換えられる」としている（齊藤 2000：12）。
(7) こうした点は『地域福祉論』でも触れられている（岡村 2009：29-31）。
(8) 法政大学現代福祉学部には，「福祉コミュニティ学科」が置かれている。そこでは地域社会のコミュニティリーダーを育成するとしている。法政大学のホームページより（http://www.hosei.ac.jp/gendaifukushi/shokai/tokushoku.html，2013年10月29日アクセス）。
(9) 福祉組織化という用語は，岡村では当事者を中心とするものであるが，永田は，サービスの組織化を行うことを指して福祉組織化と規定している（永田 1993：46）。
(10) 岡村は「サービス受給者ないしは対象者」としているが，ここでは「当事者」と表現する（岡村 2009：70）。
(11) 奥田道大の分類によって，地域社会のモデルとして，「地域共同体」モデル，「伝統的アノミー」モデル，「個我」モデル，そして，「コミュニティ」モデルに分類している（岡村 2009：14）。
(12) 北川達夫は，価値観がばらばらになっている社会でのエンパシーの重要性を指摘し，その重要性が日本社会にも出てきているとする（北川・平田 2008：134）。

終　章　対話的行為の具体化に向けて

1 対話的行為の可能性

　本研究から得られた知見を整理しておこう。日本社会の変動に伴い，さまざまな問題が地域社会で顕在化し，地域での取り組みが期待されている時代にあって，地域福祉の実践をどのように進めるべきか，というのが本書の問いであった。その検討を通して，次のような知見を得ることができた。
　まず地域福祉の主流化という指摘を導きの糸として，2000年代の地域福祉研究のレビューを行った（第1章）。その作業によって地域福祉の主流化と同時にそれに対する懸念や批判があることを見出した。こうした懸念や批判にも向き合わなければ地域福祉の可能性が失われ，形骸化する危惧があることを指摘し，そうなってしまうことを「地域福祉の隘路」と表現した。今後の研究には地域福祉の主流化と隘路という2つの課題に向き合う必要があることを主張した。次いで，地域福祉の課題に対してハーバーマスの理論を活用できるかどうかを検討した（第2章）。対人援助関係分野の文献精査の結果，ハーバーマスの理論はこれらの分野で積極的に使われているとは言えないが，領域や場面によって活用に適する場合があることが判明した。その条件を勘案したところ，地域福祉は活用に適しているという仮説を得た。
　そこで，ハーバーマスのコミュニケーション的行為の理論を用いて，地域福祉の隘路という第1課題と地域福祉の主流化という第2課題について論考した（第3章）。第1課題に関する実践での客体化という地域福祉の隘路の象徴的な問題に対して，コミュニケーション的行為によって，関与者が納得した実践を生み出せることを示した。また，第2課題の実践の成果を上げることについてはコミュニケーション的転回による正しさに基づく実践を行うことでそれが可能となりうるということを考察した。その上で，言語や行為の障害に対する支援を当然として，ハーバーマス理論活用のための条件を整備することを含んだ用語として「対話的行為」という概念を用いることにした。

終　章　対話的行為の具体化に向けて

これをもとに，地域福祉実践を「正しさと意味に基づく共同的行為」と捉え直し，対話的行為の基本的ユニットを提示した。続いて，地域福祉援助での対話的行為の展開を取り上げた（第4章）。生活世界とシステムによる地域社会理解，地域生活理解，および，生活問題の発生機序を整理した。そこでベクトルを転換し，地域福祉の対象を捉える相互主観的な視座と地域福祉援助のためのプロセスモデルを検討した。そのモデルには対話的行為の内包，対話の支援，対話の資源を置くことを主張し，最後にこうした援助が進められるミクロ・メゾ・マクロレベルの見取り図を構想した。

　こうした作業の後に，対話的行為の地域福祉分野での応用を図った。まず，コミュニティソーシャルワーク実践に対話的行為を位置づけるための理論整理を行い，コミュニティソーシャルワークの取り組みで対話的行為がどのように現れているのかを検証した（第5章）。大阪府下で取り組まれているコミュニティソーシャルワーク実践の報告書の分析からは，明文化されている対話的行為は多くはないものの，対話的行為の内包や対話の支援，対話の資源の存在を確認でき，さらに今後の発展の可能性があることが分かった。第6章では，地域アセスメントにソーシャルクオリティ（Social Quality）の考え方を用いることを考察した。ここでは欧州を起源とするソーシャルクオリティの考え方を日本の地域福祉実践に援用できるように再検討した。既存の詳細な指標を用いる方法ではなく，当事者や住民による対話的行為を活用する方法を提唱した。最後に，岡村理論を対話的行為から捉え直すことを試みた（第7章）。岡村重夫の著作の検討から岡村理論は，コミュニケーションを重視していることを確認した。その一方で，社会関係の主体的側面の立場構築や社会制度との関係における主体性の発揮，そして，福祉コミュニティの構成に関して対話的行為の活用の余地があった。対話的行為の活用によって岡村理論が現代的課題への対応可能性を高めることが推測された。また同時に，対話的行為に対しては岡村の論点から感性の位置づけなどに対して考慮すべき点が示された。

2 ハーバーマス批判に対する応答

　第2章で検討したハーバーマスへの批判から取り上げた地域福祉実践への考慮点について，本書中で考察したことをもとにして簡潔に応答する。
　① コミュニケーションができない場合への対応をどのように考えるか。なぜ，コミュニケーションが正しさを生み出すといえるのか。
　コミュニケーション上の障害については，その支援を前提とする対話的行為を構想した。その具体的内容や現実的推進方法については，今後，詰めるべき部分も大きいが，コミュニティソーシャルワーカーの事例からはそうした取り組みの端緒を見ることができた。ただし，コミュニケーションができないということについては多様なケースがあると考えられ，課題は残っている。コミュニケーションが正しさを生み出す論拠としては，本書では第3章でコミュニケーション的転回をあげた。ただし，この点についてはさらに問いを投げかけることは可能である（高田 2011：第7章）。
　② 地域福祉での戦略的行為とコミュニケーション的行為の関係，また発話内行為と発話媒介行為の関係はどのようなものか。コミュニケーション的行為の内容と課題（限界）はどのようなものがあるのか。
　両行為のどちらが本源的かという問題としてではなく，地域福祉実践で「主体－客体」関係に陥らないためにコミュニケーション的行為を，そして同時に発話内行為を重視した。地域福祉にも目的合理的な戦略的行為はあり，そうしたことが必要な制度設計もある。例えば，介護保険での疑似市場等である。コミュニケーション的行為の限界については第3章第5節で示してある通り，少なくない。
　③ 運用上では，地域福祉実践の際の合意についてどのように考えるか。合意できない場合はどうするのか。コミュニケーション的行為を合意形成までの部分とその後の行為調整という具合に分割できるのか。

終　章　対話的行為の具体化に向けて

　対話によって合意できないこともある。この点については,「現実性の原則」として第4章第5節に示した。

　対話的行為の分割についても検討し,分割というよりはプロセスの段階において重んじられる要素が異なることにふれた。ただし,実践の他者を生まないという第1課題への対応の場合,発話行為,合意形成,行為調整がユニットとなることに意義がある。

④　**生活世界とシステムによる2層の社会把握を地域社会でどのように描くことができるのか。それは地域社会を捉えるのに有効なのか。生活世界もシステムではないのか。**

　生活世界とシステムによる地域社会の把握については,第4章第2節で整理した。また,第5章のソーシャルクオリティもこれに関連している。その有効性については,理論的には検討したが,実証的には今後の取り組みとなる。

　生活世界もシステムではないかという見解については,これこそがハーバーマス自身がこだわったことであり,もしそうなってしまえばシステムが全面化する。システムの外はなくなる。外部からシステムを捉える批判的視座も消滅する。

⑤　**地域社会での生活世界とシステムの位置づけ,関係はどのようなものか。生活世界からもシステムへの侵入がなされるのか。**

　地域社会での生活世界とシステムの関係も生活世界の植民地化の理論を当てはめることができる。ただし,地域社会は生活世界とシステムが直に接する場であり,生活世界から反作用も発しやすく,個々の地域で判断していく必要がある。システムに生活世界が侵入しているのではないかという点については,十分な検討はできていない。今後さらに論究が必要な点である。

⑥　**生活世界自体が問題を抱えているのではないか。生活世界が高次化していけるのはなぜか。**

　この件については主に第4章で整理した。確かに,日本の地域の生活世界

を想定すればさまざまな問題を指摘できる。それはシステムにより植民地化されているという面ばかりでなく，守旧的な伝統や文化が残っている場合もある。

こうした地域の生活世界の高次化は時間軸を長く取れば，そうした傾向は確認できるだろう。ただ，目の前に問題が生じている場合には，対話型の地域福祉実践に意識的に取り組むことで，地域の生活世界に対してロールモデルの役割を担うという可能性があるのではないかと考える。

⑦ **生活世界やシステムを実体と捉えるのか抽象的概念と捉えるのか。**

本書では生活世界やシステムは実体でもあり抽象的概念（視座）でもあるという立場である。地域社会での実体として生活世界やシステムを把握し，同時に視座としてその展開を理解していく。ただし，この課題についても，十分に検討ができているのではない。

⑧ **討議の合意モデルが見落としている点はないのか。価値の多元化を担保できるのか。**

合意モデルの問題は指摘できる。討議倫理自体への疑義もあった。さらに価値の多元化に合意という方法がどれだけ対応できるかということも，明確になっているわけではない。

それでも対話的行為は，こうした疑問や批判に対しても開かれたものである。その話し合いの中でよりよい方法が形成されれば，そうした選択が説得力を持つ。合意形成を放棄するよりも，その進め方を検討することの方が可能性が広がるというのが本書の立場である。

⑨ **理想的発話状況の想定と規範的内容の禁止は矛盾するのではないか。地域福祉実践で理想的発話状況は可能なのか。討議倫理は，どこまで満たされる必要があるのか。**

話し合いで物事を決めようというのに，その話し合いの理想状態があらかじめ決まっているということは論理的な瑕疵がある。これは話し合いの内容ではなく，話し合いの方法に関することであるので，その整備を考慮する必

要はある。それでもここのポイントは，話し合いでは何を問題にしてもよいとしていることである。この要件があるから，話し合いの方法に対しても自由に意見を出すことができる。

地域福祉実践にはさまざまな権力関係や条件があり意識的に求めない限り理想的発話状況は生まれない。こうしたことを前提とするので，討議倫理についてもでき得るところまでの条件の中で話し合いをということになる。ただし，そこでは討議倫理を放棄しているのではなく，それを求めていくことには変わりない。

3　対話的行為の活用に関する研究の到達点と課題

本研究は，仮説構築的な性格を持っている。その基本的な主張は，地域福祉の主流化と隘路への対応として，正しさと意味に基づく共同的行為としての地域福祉実践を生み出すためには対話的行為を必要とする，である。

これはあくまでも理論的な検討によって構築されたものである。対話的行為に関する部分だけでも，どうすれば「発話行為－合意形成－行為遂行」という対話的行為の基本ユニットを実行できるか，それは関与者の納得のいく実践となっているか，実践の他者が生まれていないか，正しさに基づく実践となっているか，実践の成果は上がっているか，どのような時にどのような対話の支援が必要なのか，対話の支援によって本人の望む発話行為ができているのか，どのような対話の資源が必要なのか，それはどのようにすれば整備できるのか，合意ができない場合にどのような方法があるか，などの問いに対する検証的，実践的な作業はなされていない。こうしたことは本研究の限界である。もちろん，理論的な部分についての検討についてもさらに探究を進めていくことも必要である。

本研究は，地域福祉実践の基礎に対話的行為を置くための，理論的な礎石の一つというものである。残されている部分は多いが，今後の課題とさせて

いただきたい。

おわりに

　本書の形成過程にはいくつかの流れがある。根幹部分のモチーフはかなり以前からのものであるが，それが具体化する契機となったのは2005年に児島美都子先生に導かれて行ったイギリス調査である。シェフィールド大学を訪れアラン・ウォーカー教授からソーシャルクオリティについての教授を得たことがその後の研究につながっている。さらにさかのぼれば，1994年に私が30代半ばで龍谷大学大学院で学び始めた際に，右田紀久惠先生から講義いただいた自治型地域福祉論，あらたな公共論はその後の問題意識の底流にある。また，大学院博士後期課程に進学し民間非営利活動の意味を模索していたころ，アメリカから戻られたばかりの牧里毎治先生（当時・大阪府立大学）から，民間の福祉活動の意義をご教唆いただいくという好機にも恵まれた。

　多くの研究者との研究活動，そして九州，静岡，島根や地元の関西のワーカー，実践者との勉強会や交流からたくさんの学びを受けた。大阪府立大学の同僚教員には，執筆にあたって多大なご配慮を頂いた。実に多くの方々との対話により本書は生まれた。個別にお名前を出すことは控えるが，ご理解とご協力をいただいた皆様に深く感謝を申し上げたい。

　ミネルヴァ書房編集部の音田潔氏からはたいへん厳しい出版までの日程の中で実に的確な支援を頂いた。その助力は本書の完成のためには欠かせないものであった。

　なお，第4章，第6章，第7章は以下の論文をもとにして，これに大幅に手を加えたものである。

　「生活世界の概念を活用した地域福祉分析の枠組み」『社会関係研究』16
　　(2), 1-22頁，熊本学園大学，2011年

「ソーシャルクオリティとは何か？：その基礎的検討」『社会問題研究』57（2），1-26頁，大阪府立大学，2008年

「岡村理論に対する生活世界のもつ意味」牧里毎冶・岡本榮一・高森敬久編著『自発的社会福祉と地域福祉』（岡村理論の継承と展開第2巻）221-240頁，ミネルヴァ書房，2012年

本書の出版は，熊本学園大学付属社会福祉研究所社会福祉叢書の出版助成を受けている。私にとって熊本学園大学は1999年度から2004年度まで在籍し，研究生活を始めた忘れがたい場である。現在でも熊本学園大学社会福祉研究所の嘱託研究員を務めているが，この出版事情の厳しい時期に出版助成をいただいたことに深謝申し上げる。

2013年11月

小野達也

参考文献

安彦一恵（1985）「行為とコミュニケーション」『（哲学10）行為　他我　自我』新岩波講座。
——（1990）「『コミュニケーション的行為』概念の分析——J. ハーバーマス『コミュニケーション的行為』の研究（一）」『滋賀大学教育学部紀要人文科学・社会科学・教育科学』40, 19-31頁。
青木貞茂（2011）「マーケティングにおけるコミュニケーション的転回」『青山経営論集』46(3), 29-41頁。
アーペル，カール・オットー（1975 = 1984, 宗像恵・伊藤邦武訳）「知識の根本的基礎づけ——超越論的遂行論と批判的合理主義」『哲学の変貌』〔岩波現代選書〕。
荒川孝之・伊藤美樹・平野隆之（2003）「住民参加による地域活動実践におけるプロセス研究——高浜市地域福祉計画策定モデル事業の事例から」『日本の地域福祉』16, 41-52頁。
新崎国広（2009）「コミュニティソーシャルワーカーの役割と課題——児童に関わるコミュニティソーシャルワーク実践からの一考察」『発達人間学論叢』12, 27-34頁。
Barry, Christine A., Stevenson, Fiona A., Britten, Nicky et al. (2001) Giving voice to the lifeworld. More humane, more effective medical care? A qualitative study of doctor-patient communication in general practice, *Social science and medicine*, 53(4), pp. 487-505.
Baur, V. E., Abma, T. A. (2011) Resident councils between lifeworld and system: Is there room for communicative action?, *Journal of Aging Studies*, 25(4), pp. 390-396.
Baur, V., Abma, T. and Baart, I. (2012) "I stand alone." An ethnodrama about the (dis)connections between a client and professionals in a residential care home, *Health Care Analysis*, Springer.
Beck, Wolfgang, Maesen, Laurent J. G. and Walker, Alan eds. (2001) *Social Quality: A vision for Europe*, Kluwer law international.
Blaug, Ricardo (1995) Distortion of the face to face: Communicative reason and social work Practice, *British Journal of Social Work*, 25, pp. 423-439.
Brisset, Camille, Leanza, Yvan, Laforest, Karine (2012) Working with interpreters in health care: A systematic review and meta-ethnography of qualitative studies, *Patient Education and Counseling*, 91(2), pp. 131-140.
Brown, Patrick (2011) The concept of lifeworld as a tool in analyzing health-care work: Exploring professionals' resistance to governance through subjectivity, norms and experiential knowledge, *Social Theory and Health*, 9(2), pp. 147-165.
Carleheden, Mikael (2006) Towards democratic foundations: a Habermasian

perspective on the politics of education, *Journal of Curriculum Studies*, 38(5), pp. 521-543.
千葉真理子(2007)「社会福祉研究におけるケーススタディの現状——日本社会福祉学会機関誌「社会福祉学」掲載論文を資料として」『現代社会研究科論集』1, 79-91頁, 京都女子大学。
千葉芳夫(1998)「コミュニケーション的合理性と目的合理性」『社会学部論集』31, 89-103頁, 佛教大学。
Cooper, Barry (2010) Educating Social Workers for Lifeworld and System, in Murphy, Mark and Fleming, Ted eds. *Habermas, critical theory and education*, Routledge.
Crick, Ruth Deakin and Joldersma, Clarence W. (2007) Habermas, lifelong learning and citizenship education, *Stud Philos Educ*, 26, pp. 77-95.
英国バークレイ委員会(1982=1984, 小田兼三訳)『ソーシャルワーカー=役割と任務——英国バークレイ委員会報告』全国社会福祉協議会。
遠藤克彦(2007)『コミュニケーションの哲学——ハーバーマスの語用論と討議論』世界書院。
遠藤理恵・平田道憲(2009)「障害のある学齢期の子どもを持つ主養育者の余暇生活——生活時間調査およびインタビューによる分析」『日本の地域福祉』22, 72-81頁。
Englund, Tomas (2006) Deliberative communication: a pragmatist proposal, *Journal of Curriculum Studies*, 38(5), pp. 503-520.
フィンリースン, ジェームズ・ゴードン(2005=2007, 村岡晋一訳)『ハーバーマス』岩波書店。
Flatt, Jeff (2012) Decontextualized versus lived world: Critical thoughts on the intersection of evidence, lifeworld, and values, *The Journal of Alternative and Complementary Medicine* 18(5), pp. 513-521.
Fredriksen, Stale (2003) Instrumental colonization in modern medicine, *Medicine, health care, and philosophy*, 6(3), pp. 287-296.
Froggatt, Katherine, Hockley, J., Parker, D., Brazil, K. (2011) A system lifeworld perspective on dying in long term care settings for older people: Contested states in contested places, *Health and Place*, 17(1), pp. 263-268.
藤井博志(2009)『コミュニティワークスキルアップ講座——事例検討法と記録法』全国社会福祉協議会。
藤井佳世(2002)「コミュニケーション的行為と他者」『学校教育学研究論集』5, 8-25頁。
藤松素子(2012)「地域福祉をめぐる論点と課題——地域福祉の成立要件とは何か」『佛

教大学社会福祉学部論集』8, 39-56頁。
福士正博（2009）「『社会的質（social quality）』が問いかけるもの——社会的経済の視座から」『東京経大学会誌』262, 161-181頁。
福岡靖子（2005）「NPOと政府とのパートナーシップとは何か——イギリスの事例より」『地域福祉研究』33, 92-103頁。
Fulton, Yvonne (1997) Nurses' views on empowerment: a critical social theory perspective, *Journal of Advanced Nursing*, 26(3), pp. 529-536.
舟場保之（2000）「コミュニケーション理論と共同体論的なもの」入江幸男・霜田求編著『コミュニケーション理論の射程』ナカニシヤ出版, 58-82頁。
ガラード，ジュディス（2011 = 2012, 安部陽子訳）『看護研究のための文献レビュー——マトリックス方式』医学書院。
Garrett, Paul Michael (2009) Questioning Habermasian social work: A note on some alternative theoretical resources, *British Journal of Social Work*, 39(5), pp. 867-883.
―― (2010) 'Making social work more Habermasizn?' A rejoinder in the debate on Habermas, *British Journal of Social Work*, 40(6), pp. 1754-1758.
地主明広（2003）「ボランティアコーディネーション実践の妥当性——ボランティア活動の行為論的理解から」『地域福祉研究』31, 66-77頁。
Gosling, David (2000) Using Habermas to evaluate two approaches to negotiated assessment, *Assessment & Evaluation in Higher Education*, 25(3), pp. 293-304.
Greenhalgh, Trisha, Robb, Nadia and Scambler, Graham (2006) Communicative and strategic action in interpreted consultations in primary health care: A Habermasian perspective, *Social Science and Medicine*, 63(5), pp. 1170-1187.
ハーバーマス，ユルゲン（1980 = 2000, 三島憲一訳）『近代　未完のプロジェクト』岩波書店。
―― (1981 = 1985, 1986, 1987, 河上倫逸他訳)『コミュニケイション的行為の理論　上，中，下』未來社。
―― (1983 = 2000, 三島憲一・中野敏男・木前利秋訳)『道徳とコミュニケーション行為』岩波書店。
―― (1985 = 1990, 三島憲一他訳)『近代の哲学的ディスクルス　Ⅰ，Ⅱ』岩波書店。
―― (1985 = 1995, 河上倫逸監訳)『新たなる不透明性』松籟社。
―― (1990 = 1994, 細谷貞雄・山田正行訳)『公共性の構造転換　第2版』未來社。
―― (1992 = 2002, 2003, 河上倫逸・耳野健二訳)『事実性と妥当性　上，下』未來社。
ハーバーマス・ルーマン（1971 = 1984, 佐藤嘉一・山口節郎・藤沢賢一郎訳)『ハーバ

参考文献

ーマス=ルーマン論争——批判理論と社会システム理論　上』木鐸社。

Hadley, Roger with Leidy, Brian (1996) Community social work in a market environment: A British-American exchange of technologies and experience. *British Journal of Social Work*, 26, pp. 823-842.

花城暢一 (2002)「コミュニティソーシャルワークの展開に関する一考察」『社会福祉学』43(1), 112-124頁。

Hart, Chris (1998) *Doing a literature review*, SAGE Publications.

橋本武志 (2010)「コミュニケーションの隘路——ハーバーマスにおけるコミュニケーション的合理性の検討」『仁愛大学紀要　人間学部篇』9, 11-23頁。

Hayes, David and Houston, Stan (2007) 'Lifeworld', 'System' and family group conferences: Habermas's contribution to discourse in child protection, *British Journal of Social Work*, 37(6), pp. 987-1006.

Heenan, Deirdre (2004) Learning lessons from the past or re-visiting old mistakes: Social work and community development in Northern Ireland, *British Journal of Social Work*, 34, pp. 793-810.

日暮雅夫 (2004)「ハーバーマスのコミュニケーション的行為論の基本構造——討議理論における形式語用論的アプローチ」『盛岡大学紀要』21, 1-10頁。

——(2005)「ハーバーマスにおける討議倫理学の基本構想」『盛岡大学紀要』22, 49-62頁。

——(2006)「ハーバーマスにおける討議倫理的転回」『盛岡大学比較文化研究年報』18, 1-29頁。

平川毅彦 (2004)『「福祉コミュニティ」と地域社会』世界思想社。

——(2009)「『福祉コミュニティ』調査法——自分自身の『専門家』となるために」新潟青陵学会誌1(1), 1-8頁。

平野隆之 (2003)「コミュニティワークから『地域福祉援助技術論』へ」高森敬久他編著『地域福祉援助技術論』相川書房, 32-40頁。

平岡公一 (2006)「先人に学ぶ——研究レビューの進め方とレビュー論文の書き方」岩田正美・小林良二・中谷陽明他編『社会福祉研究法——現実世界に迫る14レッスン』有斐閣アルマ。

平尾恭子・畑下博世・弓庭喜美子他 (2000)「Community as Partner モデルを用いた地域看護活動—第一報——地域アセスメント」『和歌山県立医科大学看護短期大学紀要』3, 21-31頁。

平田オリザ (2012)『わかりあえないことから——コミュニケーション能力とは何か』講談社現代新書。

広井良典 (2009)『コミュニティを問いなおす』ちくま新書.
菱沼幹男 (2008)「コミュニティソーシャルワークを展開するスキルと専門職養成」『文京学院大学人間学部研究紀要』10(1), 83-98頁.
── (2012)「福祉専門職による地域支援スキルの促進要因分析──コミュニティソーシャルワークを展開するシステム構築に向けて」『社会福祉学』53(2), 32-44頁.
本郷秀和 (2004)「介護保険制度下のNPO法人におけるソーシャルワーク実践の方向性──熊本県下の介護保険指定事業を実施する福祉系NPO法人を中心に」『日本の地域福祉』17, 37-47頁.
堀内進之介 (2007)「『生活世界』のコミュニケーション論的転回」『社会学論考』28, 51-78頁.
── (2010)「討議民主主義の可能性の条件について」『社会学論考』31, 57-82頁, 首都大学東京.
ホルクハイマー, アドルノ (1947＝2007, 徳永恂訳)『啓蒙の弁証法──哲学的断想』岩波文庫.
Houston, Stan (2003) A method from the 'lifeworld': Some possibilities for person centred planning for children in care, *Children and Society*, 17(1), pp. 57-70.
── (2009) Communication, recognition and social work: Aligning the ethical theories of Habermas and Honneth, *British Journal of Social Work*, 39(7), pp. 1274-1290.
── (2010) Further reflections on Habermas's contribution to discourse in child protection: An examination of power in social life, *British Journal of Social Work*, 40(6), pp. 1736-1753.
Houston, Stan and Campbell, Jim (2001a) Using critical social theory to develop a conceptual framework for comparative social work, *International Journal of social welfare*, 10(1), pp. 66-73.
Houston, Stan. Magill, Tom. McCollum, Mark and Spratt, Trevor (2001b) Developing creative solutions to the problems of children and their families: communicative reason and the use of forum theatre, *Child and Family Social Work*, 6, pp. 258-296.
Huynh, Minh (2005) Viewing e-learning productivity from the perspective of Habermas' cognitive interests theory, *Journal of Electronic Commerce in Organizations*, 3(2), pp. 33-45.
Hyde, Abbey and Murray, M. (2005) Nurses' experiences of distance education programmes, *Journal of Advanced Nursing*, 49(1), pp. 87-95.
Hyde, Abbey and Roche-Reid, B. (2004) Midwifery practice and the crisis of modernity:

Implications for the role of the midwife, *Social Science and Medicine*, 58(12), pp. 2613-2623.

Hyde, Abbey, Treacy, M., Scott, P. A., Butler, M., Drennan, J., Irving, K., Byme, A., NacNeela, P., Hanrahan, M. (2005) Modes of rationality in nursing documentation: Biology, biography and the 'voice of nursing', *Nursing Inquiry*, 12(2), pp. 66-77.

Ife, Jim (1999) Postmodernism, critical theory and social work, in Pease, B. and Fook, J. eds, *Transforming social work practice: Postmodern critical perspective*, Routledge.

五十嵐沙千子 (1996)「ハーバーマスのガダマー批判」『哲学・思想論叢』14, 61-73頁。

飯島祐介 (2007)「間主観的に創出される権力とその現実性――アレントとの対決におけるハーバーマス」『年報社会学論集』関東社会学会20, 37-48頁。

今井康雄 (2004)『メディアの教育学――「教育」の再定義のために』東京大学出版会。

井村圭壮 (2002)「別府養老院と組織的支援母体の事業展開に関する研究――特に『救護法』『社会事業法』時代の実践を中心として」『日本の地域福祉』15, 39-50頁。

―― (2004)「『救護法』期の養老事業施設の財源に関する研究――特に『佐世保養老院』の財源を事例として」『日本の地域福祉』17, 12-22頁。

―― (2010)「戦前期の託児所『海光園』に関する研究――『佐世保養老院』との関連を基盤に」『日本の地域福祉』23, 118-130頁。

稲葉一洋編著 (2003)『福祉コミュニティ形成の技術』学文社。

井上英晴 (2004a)『改訂 福祉コミュニティ論』小林出版。

―― (2004b)「地域福祉とソーシャルワーク――コミュニティワーク vs. コミュニティ・ソーシャルワーク」『九州保健福祉大学研究紀要』5, 11-18頁。

井上由美子 (2003)「地域福祉計画策定の視点に関する検討――福祉サービス・自立支援・個人の尊厳・自己決定権・ノーマライゼーションをめぐって」『日本の地域福祉』16, 79-88頁。

石田路子 (2001)「単身高齢者の生活支援と親族ネットワーク――一漁村における親族ネットワーク機能の変化から」『日本の地域福祉』14, 58-70頁。

石田慎二 (2008)「民間非営利組織による保育サービスの提供に対する政策的対応――1980年代のベビーホテル対策を中心に」『日本の地域福祉』21, 71-80頁。

石川久仁子 (2004)「小地域におけるNPO法人による福祉コミュニティ形成――インナーシティにおける新しいコミュニティ実践モデルの可能性」『地域福祉研究』32, 87-98頁。

―― (2005)「セツルメントにおけるコミュニティへのアプローチの変容と現代的意義――賀川記念館と石井記念愛染園を事例に」『日本の地域福祉』18, 3-14頁。

伊藤美樹・平野隆之 (2005)「市町村地域福祉推進における都道府県行政のイニシアテ

ィブ」『地域福祉研究』33，62-77頁．
岩間伸之（2011）「地域を基盤としたソーシャルワークの特性と機能——個と地域の一体的支援の展開に向けて」『ソーシャルワーク研究』37(1)，4-19頁．
岩間伸之・原田正樹（2012）『地域福祉援助をつかむ』有斐閣．
岩田正美（2006）「なぜ，何を研究するのか」岩田正美・小林良二・中谷陽明・稲葉昭英編『社会福祉研究法』有斐閣アルマ．
ジェイ，マーティン（1982＝1987，黒木美智・三好みゆき訳）「思想史と言語論的転回——ハーバーマス＝ガダマー論争の意味するもの」『思想』754，29-54頁．
加賀裕郎（2007）「ハーバーマスのコミュニケーション的行為の理論を教育学に組み込むための基礎的条件——プラグマティックな観点から」『現代社会フォーラム』3，11-27頁．
上條雄喜・千賀裕太郎（2000）「家畜ふん尿農地還元システム計画のための地域診断手法の開発」『農村計画学会誌』19(2)，119-129頁．
上岡洋晴・岡田真平・奥泉宏康他（2009）「過疎・高齢化の進む農山町村における地域診断と医療費関連指標の検討」『東京農大農学集報』54(2)，103-109頁．
加納恵子（2013）「排除型社会と過剰包摂——寄り添い型支援事業の地域福祉的意味」『地域福祉研究』41，52-62頁．
カント，エマニュエル（1788＝1979，波多野精一・宮本和吉・篠田英雄訳）『実践理性批判』岩波文庫．
笠原千絵（2006）「他の人でなく自分で決める——当事者主体の自己決定支援モデル開発に向けたグループホームで暮らす知的障害のある人の参加型調査の分析」『ソーシャルワーク研究』31(4)，43-50頁．
———（2010）「地域自立支援協議会とローカルガバナンス——全国調査からみる協議会の機能分析の結果から」『日本の地域福祉』23，142-152頁．
———（2011）「ローカルガバナンスと当事者参加——自治体担当者を対象とした地域自立協議会全国調査の分析」『日本の地域福祉』24，57-68頁．
瓦井昇（2003）「ソーシャルワーク・アドボカシーの理論と実践の戦略」『日本の地域福祉』16，71-78頁．
———（2006）『新版 福祉コミュニティ形成の研究——地域福祉の持続的発展をめざして』大学教育出版．
———（2012）「地域福祉論再考——主流化論批判と理論分析の概念的枠組み」『福祉県立大学論集』39，99-111頁．
川島典子（2004）「自治体における介護予防サービスの体系化に関する考察——全国実態調査と事例研究を通して」『日本の地域福祉』17，48-58頁．

参考文献

川島ゆり子（2006）「コミュニティソーシャルワーク実践へのアプローチの方向性──コミュニティソーシャルワーカー養成研修受講者アンケート分析を基に」『日本の地域福祉』19，3-15頁．
───（2011）『地域を基盤としたソーシャルワークの展開──コミュニティケアネットワーク構造の実践』ミネルヴァ書房．
加山弾（2005）「都市部における移住者集住地区を中心とする地域福祉の課題──Ａ市Ｂ区における沖縄出身者のソーシャル・インクルージョンをめぐって」『日本の地域福祉』18，15-24頁．
金蘭姫（2010）「地域福祉の実践方法としての対話的コミュニケーション・プロセス構築──コミュニティソーシャルワーカーの実践事例を通して」『人間福祉学研究』3(1)，関西学院大学，107-121頁．
木前利秋（2007）「解説 批判理論の変貌に寄せて」フィンリースン，ジェームズ・ゴードン（2005＝2007，村岡晋一訳）『ハーバマス』岩波書店，203-214頁．
衣笠一茂（1999）「社会福祉援助の実践的ポテンシャルを見出す理論枠組みについての検討──Ｊ・ハーバマスによる『コミュニケーション行為』の概念をめぐって」『同志社社会福祉学』13，72-82頁．
北川達夫・平田オリザ（2008）『ニッポンには対話がない──学びとコミュニケーションの再生』三省堂．
Klopper, Rembrandt, Lubbe, Sam, Rugbeer, Hemduth (2007) The Matrix of Literature Review, *Alienation*, 14(1), pp. 262-276.
Kondrat, Mary Ellen (1995) Concept, act, and interest in professional practice: Implications of an empowerment perspective, *Social Service Review*, 69(3), pp. 405-428.
厚生省（2000）『社会的な援護を要する人々に対する社会福祉のあり方に関する検討会』報告書（http://www1.mhlw.go.jp/shingi/s0012/s1208-2_16.html，2013年10月18日アクセス）．
厚生労働省（2008）『地域における「あらたな支えあい」を求めて──住民と行政の新しい共同による福祉』（http://www.mhlw.go.jp/shingi/2008/03/s0331-7a.html，2013年10月18日アクセス）．
厚生労働省（2010）『地域包括ケア研究会報告書』（http://www.kantei.go.jp/jp/singi/kinkyukoyou/suisinteam/TF/kaigo_dai1/siryou8.pdf，2013年10月18日アクセス）．
厚生労働省（2012）『生活支援戦略 中間まとめ』（http://www2.shakyo.or.jp/zenminjiren/pdf/20120705_01.pdf，2013年10月18日アクセス）．
栗原彬（2000）「表象の政治──非決定の存在を救い出す」『思想』907，5-17頁．

栗原孝（1986）「J.ハーバーマースのコミュニケーション行為の理論と現代日本の生活世界」『経済学紀要』11(3)，亜細亜大学経済学会，21-25頁。
栗岡幹英（1991）「生活世界とシステム・再考」『ソシオロジ』35(3)，17-25頁。
── （1996）「医療システムと『生活世界の植民地化』」『現代の社会病理』XI，1-15頁。
Leanza, Yvan and Boivin, Isabelle and Rosenberg, Eiien (2010) Interruptions and resistance: A comparison of medical consultations with family and trained interpreters, *Social science and medicine*, 70(12), pp. 1888-1895.
リプスキー，マイケル（1983＝1998，田尾雅夫訳）『行政サービスのジレンマ──ストリート・レベルの官僚制』木鐸社。
Lovat, Terence and Gray, Mel (2008) Towards a proportionist social work ethics: A Habermasian perspective, *British Journal of Social Work*, 38(6), pp. 1100-1144.
Lovat, Terence and Clement, Neville (2008) Quality teaching and values education: coalescing for effective learning, *Journal of Moral Education*, 37-1, pp. 1-16.
Lovelock, Robin and Powell, Jackie (2004) "Habermas/Foucault for social work: Practices of critical reflection" in Lovelock, Robin, Lyons, Karen and Powell, Jackie eds, *Reflecting on Social Work — Discipline and Profession*, Ashgate.
Mabovula, Nonceba (2010) Revisiting Jurgen Habermas's notion of communicative action and its relevance for South African school governance: can it succeed?, *South African Journal of Education*, 30, pp. 1-12.
前田崇博（2002）「コミュニティワークの援助展開についての研究」『大阪城南女子短期大学研究紀要』36，111-125頁。
Maesen, Laurent J. G. and Walker, Alan eds. (2012) *Social Quality: From theory to indicators*, Palgrave macmilan.
牧里毎治（2012）「まえがき」牧里毎治・岡本榮一・高森敬久編著『自発的社会福祉と地域福祉』(「岡村理論の継承と展開」第2巻) ミネルヴァ書房。
丸山徳次（1989）「生活世界と合理化」『龍谷大学論集』434・435，20-25頁。
増井三夫・福山暁雄・鈴木智子・齋京四郎（2005）「保健室の会話記録から相互行為をどこまで読み取れるか──ハーバーマス『コミュニケイション的行為論』の可能性(2)」『上越教育大学研究紀要』24(2)，559-573頁。
増子正・三浦輝美・槽谷昌志・都築光一・加藤由美・関田康慶（2003）「地域福祉活動計画策定における社会福祉協議会の事業評価に関する研究──住民ニーズ把握の方法としての活用」『日本の地域福祉』16，53-62頁。
Masschelein, Jan (1991) The relevance of Habermas' communicative turn, *Studies in*

参考文献

Philosophy and Education, 11, pp. 95-111.
松端克文（2002）「施設オンブズマンの活動の役割・機能と今後の課題――知的障害者更生施設『淀川暖気の苑』での活動を通して」『地域福祉研究』30, 102-114頁。
――（2008）『日本型コミュニティソーシャルワークの推進システムを実践方法の構築に関する研究』科研費・平成18-19年度報告書。
妻鹿ふみ子（2005）「福祉施設におけるボランティア受け入れの現状と課題――担当者への調査からボランティアマネジメント活用の方法を考える」『日本の地域福祉』18, 110-119頁。
水上英徳（1997）「生活世界とシステム」佐藤勉編『コミュニケーションと社会システム』恒星社厚生閣。
三島憲一（2011）『ニーチェ以後――思想史の呪縛を越えて』岩波書店。
宮本真也（1994）「ハーバーマスの生活世界論」『年報人間科学』15, 13-25頁。
宮城孝（2007）「2006年度学界回顧と展望 地域福祉部門」『社会福祉学』48(3), 213-219頁。
森元孝（1987）「システムと生活世界――ルーマンとハーバーマス」藤原保信他編『ハーバーマスと現代』新評社, 132-160頁。
守本友美（2008）「ボランティアコーディネーターの養成・研修プログラムに関する現状と課題――A県における養成講座の事例を通して」『地域福祉研究』36, 105-111頁。
――（2011）「社会福祉施設におけるボランティアコーディネーションの現状と課題」『地域福祉研究』39, 119-127頁。
Morrow, Helen (2011) Integrating deliberative justice theory into social work policy pedagogy, *Journal of Social Work Education*, 47(3), pp. 389-402.
森繁樹（2011）「認知症高齢者とのコミュニケーション」『ケアマネージャー』13(1), 22-26頁。
向山恭一（2000）「ラディカル・デモクラシー」有賀誠・伊藤恭彦・松井暁編『ポスト・リベラリズム――社会的規範理論への招待』ナカニシヤ出版。
村松賢一（2001）『対話能力を育む話すこと・聞くことの学習：理論と実践』明治図書。
Mikkelsen, T. H., Soendergaard, J., Jensen, A. B., Olesen, F. (2008) Cancer surviving patients' rehabilitation — Understanding failure through application of theoretical perspectives from Habermas, *BMC Health Services Research, 8.*
室田信一（2008）「公民協働によるセーフティネット構築の可能性――大阪府社会福祉協議会社会貢献事業の事例を通して」『地域福祉研究』36, 84-94頁。
――（2010）「アメリカにおけるコミュニティ・オーガナイザーとはだれか――ソーシャルワークの専門性との関係から」『日本の地域福祉』23, 62-76頁。

Murphy, Mark and Fleming, Ted eds. (2010) *Habermas, critical theory and education*, Routledge.

永井彰（1986）「生活世界論の再構成」『社会学研究』50，22-25頁。

長井理佐（2009）「対話型鑑賞の再構築」『美術教育学　美術家教育学会報』30，265-275頁。

永田幹夫（1988初版＝1993改訂）『地域福祉論』全国社会福祉協議会。

永田祐（2007）「ローカル・ガバナンスの変化と政策決定過程へのボランタリーセクターの参加――イングランドの近隣再生政策と地域戦略パートナーシップを事例として」『日本の地域福祉』20，43-54頁。

中根真（2008）「地域福祉を教えるということ――地域福祉FD研究序説」『日本の地域福祉』21，93-102頁。

中野敏男（1994）「対話の理論と合理性の基礎」『岩波講座　現代思想8　批判理論』215-247頁。

中岡成文（2003）『ハーバーマス　コミュニケーション行為』講談社。

中島義道（1997）『〈対話〉のない社会』PHP新書。

根本久仁子・山崎美貴子・福島喜代子・山下興一郎（2003）「地域福祉権利擁護事業の利用に関する考察――当初利用拒否事例の分析から」『日本の地域福祉』16，14-30頁。

日本地域福祉研究所（2005）『コミュニティソーシャルワークの理論』（https://nippon.zaidan.info/seikabutsu/2004/00580/pdf/0001.pdf，2013年10月13日アクセス）。

西村愛（2009）「知的障害のある本人の意向に沿った支援を再考する」『日本の地域福祉』22，60-71頁。

西阪仰（1987）「『普遍的語用論の周縁』発語行為論とハーバーマス」藤原保信他編『ハーバーマスと現代』新評社，161-181頁。

新田雅子（2001）「ハーバーマスの『内的植民地化』論に関する批判的考察――『介護』の法制化とケアの相互作用における公共性」『応用社会学研究』43，81-94頁。

野平慎二（2004）「啓蒙をめぐるハーバーマスとフーコー――人間形成の潜在的な条件としてのコミュニケーション的関係」『富山大学教育学部紀要』58，27-37頁。

――（2007）『ハーバーマスと教育』世織書房。

野家啓一（1990）「『言語的転回』の意味するもの」『神奈川大学言語学研究』12，161-164頁。

野村総合研究所（2013）「コミュニティソーシャルワーカー（地域福祉コーディネーター）調査研究事業報告書」（http://www.nri.co.jp/opinion/r_report/pdf/201304_safetynet2.pdf，2013年9月22日アクセス）。

小國英夫（2006）「市民の日常的ネットワークと地域福祉実践の力動性に関する研究

参考文献

──「京都市右京区における小地域活動拠点の意義と効果を中心に」『地域福祉研究』34, 71-81頁.
岡田忠克（2001）「社会福祉と責任概念──公的部門の責任再考」『地域福祉研究』29, 51-59頁.
岡村重夫（1968）『全訂　社会福祉学（総論）』柴田書店.
── (1983)『社会福祉原論』全国社会福祉協議会.
── (2002)『偲び草』.
── (2009)『地域福祉論　新装版』光生館.
岡崎仁史（2006）「地域協働場面におけるコミュニケーション」『ソーシャルワーク研究』32(3), 28-34頁.
岡崎仁史・渡辺晴子・大谷旭・甲斐亜弥子・島崎義弘・八木裕子（2009）「コミュニティ・アセスメントルーツ開発のためのフレームワーク──今治関前地区岡村島におけるフィールドワーク報告」『広島国際大学医療福祉学科紀要』5, 89-111頁.
奥田道大・和田清美（2003）『第2版　福祉コミュニティ論』学文社.
奥村孝（1989）「社会科学における『生活世界』の概念とその射程」『社会学評論』39(4), 18-25頁.
大橋謙策（2005）「わが国におけるソーシャルワークの理論化を求めて」『ソーシャルワーク研究』31(1), 4-19頁.
── (2011)「最終講義　『社会事業』の復権とコミュニティソーシャルワーク」『日本社会事業大学研究紀要』57, 19-42頁.
大阪府地域福祉推進財団（2007）『コミュニティソーシャルワーカー実践実態調査報告書』.
大城理沙・神谷義人・伊芸修策他（2009）「地域健康づくりプログラムにおける住民参加手法による地域アセスメントの可能性」『琉球大学教育学部紀要』75, 287-301頁.
太田明（1989）「ハーバーマスの『言語論的転換』は教育学に何をもたらすか？──予備的考察」『東京大学教育学部紀要』28, 233-242頁.
小野達也（2008）「ソーシャルクオリティとは何か？──その基礎的検討」『社会問題研究』57(2), 大阪府立大学, 1-26頁.
── (2009)「生活世界からの地域福祉論への序説」『社会問題研究』58, 大阪府立大学, 45-58頁.
── (2011)「生活世界の概念を活用した地域福祉分析の枠組み」『社会関係研究』16(2), 熊本学園大学, 1-22頁.
── (2012)「岡村理論に対する生活世界のもつ意味」牧里毎治・岡本榮一・高森敬久編著『自発的社会福祉と地域福祉』(「岡村理論の継承と展開」第2巻）ミネルヴ

ァ書房。

Outhwaite, William (2009) *Habermas: A critical introduction (second edition)*, Stanford University Press.

小山田英一 (1995)「ハーバーマス社会学におけるコミュニケーション的行為の今日的意義」『人間科学研究』17, 文教大学人間科学部, 14-22頁。

小瀬絢子・手塚裕 (2007)「子ども主体の総合単元的道徳学習の再構築――ディスクルス倫理学による道徳授業の創造」『武蔵野短期大学研究紀要』21, 127-133頁。

尾関周二 (1995)「コミュニケーション的行為と人間・社会観の基底」吉田傑俊・尾関周二・渡辺憲正編『ハーバーマスを読む』大月書店。

――― (2006)「社会理論再構築の視座と基本カテゴリーの検討」『人間と社会』17, 67-76頁。

朴姫淑 (2008)「介護保険以後『福祉経営』の戦略と課題」『日本の地域福祉』21, 59-69頁。

朴兪美 (2009)「地域福祉計画における新しい『プロセス重視の枠組み』の提案――高浜市・都城市の検証から」『日本の地域福祉』22, 47-58頁。

Pearce, C., Phillips, C., Hall, S., Sibbald, B., Porritt, J., Yates, R., Dwan, K., Kljakovic, M. (2009) Contributions from the lifeworld: Quality, caring and the general practice nurse, *Quality in Primary Care*, 17(1), pp. 5-13.

パットナム, ロバート (1993＝2001, 河田潤一訳)『哲学する民主主義――伝統と改革の市民的構造』NTT出版。

Rocha, Semiramis M. M., Lima, Regina A. G., Peduzzi, Marina (2000) Understanding nursing: the usefulness of a philosophical perspective, *Nursing Philosophy*, 1, pp. 15-21.

崔先鎬 (2011)「サスティナブル福祉システムの可能性と倫理的内包――J・ハーバーマスを手懸りとして」『法政大学法学志林』108(4), 111-125頁。

齋藤純一 (2000)『公共性』岩波書店。

斉藤雅茂 (2007)「高齢者の社会的孤立に関する類型分析――事例調査による予備的研究」『日本の地域福祉』20, 78-86頁。

齋藤哲 (2005)「社会福祉法の定める苦情解決制度はADRとして機能するか」『地域福祉研究』33, 75-91頁。

斉藤弥生 (2004)「スウェーデンにおける介護サービス供給の多元化に関する研究――社会的企業と福祉トライアングルモデル」『日本の地域福祉』17, 23-35頁。

Sandberg, Fredrik (2010) Recognising health care assistants' prior learning through a caring ideology, *Vocations and Learning*, 3(2), pp. 99-115.

参考文献

Sandberg, Fredrik and Anderson, Per (2011) RPL for accreditation in higher education: as a process of mutual understanding or merely lifeworld colonization? *Assessment & Evaluation in Higher Education*, 36(7), pp. 767-780.

佐藤秀紀・鈴木幸雄・松川敏道（2001）「地域高齢者の社会活動への参加状況」『日本の地域福祉』14, 81-89頁。

佐藤順子（2006）「ローカル・ガバナンスの確立・向上を目指す地域福祉実践に関する一考察――イギリスにおけるパリッシュ・プラン策定の方策と実際から」『地域福祉研究』34, 82-93頁。

――（2010）「コミュニティ制度化と地域福祉の課題」『地域福祉研究』38, 108-115頁。

佐藤豊道（1998）「ジェネリック・ソーシャルワークの出現の経緯」『ソーシャルワーク研究』24(1), 24-30頁。

佐藤勉編（1997）『コミュニケーションと社会システム』恒星社厚生閣。

佐藤慶幸（1995）「生活世界と社会運動」『社会科学討究』40(3), 279-308頁。

――（2007）『アソシエーティブ・デモクラシー――自立と連帯の統合へ』有斐閣。

Scambler, Graham ed. (2001) *Habermas, Critical Theory and Health*, Routledge.

庄司知恵子（2008）「地域における自殺予防活動の展開――秋田県藤里町における「心といのちを考える会」の発足に際しての連携を事例として」『日本の地域福祉』21, 81-91頁。

篠原一（2004）『市民の政治学』岩波新書。

塩村公子（2006）「ソーシャルワークにおけるコミュニケーション技法の課題」『ソーシャルワーク研究』32(3), 4-12頁。

Singh, Geeta (2002) Educational consumers or educational partners: a critical theory analysis, *Critical Perspectives on Accounting*, 13, pp. 681-700.

総務省（2009）「新しいコミュニティのあり方に関する研究会報告書」（http://www.soumu.go.jp/main_content/000037075.pdf, 2013年10月18日アクセス）。

Spratt, Trevor and Houston, Stan (1999) Developing critical social work in theory and in practice: child protection and communicative reason, *Child and Family Social Work*, 4, pp. 315-324.

末永カツ子・上埜高志（2004）「地域保健福祉活動における公共性と公的責任について――ハーバーマスの理論をひも解きながら捉えなおす」『東北大学大学院教育学研究科研究年報』52, 363-375頁。

須加美明（2005）「訪問介護の質とサービス提供責任者の業務との関連――サービス調整業務の標準化に向けて」『日本の地域福祉』18, 100-109頁。

田口誠也（2009）「地域福祉計画をめぐるステークホルダー間関係──市町村行政職員の認識」『日本の地域福祉』22，82-93頁。
──（2011）「『共助』をめぐる市町村行政職員と地域住民の認識とその違い──地域福祉計画に注目して」『日本の地域福祉』24，85-95頁。
高田明典（2011）『現代思想のコミュニケーション的転回』筑摩書房。
高橋英樹（2010）「小規模作業所は何を形成してきたか──法制化の分析から」『日本の地域福祉』23，78-91頁。
高橋万由美（2002）「1990年代のイギリスにおける契約文化とボランタリー組織への影響」『日本の地域福祉』15，17-27頁。
高橋良輔（2006）「民主制のコミュニケーション論的転回とその帰結──ハーバーマスによる政治なるものの再構築」『埼玉大学紀要（教養学部）』42(2)，73-94頁。
武田朋久（2003）「ハーバーマス方法論における解釈学的アプローチ」『創価大学大学院紀要』25，257-272頁。
武川正吾（2006）『地域福祉の主流化──福祉国家と市民社会Ⅲ』法律文化社。
──（2008）「地域福祉の主流化とローカル・ガバナンス」『地域福祉研究』36，5-15頁。
玉置好徳（2005）「地域におけるソーシャル・インクルージョンに関する実践的研究──支援困難事例に対する『ネットワーク─機能分析』の試行」『日本の地域福祉』18，67-77頁。
田中英樹（2009）「CSWにおけるプランニングの位置──座談会から見えてきたもの」『コミュニティソーシャルワーク』4，31-35頁。
田中真衣（2010）「三重県『MY TREE ペアレンツプログラム』事業における行政とNPOの協働の現状」『日本の地域福祉』23，132-140頁。
田中朋弘（2000）「道徳の手続き的形式性とコミュニケーション」入江幸男・霜田求編著『コミュニケーション理論の射程』ナカニシヤ出版，4-30頁。
田中知生（2010）「ソーシャルキャピタルと福祉コミュニティに関する分析枠組みの検討」『北星論集（社）』47，67-74頁。
谷口明弘（2008）「障害のある人たちの自己決定力を高める要素──自己決定能力は育てられるもの」『社会福祉学』49(1)，157-160頁。
谷口直隆（2008）「コミュニケーション学習における個のあり方」『広島大学大学院教育学研究科紀要』57，107-114頁。
田代見二・橋迫和幸（2007）「教室におけるコミュニケーション関係構築の課題と方法──ハーバーマスの理論を手がかりに」『宮崎大学教育文化学部紀要』17，33-46頁。
Thompson, Neil (2002) Social movements, social justice and social work, *British Journal*

of Social Work, 32(6), pp. 711-722.

津留一郎（1999）「コミュニケーション的行為論による『理解』と『説明』の結合」『社会科研究』50, 161-170頁。

豊泉周治（2000）『ハーバーマスの社会理論』世界思想社。

Twelvetrees, Alan (2002) *Community work third edition*, Palgrave.

右田紀久恵編著（1993）『自治型地域福祉の展開』法律文化社。

海野進（2010）「地域診断から地域経営診断へ──地域経営時代における地域の診断に関する一考察」『日本経営診断学会論集』10, 43-48頁。

Walseth, Liv Teit, Abildsnes, E. and Schei, E. (2011a) Lifestyle, health and the ethics of good living. Health behavior counselling in general practice, *Patient Education and Counseling*, 83(2), pp. 180-184.

Walseth, Liv Teit and Schei, E. (2011b) Effecting change through dialogue: Habermas' theory of communicative action as a tool in medical lifestyle interventions, *Medicine, Health Care and Philosophy*, 14(1), pp. 81-90.

渡辺一城（2007）「共同募金における資金供給パラダイムの転換」『地域福祉研究』35, 76-83頁。

渡邉満・田野武彦（2001）「コミュニケーション的行為理論による道徳教育理論の探求（2）──自己形成的トポスとしての『教室という社会』の再構築」『兵庫教育大学研究紀要』21, 23-35頁。

渡邉満，福田史江（2009）「共に育つ場の形成をめざす心の教育総合プラン──『コミュニケーション的行為の理論』を基盤にした『話し合い活動』をとおして」『兵庫教育大学研究紀要』15, 25-38頁。

渡辺靖志（2003）「福祉協同運動としての宅老所の展開と当事者の主体形成──島根県出雲市『ことぶき園』の事業実践を中心に」『日本の地域福祉』16, 63-70頁。

Willette, C. (1998) Practical discourse as policy making: an application of Habermas's discourse ethics within a community mental health setting, *Canadian Journal of Community Mental Health*, 17(2), pp. 27-38.

山口麻衣・冷水豊・石川久展（2007）「フォーマル・ケアとインフォーマル・ケアの組み合わせ選好と地域福祉との関連──高年住民のケア選好に着眼して」『日本の地域福祉』20, 87-99頁。

山口麻衣・冷水豊・齊藤雅茂・武居幸子（2011）「大都市独居高齢者の近隣住民・知人による声かけ・安否確認に対する選好」『日本の地域福祉』24, 21-30頁。

山本愛子・渡邉満（2006）「体験活動を生かした道徳の授業についての研究──共同性を基盤においた話し合い活動をめざして」『生徒指導研究』18, 3-13頁。

山之内靖(1991)「システム社会の現代的位相——アイデンティティの不確定性を中心に」(上)『思想』804, 4-35頁.

山井理恵(2005)「ケアマネジメントにおける社会資源供給者選択のキー要因——在宅介護支援センターにおけるケアマネジャーを対象とした質的調査」『日本の地域福祉』18, 90-99頁.

Yassour-Borochowitz, Dalit (2004) Reflections on the researcher-participant relationship and the ethics of dialogue, *Ethics and Behavior*, 14(2), pp. 175-186.

安留孝子(2002)「介護保険制度下の住民参加型団体の活動」『地域福祉研究』30, 115-127頁.

ヤング, ジョック(2007=2008, 木下ちがや・中村好孝・丸山真央訳)『後期近代の眩暈——排除から過剰包摂へ』青土社.

横田榮一(2010)『ハーバーマス理論の変換』梓出版社.

吉岡洋子(2003)「スウェーデンのボランティア活動団体と福祉的活動」『地域福祉研究』31, 103-112頁.

——(2005)「スウェーデンにおけるNPOと行政の関係に関する研究——高齢者福祉分野でのNPO活動に焦点をあてて」『日本の地域福祉』18, 120-129頁.

——(2006)「福祉分野における規制緩和と地域福祉——構造改革特区の提案事項分析から」『地域福祉研究』34, 94-103頁.

吉浦輪(1998)「コミュニティワークとしての地域福祉調査——住民と共同的アセスメントに向けて」『ソーシャルワーク研究』24(3), 214-219頁.

全国社会福祉協議会(2006)「平成17年度社会福祉協議会基本調査結果」(http://www.dohto.ac.jp/~mmatsu/zensha17.pdf, 2013年11月5日アクセス).

——(2009)「地域福祉コーディネーターに関する調査研究委員会報告書」(http://www.shakyo.or.jp/research/2008_pdf/coordinator.pdf, 2013年9月22日アクセス).

巻末資料

資料1

ソーシャルクオリティに関するアムステルダム宣言（アムステルダム,1997年6月10日）

　すべての市民の人間の尊厳を尊敬する故に，われわれはヨーロッパの都市の貧窮者や放浪者，ホームレスの人々の増加を求めないと宣言する。また，ヨーロッパで失業や貧困者，医療や社会サービスへの接近を妨げられる人が増加することも黙認できない。これらのそして他の多くのネガティブな指標は，現在のヨーロッパでの市民に対する社会の質の不十分さを表している。

　われわれは，経済的に成功したヨーロッパ社会が，社会正義や市民の参加を同時に促進することを要求する。社会の質が卓抜することこそヨーロッパであるはずだ。ヨーロッパ市民はコミュニティでの社会的，経済的な生活に参加することができ，かつ，それを要求される。そうしたことを自らのよりよい生き方，個人的な可能性，またコミュニティの福祉というものを進展させるような条件のもとで行う。参加できるためには，市民に利用しやすい経済的保障があり，社会的に包含され，地域の結束の中に生き，すべての能力を発展させることを力づけられることが必要だ。言い換えれば，社会の質はヨーロッパの全住民が経済的，社会的，政治的シチズンシップを享受するその程度にかかっている。世界化した経済での競争は，社会的結束の推進やヨーロッパ市民一人ひとりのすべての能力の実現と密接にかかわるべきである。

　社会の質には次のような基本的条件が求められる。

・暴力や環境的な脅威からの安全
・すべての人に対する住宅，暖房，衣服，食糧
・必要な人々すべてに対する医療やそのほかの社会サービスへのアクセス
・嗜好に一致する個人生活の形成の機会。家族や友人と十分な時間を過ごすだけでなく共同の家計を営み，子どもを育てる機会を含む
・すべての人への十分な仕事。労働市場での雇用だけではなく，他の無償の社会的な活動も含む
・すべての労働者に対して社会への完全参加を可能にする収入
・働くことが不可能であったり，年齢や病気などにより働けない人への収入

・すべての若者,高齢者,障害を持つ人,民族的少数者,移民が社会や自ら住む地域社会に完全に統合できる機会
・不測の事態の時も市民が連帯し,自分たちの生活水準を維持できる社会的防御システムへのアクセス。この社会的防御システムははじめは社会的リスクを防ぐことに焦点化され,そしてその回復,最後に経済的補償を目指すものであるべき
・すべての人に生涯の教育や訓練の機会の提供
・公平な税システム
・国籍,年齢,ジェンダー,民族,宗教,政治やそのほかの信条,婚姻上の地位,性的指向をもとにした差別をしない

ソーシャルクオリティのこれらの面はすべての立法者,行政,判事の法律的連結により,執行すべき基本的権利という承認のもとに実現されなければならない。これらの権利は他者の同様の権利がはじまるところで制限される。
ヨーロッパでのソーシャルクオリティは,ヨーロッパ市民がEU,その加盟国,地方政府に法的権限が明確かつ効果的にゆきわたることを信頼できることを要求する。

・ヨーロッパ市民は,誰が法的な責任者なのか知る権利を持ち,もし望むのであれば彼／彼女らは不適当な政策について問いただすことができる
・すべてのレベルの政治的意思決定の民主的な質を高めるために,そのプロセスに,社会的な組織や運動の関心事を盛り込むことの保証を要求する
・グローバル化した経済のもとで,ヨーロッパは地球規模で最も弱い者たちに対する自らの社会的責任に気づかなければならない

EUに求められること
・ヨーロッパの主要な政策を社会凝集性の影響の研究に従うようにすること
・ソーシャルヨーロッパを放棄することのコストを強調し,EU全体の社会的側面についての統一した統計を作るための事業の立ち上げ
・EUの法的文書（勧告を含む）に現れる社会的目標に向けて明確で達成可能なベンチマークを描く。そしてどれだけ目標に近づいたかを定期的に報告する
・政策立案者,科学者,市民を結びつけるヨーロッパの社会の質の促進のための新た

な議題の提出

　責任あるヨーロッパ市民としてのわれわれは，EU は早急に社会の質を優先すべきであることを，厳かに宣言する。さもなければそれはわれわれが支援する連合ではない。ソーシャルクオリティはさまざまなアプローチの結果であり，EU の多様な国と人々を反映する。ソーシャルクオリティを支持し，保証し，保持することはヨーロッパをかたちづくる構成要素となる。そのために EU は加盟国のヨーロッパ社会モデルの完成についての決意を表明すること，そして，次の千年紀からのチャレンジに対してその防衛と調整をすることを求められている。ソーシャルクオリティとそれ支えるヨーロッパモデルは，インクルーシブなヨーロッパ，すなわち全市民のためのヨーロッパ創出のために不可欠なものである。

　　　　　　　　　　　　　　　　　　　　　　　　　　　　　　　　　（以上）

資料2
ソーシャルクオリティ指標（Maesen and Walker eds. 2012: 142-143, 170-171, 196-197, 217-218）

社会・経済的保障

大項目	中項目		指　標
経済資源	所得の満足度	1	所得のうち健康，衣食住に使う割合
	所得の保障	2	人生上の出来事，家計への影響があるか
		3	生活保護を受けている割合
住居と環境	住居の保障	4	家の状況割合（持ち家・借家）
		5	非正規滞留の家族の割合
	住居の状況	6	1家族あたりの生活面積
		7	基本的なアメニティの機能の状態
	環境状況（社会と自然）	8	1万人あたりの犯罪率
		9	基準値より汚染された地域
保健とケア	保健対策の保障	10	健康保険で保証される人
	保健サービス	11	1万人あたりの医者の数
		12	病院までかかる時間
		13	救急の時間
	ケアサービス	14	有償のケアと無償のケアの平均時間割合
職　業	雇用の保障	15	雇用主が契約を変える前の告知期間
		16	雇用主が契約を終わらせる前の告知期間
		17	一時雇用の割合
		18	非合法雇用の割合
	職業の状況	19	休む権利があって実際に休みを取れる人
		20	10万人のうち勤務中に事故にあった人の割合
		21	1週間あたりの労働時間
教　育	教育の保障	22	義務教育を修了していない児童数
		23	学費の割合
	教育の質	24	卒業後1年以内に仕事を見つけた学生の割合

社会凝集性

大項目	中項目		指　標
信頼	一般化された信頼	25	「ほとんどの人を信頼できる」程度／地域
	特別な／特定の信頼	26	政府，選挙で選ばれた国会，政党，軍，法システム，メディア，労働組合，警察，宗教施設，市民サービス，経済取引に対する信頼
		27	欧州裁判所の法律で裁かれる事件の数
		28	家族，友達，レジャー，政治，尊敬できる両親，子どもの扶養義務の大切さ
他者に対する規範や価値	利他主義	29	ボランティアを週何時間行っているか
		30	献血
	寛　容	31	移民，多様性，多文化の考え方
		32	他者の自意識，信念，行動，ライフスタイルの好みへの寛容
	社会契約	33	貧困の原因の考え方：個人的か，構造的か
		34	貧困の状況の改善に使われるのであれば，より多くの税金を払う意向
		35	世代間連帯：国の高齢者の状況の改善に使われるのであれば，増税をいとわない意向
		36	地域の人々のための実践活動の意向
		37	男女の家事の分担の意向
社会的ネットワーク	ネットワーク	38	政治的，ボランタリーな，慈善的な組織やスポーツクラブへの所属割合
		39	家族や隣人や友人からの援助
		40	友達や仲間に連絡をとる頻度
アイデンティティ	国家，ヨーロッパのアイデンティティ	41	国家のプライドの意識
		42	国のシンボルやEUのシンボルを認識できる
	地域，コミュニティ，ローカルアイデンティティ	43	地域，コミュニティ，地域のアイデンティティの意識
	個人間のアイデンティティ	44	家族や親族のネットワークに所属している意識

巻末資料

インクルージョン

大項目	中項目		指標
市民権	構造的・政治的な権利	45	市民としての住民の割合
		46	地方において投票権を持つ割合とそれを行使している割合
	社会的な権利	47	公的な年金(政府によって組織もしくは管理されている)の権利をもつ割合
		48	女性の賃金の男性の賃金に対する割合
	公民権	49	無料法律相談を受ける権利をもつ割合
		50	差別を経験している割合
	経済的・政治的ネットワーク	51	少数民族の国会議員,企業や財団の理事に就任している割合
		52	女性の国会議員,企業や財団の理事に就任している割合
労働市場	有給の雇用へのアクセス	53	長期の失業(12ヶ月以上)
		54	本意でないパートや一時雇用
サービス	保健サービス	55	公的な第一次医療を受ける資格があるか利用している割合
	住居	56	ホームレスや路上生活者の割合
		57	社会的な住居への入居の平均待ち時間
	教育	58	就学率や高等教育就学率
	社会的ケア	59	ケアサービスを必要とする人の中でサービスを受けている人の割合
		60	(保育所も含めて)ケアサービスを受けるまでの待ち時間
	経済サービス	61	所得で区別されて信用保証が得られない割合
		62	経済的援助へのアクセス 必要なときの相談
	交通	63	公共交通機関へアクセスしている人口の割合
		64	公共交通機関の混雑/密度,道路の混雑/密度
	市民・文化サービス	65	人口1万あたりの公共のスポーツ施設の数
		66	人口1万あたりの公共の市民・文化施設の数
ソーシャルネットワーク	近隣の参加	67	日常的に隣人と接している人たちの割合
	友人関係	68	日常的に友人と接している人たちの割合
	家族生活	69	孤立・孤独を感じている割合
		70	親族との継続的な接触(同居・非同居)
		71	別のタイプの家族からのインフォーマルな支援(非金銭的)

エンパワメント

大項目	中項目		指 標
知識の基礎	知識の活用	72	知識に基づく社会的な階層移動
	情報の可用性	73	読み書き計算のできる人口の割合
		74	無料のメディアを利用できる
		75	インターネットにアクセスできる
	情報のユーザー親和性	76	社会サービスの多言語情報の供給
		77	無料のアドボカシー，アドバイス，ガイダンスのセンターの利用
労働市場	雇用契約上の制約	78	労働力の中の労働組合メンバーの割合
		79	労働契約に守られている労働者の割合
	仕事の流動性の見込み	80	実地訓練を受けることができる労働者の割合
		81	公的なトレーニングを受けることができる労働者の割合
		82	「仕事復帰プログラム」に参加することができる労働者の割合
	仕事と家族生活の調和（ワーク・ライフ・バランス）	83	組織でワーク・ライフバランスの考え方を取り入れている割合
		84	ワーク・ライフバランスの基準を実際に使っている労働力の割合
機関の公開性と支援性	政治システムの公開性と支援性	85	会議や直接民主主義のプロセスの存在
	経済システムの公開性	86	主な経済的意思決定における公的な参画の事例の数
	組織の公開性	87	労働に関する審議会をもつ組織や施設の割合
パブリックスペース	コレクティブアクションの支援	88	ボランタリーな活動や非営利の市民運動に対して，国もしくは地方自治体で公的な予算が用意されている割合
		89	過去12か月で禁止された行進やデモの，全体に占める割合
	文化面の強化	90	すべての文化活動に割り当てられる，地方や国の予算の割合
		91	自発的に組織された分化グループやイベントの数
		92	生活基盤の個人的な豊かさの様々な形を経験している人々の割合
人間関係	身体的・社会的な自立を援助するサービスの供給	93	障がい者に対する国や地方の予算の割合
	パーソナルサポートサービス	94	修学前後の子どものケアの水準
	社会的相互作用の支援	95	住居や環境のインクルーシブデザインの程度（ミーティングルーム，ライティング，レイアウトなど）

索　引

あ行

アーペル　90
アセスメント　144
アドボカシー　103, 135
アドルノ　37
アムステルダム宣言　172
アルバート　91
異文化　122
医療モデル　182
インクルージョン　178
インフォーマルケア　23
インフォーマルサポート　153
右田紀久惠　10
NPO　20
エビデンス　95
援助関係　195
エンパシー　214
エンパワメント　87, 135, 178, 182
大橋謙策　141
岡村重夫　194
岡村理論　194

か行

介護予防事業　20
解釈共同体　91
ガダマー　43
可謬主義　96
間接援助技術　191
カント　89
基本的要求　199
客観的パースペクティブ　127
共助　11
強制　105
共同募金　21
ケアマネージャー　24

形式的語用論　92
ゲゼルシャフト　175
結果の帰属　106
ゲマインシャフト　175
言語能力　100, 101
現実性の原則　130
権利擁護　21
合意　77
　——形成　71, 83
行為支援　185
行為調整　83
行為能力　100, 101
合意の限界　108
行為論　37
公共圏　107
公共論　37
抗争ライン　114
子ども家庭ソーシャルワーク　62
個別支援　131, 143, 153
コミュニケーション　116, 195
　——支援　103, 185
　——的行為　3, 40
　——的合理性　40, 44, 215
　——的転回　38, 94, 97, 197
コミュニティソーシャルワーカー　24
コミュニティソーシャルワーク　11, 104, 140
コミュニティワーク　24, 104
　——の5段階モデル　133
語用論　44, 79

さ行

サブシステム　178
参加　175
ジェンダー　122

支援の限界　108
資源　132
自己疎外　204, 205
システム　37, 117
システム統合　42
自治型地域福祉　10
質的研究　16
自発性　29
市民セクター　20
社会・経済的保障　177
社会化　116
社会関係　199
　　——資本　173
社会関係の客体的側面　196
社会関係の主体的側面　196
社会凝集性　177
社会性　88, 93
社会制度　196, 199
社会的承認　175
社会的排除　3, 11, 171, 182
社会的不平等　177
社会的包摂　194
社会統合　42, 116
社会福祉　61
　　——基礎構造改革　8
　　——固有の視点　196, 200
　　——の対象　201
　　——法　8
主観的パースペクティブ　126
「主体-客体」関係　109
「主体-主体」関係　63, 76, 78, 109, 128
主体性　204
　　——の原理　204
主体的契機　205
小規模作業所　21
状況的理性　96, 97
状況の限界　108
人生の機会　177
身体性　214

シンパシー　214
親密圏　107
信頼性　190
真理性　88, 93
ストレングス　182
成果志向　80
　　——的行為　40
生活形式　207
生活困窮者　12
生活困難　200
生活世界　37, 116, 206
　　——のイニシアティブ　129
　　——の植民地化　55, 98, 123
生活問題　123, 200, 215
　　——の発生機序　123
制御メディア　118
誠実性　88, 93
セツルメント　24
戦略的行為　40, 80
相互主観　94, 128
　　——性　85
ソーシャルクオリティ　171
ソーシャルワーク　61
組織化　133, 134

た行
対象者の参加　201
対人援助　71
対等性　68, 129
対話的行為　2, 77, 101
　　——の基本ユニット　105, 144
対話の限界　108
妥協　85, 105
武川正吾　9
妥当性要求　43
地域アセスメント　170
地域協働体　12
地域支援　131, 143, 153
地域社会　117-119

索　引

地域診断　170
地域生活　121
地域内分権　17
地域福祉援助　114
　　──の視座　115, 127
地域福祉計画　19
地域福祉実践　32, 94
地域福祉の隘路　2, 29, 76
地域福祉のコーディネーター　141
地域福祉の主流化　2, 9, 28, 29, 76
地域福祉の対象　115
地域包括ケア　12
地域を基盤とするソーシャルワーク　140
地区社協　136
超回復状態　106
定言命法　88
適正の限界　108
転回　89
同一性の感情　209, 213
討議　42
討議倫理　68, 84
　　──学　47
道具的行為　40
闘争　85, 105
ドキュメント分析　146

な行

内包　132
日常生活の再評価　122
2分法　123
人間の尊厳　174

は行

排除型の植民地化　124
媒体　116, 118
バークレイ報告　140
パッチシステム　140
発話行為　80, 94

発話内行為　80, 81
発話媒介行為　80
ハーバーマス，ユルゲン　2, 36
パラメディカル　60
批判可能な妥当要求　129
表自性　88
フィンリーソン　38
フォーカスグループインタビュー　54
フォーマルケア　23
フォーマルサービス　153
複眼的な地域の捉え方　121
福祉国家　63
福祉コミュニティ　208, 209
福祉組織化活動　209
プランニング　145
文化的再生産　116
ボランティア活動　23
ボランティアコーディネーター　25
ホルクハイマー　37

ま行

ミュンヒハウゼン・トリレンマ　91
民間性　29
面接　195
目的合理性　215
モニタリング　145

ら行

理解　82
理想的発話状況　68, 87
リハビリテーション　60
了解　100
了解志向　80, 128
　　──的行為　40
量的研究　16
ルーマン　43, 117
ロールモデル　216

著者紹介

小野達也（おの・たつや）

1958年生。
1999年　龍谷大学大学院社会学研究科社会福祉学専攻単位取得依願退学。
現　在　大阪府立大学人間社会学部准教授。
　　　　熊本学園大学付属社会福祉研究所嘱託研究員。
主　著　『水俣学研究序説』（共著）藤原書店，2004年。
　　　　『自発的社会福祉と地域福祉』（共著）ミネルヴァ書房，2012年。

MINERVA社会福祉叢書43
対話的行為を基礎とした地域福祉の実践
——「主体-主体」関係をきずく——

2014年4月10日　初版第1刷発行　　〈検印省略〉

定価はカバーに
表示しています

著　者	小　野　達　也
発行者	杉　田　啓　三
印刷者	田　中　雅　博

発行所　株式会社　ミネルヴァ書房
607-8494　京都市山科区日ノ岡堤谷町1
電話代表　(075)581-5191
振替口座　01020-0-8076

© 小野達也, 2014　　　　　創栄図書印刷・新生製本

ISBN978-4-623-07044-2
Printed in Japan

自発的社会福祉と地域福祉
牧里毎治・岡本榮一・高森敬久編著
Ａ５判／284頁／本体6000円

住民と創る地域包括ケアシステム
永田祐著
Ａ５判／228頁／本体2500円

孤立社会からつながる社会へ
藤本健太郎著
Ａ５判／240頁／本体3200円

孤独死を防ぐ
中沢卓実・結城康博編著
四六判／258頁／本体1800円

ソーシャル・キャピタルで解く社会的孤立
稲葉陽二・藤原佳典編著
Ａ５判／304頁／本体4200円

ソーシャル・キャピタルのフロンティア
稲葉陽二・大守隆・近藤克則・宮田加久子・矢野聡・吉野諒三編
Ａ５判／272頁／本体3500円

──── ミネルヴァ書房 ────
http://www.minervashobo.co.jp/